T&P BOOKS

AZERI

WOORDENSCHAT

THEMATISCHE WOORDENLIJST

NEDERLANDS
AZERBEIDZJAANS

De meest bruikbare woorden
Om uw woordenschat uit te breiden en
uw taalvaardigheid aan te scherpen

9000 woorden

Thematische woordenschat Nederlands-Azerbeidzjaans - 9000 woorden

Door Andrey Taranov

Woordenlijsten van T&P Books zijn bedoeld om u woorden van een vreemde taal te helpen leren, onthouden, en bestudering. Dit woordenboek is ingedeeld in thema's en behandelt alle belangrijk terreinen van het dagelijkse leven, bedrijven, wetenschap, cultuur, etc.

Het proces van het leren van woorden met behulp van de op thema's gebaseerde aanpak van T&P Books biedt u de volgende voordelen:

- Correct gegroepeerde informatie is bepalend voor succes bij opeenvolgende stadia van het leren van woorden
- De beschikbaarheid van woorden die van dezelfde stam zijn maakt het mogelijk om woordgroepen te onthouden (in plaats van losse woorden)
- Kleine groepen van woorden faciliteren het proces van het aanmaken van associatieve verbindingen, die nodig zijn bij het consolideren van de woordenschat
- Het niveau van talenkennis kan worden ingeschat door het aantal geleerde woorden

T&P Books Publishing
www.tpbooks.com

ISBN: 978-1-78492-263-4

Dit boek is ook beschikbaar in e-boek formaat.
Gelieve www.tpbooks.com te bezoeken of de belangrijkste online boekwinkels.

AZERBEIDZJAANSE WOORDENSCHAT
nieuwe woorden leren

T&P Books woordenlijsten zijn bedoeld om u te helpen vreemde woorden te leren, te onthouden, en te bestuderen. De woordenschat bevat meer dan 9000 veel gebruikte woorden die thematisch geordend zijn.

- De woordenlijst bevat de meest gebruikte woorden
- Aanbevolen als aanvulling bij welke taalcursus dan ook
- Voldoet aan de behoeften van de beginnende en gevorderde student in vreemde talen
- Geschikt voor dagelijks gebruik, bestudering en zelftestactiviteiten
- Maakt het mogelijk om uw woordenschat te evalueren

Bijzondere kenmerken van de woordenschat

- De woorden zijn gerangschikt naar hun betekenis, niet volgens alfabet
- De woorden worden weergegeven in drie kolommen om bestudering en zelftesten te vergemakkelijken
- Woorden in groepen worden verdeeld in kleine blokken om het leerproces te vergemakkelijken
- De woordenschat biedt een handige en eenvoudige beschrijving van elk buitenlands woord

De woordenschat bevat 256 onderwerpen zoals:

Basisconcepten, getallen, kleuren, maanden, seizoenen, meeteenheden, kleding en accessoires, eten & voeding, restaurant, familieleden, verwanten, karakter, gevoelens, emoties, ziekten, stad, dorp, bezienswaardigheden, winkelen, geld, huis, thuis, kantoor, werken op kantoor, import & export, marketing, werk zoeken, sport, onderwijs, computer, internet, gereedschap, natuur, landen, nationaliteiten en meer ...

INHOUDSOPGAVE

UITSPRAAKGIDS

Letter	Azerbeidzjaans voorbeeld	T&P fonetisch alfabet	Nederlands voorbeeld
A a	stabil	[a]	acht
B b	boksçu	[b]	hebben
C c	Ceyran	[ʤ]	jeans, jungle
Ç ç	Çay	[ʧ]	Tsjechië, cello
D d	daraq	[d]	Dank u, honderd
E e	fevral	[e]	delen, spreken
Ə ə	Əncir	[æ]	Nederlands Nedersaksisch - dät, Engels - cat
F f	fokus	[f]	feestdag, informeren
G g	giriş	[g]	goal, tango
Ğ ğ	Çağırmaq	[ɣ]	liegen, gaan
H h	həkim	[h]	het, herhalen
X x	Xanım	[h]	het, herhalen
I ı	Qarı	[ı]	iemand, die
İ i	dimdik	[i]	bidden, tint
J j	Janr	[ʒ]	journalist, rouge
K k	kaktus	[k]	kilogram, bankier
Q q	Qravüra	[g]	goal, tango
L l	liman	[l]	delen, luchter
M m	mavi	[m]	morgen, etmaal
N n	nömrə	[n]	nemen, zonder
O o	okean	[o]	overeenkomst
Ö ö	Göbələk	[ø]	neus, beu
P p	parça	[p]	parallel, koper
R r	rəng	[r]	roepen, breken
S s	sap	[s]	spreken, kosten
Ş ş	Şair	[ʃ]	shampoo, machine
T t	tarix	[t]	tomaat, taart
U u	susmaq	[u]	hoed, doe
Ü ü	Ümid	[y]	fuut, uur
V v	varlı	[v]	beloven, schrijven
Y y	Yaponiya	[j]	New York, januari
Z z	zarafat	[z]	zeven, Engels - there

AFKORTINGEN
gebruikt in de woordenschat

Nederlandse afkortingen

abn	-	als bijvoeglijk naamwoord
bijv.	-	bijvoorbeeld
bn	-	bijvoeglijk naamwoord
bw	-	bijwoord
enk.	-	enkelvoud
enz.	-	enzovoort
form.	-	formele taal
inform.	-	informele taal
mann.	-	mannelijk
mil.	-	militair
mv.	-	meervoud
on.ww.	-	onovergankelijk werkwoord
ontelb.	-	ontelbaar
ov.	-	over
ov.ww.	-	overgankelijk werkwoord
telb.	-	telbaar
vn	-	voornaamwoord
vrouw.	-	vrouwelijk
vw	-	voegwoord
vz	-	voorzetsel
wisk.	-	wiskunde
ww	-	werkwoord

Nederlandse artikelen

de	-	gemeenschappelijk geslacht
de/het	-	gemeenschappelijk geslacht, onzijdig
het	-	onzijdig

BASISBEGRIPPEN

Basisbegrippen Deel 1

1. Voornaamwoorden

ik	mən	['mæn]
jij, je	sən	['sæn]
hij, zij, het	o	['o]
wij, we	biz	['biz]
jullie	siz	['siz]
zij, ze	onlar	[on'lar]

2. Begroetingen. Begroetingen. Afscheid

Hallo! Dag!	Salam!	[sa'lam]
Hallo!	Salam!	[sa'lam]
Goedemorgen!	Sabahın xeyir!	[saba'hın χɛ'jır]
Goedemiddag!	Günortan xeyir!	[gynor'tan χɛ'jır]
Goedenavond!	Axşamın xeyir!	[aχʃa'mın χɛ'jır]
gedag zeggen (groeten)	salamlaşmaq	[salamlaʃ'mah]
Hoi!	Salam!	[sa'lam]
groeten (het)	salam	[sa'lam]
verwelkomen (ww)	salamlamaq	[salamla'mah]
Hoe gaat het?	Necəsən?	[nɛ'dʒæsæn]
Is er nog nieuws?	Nə yenilik var?	['næ ɛni'lik 'var]
Dag! Tot ziens!	Xudahafiz!	[χudaha'fiz]
Tot snel! Tot ziens!	Tezliklə görüşənədək!	[tɛz'liklæ gøryʃæ'nædæk]
Vaarwel! (inform.)	Sağlıqla qal!	[sa'ɣlıgla 'gal]
Vaarwel! (form.)	Sağlıqla qalın!	[sa'ɣlıgla 'galın]
afscheid nemen (ww)	vidalaşmaq	[vidalaʃ'mah]
Tot kijk!	Hələlik!	[hælæ'lik]
Dank u!	Sağ ol!	['saɣ 'ol]
Dank u wel!	Çox sağ ol!	['tʃoχ 'saɣ 'ol]
Graag gedaan	Buyurun	['buyrun]
Geen dank!	Dəyməz	[dæj'mæz]
Geen moeite.	Bir şey deyil	['bir 'ʃæj 'dɛjıl]
Excuseer me, ... (inform.)	Bağışla!	[baɣıʃ'la]
Excuseer me, ... (form.)	Bağışlayın!	[baɣıʃ'lajın]
excuseren (verontschuldigen)	Bağışlamaq	[baɣıʃla'mah]
zich verontschuldigen	üzr istəmək	['juzr istæ'mæk]
Mijn excuses.	Üzrümü qəbul et	[yzry'my gæ'bul 'ɛt]

Het spijt me!	Bağışlayın!	[baɣɯʃˈlajɯn]
vergeven (ww)	bağışlamaq	[baɣɯʃlaˈmah]
alsjeblieft	rica edirəm	[riˈʤa ɛˈdiræm]

Vergeet het niet!	Unutmayın!	[uˈnutmajɯn]
Natuurlijk!	Əlbəttə!	[ælˈbattæ]
Natuurlijk niet!	Əlbəttə yox!	[ælˈbattæ ˈjoχ]
Akkoord!	Razıyam!	[raˈzɯjam]
Zo is het genoeg!	Bəsti!	[ˈbæsti]

3. Hoe aan te spreken

meneer	Cənab	[ʤˈæˈnap]
mevrouw	Xanım	[χaˈnɯm]
juffrouw	Ay qız	[ˈaj ˈgɯz]
jongeman	Cavan oğlan	[ʤaˈvan oˈɣlan]
jongen	Ay oğlan	[ˈaj oˈɣlan]
meisje	Ay qız	[ˈaj ˈgɯz]

4. Kardinale getallen. Deel 1

nul	sıfır	[ˈsɯfɯr]
een	bir	[ˈbir]
twee	iki	[iˈki]
drie	üç	[ˈytʃ]
vier	dörd	[ˈdørd]

vijf	beş	[ˈbɛʃ]
zes	altı	[alˈtɯ]
zeven	yeddi	[ɛdˈdi]
acht	səkkiz	[sækˈkiz]
negen	doqquz	[dokˈkuz]

tien	on	[ˈon]
elf	on bir	[ˈon ˈbir]
twaalf	on iki	[ˈon iˈki]
dertien	on üç	[ˈon ˈjutʃ]
veertien	on dörd	[ˈon ˈdørd]

vijftien	on beş	[ˈon ˈbɛʃ]
zestien	on altı	[ˈon alˈtɯ]
zeventien	on yeddi	[ˈon ɛdˈdi]
achttien	on səkkiz	[ˈon sækˈkiz]
negentien	on doqquz	[ˈon dokˈkuz]

twintig	iyirmi	[ijɯrˈmi]
eenentwintig	iyirmi bir	[ijɯrˈmi ˈbir]
tweeëntwintig	iyirmi iki	[ijɯrˈmi iˈki]
drieëntwintig	iyirmi üç	[ijɯrˈmi ˈjutʃ]

| dertig | otuz | [oˈtuz] |
| eenendertig | otuz bir | [oˈtuz ˈbir] |

tweeëndertig	otuz iki	[o'tuz i'ki]
drieëndertig	otuz üç	[o'tuz 'jutʃ]
veertig	qırx	['gırχ]
eenenveertig	qırx bir	['gırχ 'bir]
tweeënveertig	qırx iki	['gırχ i'ki]
drieënveertig	qırx üç	['gırχ 'jutʃ]
vijftig	əlli	[æl'li]
eenenvijftig	əlli bir	[æl'li 'bir]
tweeënvijftig	əlli iki	[æl'li i'ki]
drieënvijftig	əlli üç	[æl'li 'jutʃ]
zestig	altmış	[alt'mıʃ]
eenenzestig	altmış bir	[alt'mıʃ 'bir]
tweeënzestig	altmış iki	[alt'mıʃ i'ki]
drieënzestig	altmış üç	[alt'mıʃ 'jutʃ]
zeventig	yetmiş	[ɛt'miʃ]
eenenzeventig	yetmiş bir	[ɛt'miʃ 'bir]
tweeënzeventig	yetmiş iki	[ɛt'miʃ i'ki]
drieënzeventig	yetmiş üç	[ɛt'miʃ 'jutʃ]
tachtig	səksən	[sæk'sæn]
eenentachtig	səksən bir	[sæk'sæn 'bir]
tweeëntachtig	səksən iki	[sæk'sæn i'ki]
drieëntachtig	səksən üç	[sæk'sæn 'jutʃ]
negentig	doxsan	[doχ'san]
eenennegentig	doxsan bir	[doχ'san 'bir]
tweeënnegentig	doxsan iki	[doχ'san i'ki]
drieënnegentig	doxsan üç	[doχ'san 'jutʃ]

5. Kardinale getallen. Deel 2

honderd	yüz	['jyz]
tweehonderd	iki yüz	[i'ki 'juz]
driehonderd	üç yüz	['jutʃ 'juz]
vierhonderd	dörd yüz	['dørd 'juz]
vijfhonderd	beş yüz	['bɛʃ 'juz]
zeshonderd	altı yüz	[al'tı 'juz]
zevenhonderd	yeddi yüz	[ɛd'di 'juz]
achthonderd	səkkiz yüz	[sæk'kiz 'juz]
negenhonderd	doqquz yüz	[dok'kuz 'juz]
duizend	min	['min]
tweeduizend	iki min	[i'ki 'min]
drieduizend	üç min	['jutʃ 'min]
tienduizend	on min	['on 'min]
honderdduizend	yüz min	['juz 'min]
miljoen (het)	milyon	[mi'ljon]
miljard (het)	milyard	[mi'ljard]

15

6. Ordinale getallen

eerste (bn)	birinci	[birin'dʒⁱi]
tweede (bn)	ikinci	[ikin'dʒⁱi]
derde (bn)	üçüncü	[ytʃʲun'dʒⁱu]
vierde (bn)	dördüncü	[dørdyn'dʒy]
vijfde (bn)	beşinci	[bɛʃin'dʒⁱi]
zesde (bn)	altıncı	[altın'dʒⁱı]
zevende (bn)	yeddinci	[ɛddin'dʒⁱi]
achtste (bn)	səkkizinci	[sækkizin'dʒⁱi]
negende (bn)	doqquzuncu	[dokkuzun'dʒy]
tiende (bn)	onuncu	[onun'dʒⁱu]

7. Getallen. Breuken

breukgetal (het)	kəsr	['kæsr]
half	ikidə bir	[iki'dæ 'bir]
een derde	üçdə bir	[ytʃ'dæ 'bir]
kwart	dörddə bir	[dørd'da 'bir]
een achtste	səkkizdə bir	[sækkiz'dæ 'bir]
een tiende	onda bir	[on'da 'bir]
twee derde	üçdə iki	[ytʃ'dæ i'ki]
driekwart	dörddə üç	[dørd'dæ 'jutʃ]

8. Getallen. Eenvoudige berekeningen

aftrekking (de)	çıxma	[tʃıχ'ma]
aftrekken (ww)	çıxmaq	[tʃıχ'mah]
deling (de)	bölmə	[bøl'mæ]
delen (ww)	bölmək	[bøl'mæk]
optelling (de)	toplama	[topla'ma]
erbij optellen	toplamaq	[topla'mah]
(bij elkaar voegen)		
optellen (ww)	artırmaq	[artır'mah]
vermenigvuldiging (de)	vurma	[vur'ma]
vermenigvuldigen (ww)	vurmaq	[vur'mah]

9. Getallen. Diversen

cijfer (het)	rəqəm	[ræ'gæm]
nummer (het)	say	['saj]
telwoord (het)	say	['saj]
minteken (het)	minus	['minus]
plusteken (het)	plyus	['plʲus]
formule (de)	düstur	[dys'tur]
berekening (de)	hesab	[hɛ'sap]

tellen (ww)	saymaq	[saj'mah]
bijrekenen (ww)	hesablamaq	[hɛsabla'mah]
vergelijken (ww)	müqayisə etmək	[mygajı'sæ ɛt'mæk]

| Hoeveel? (ontelb.) | Nə qədər? | ['næ gæ'dær] |
| Hoeveel? (telb.) | Neçə? | [nɛ'tʃæ] |

som (de), totaal (het)	məbləğ	[mæb'læɣ]
uitkomst (de)	nəticə	[næti'dʒʲæ]
rest (de)	qalıq	[ga'lıh]

enkele (bijv. ~ minuten)	bir neçə	[bir nɛ'tʃæ]
weinig (bw)	bir az ...	['bir 'az ...]
restant (het)	qalanı	[gala'nı]
anderhalf	bir yarım	['bir ja'rım]
dozijn (het)	on iki	['on i'ki]

middendoor (bw)	tən yarı	['tæn ja'rı]
even (bw)	tənbərabər	[tænbæra'bær]
helft (de)	yarım	[ja'rım]
keer (de)	dəfə	[dæ'fæ]

10. De belangrijkste werkwoorden. Deel 1

aanbevelen (ww)	məsləhət görmək	[mæslæ'hæt gør'mæk]
aandringen (ww)	təkid etmək	[tæ'kid ɛt'mæk]
aankomen (per auto, enz.)	gəlmək	[gæl'mæk]
aanraken (ww)	əl vurmaq	['æl vur'mah]
adviseren (ww)	məsləhət vermək	[mæslæ'hæt vɛr'mæk]

afdalen (on.ww.)	aşağı düşmək	[aʃa'ɣı dyʃ'mæk]
afslaan (naar rechts ~)	döndərmək	[døndær'mæk]
antwoorden (ww)	cavab vermək	[dʒʲa'vap vɛr'mæk]
bang zijn (ww)	qorxmaq	[gorɣ'mah]
bedreigen (bijv. met een pistool)	hədələmək	[hædælæ'mæk]

bedriegen (ww)	aldatmaq	[aldat'mah]
beëindigen (ww)	qurtarmaq	[gurtar'mah]
beginnen (ww)	başlamaq	[baʃla'mah]
begrijpen (ww)	başa düşmək	[ba'ʃa dyʃ'mæk]
beheren (managen)	idarə etmək	[ida'ræ ɛt'mæk]

beledigen (met scheldwoorden)	təhkir etmək	[tæh'kir ɛt'mæk]
beloven (ww)	vəd etmək	['væd ɛt'mæk]
bereiden (koken)	hazırlamaq	[hazırla'mah]
bespreken (spreken over)	müzakirə etmək	[myzaki'ræ ɛt'mæk]

bestellen (eten ~)	sifariş etmək	[sifa'riʃ ɛt'mæk]
bestraffen (een stout kind ~)	cəzalandırmaq	[dʒʲæzalandır'mah]
betalen (ww)	pulunu ödəmək	[pulʲu'nu ødæ'mæk]
betekenen (beduiden)	ifadə etmək	[ifa'dæ ɛt'mæk]
betreuren (ww)	heyfsilənmək	[hɛjfsilæn'mæk]

17

bevallen (prettig vinden)	xoşuna gəlmək	[xoʃu'na gæl'mæk]
bevelen (mil.)	əmr etmək	['æmr ɛt'mæk]
bevrijden (stad, enz.)	azad etmək	[a'zad ɛt'mæk]
bewaren (ww)	saxlamaq	[saχla'mah]
bezitten (ww)	sahib olmaq	[sa'hip ol'mah]
bidden (praten met God)	dua etmək	[du'a ɛt'mæk]
binnengaan (een kamer ~)	daxil olmaq	[da'χil ol'mah]
breken (ww)	qırmaq	[gır'mah]
controleren (ww)	nəzarət etmək	[næza'ræt ɛt'mæk]
creëren (ww)	yaratmaq	[jarat'mah]
deelnemen (ww)	iştirak etmək	[iʃti'rak ɛt'mæk]
denken (ww)	düşünmək	[dyʃyn'mæk]
doden (ww)	öldürmək	[øldyr'mæk]
doen (ww)	etmək	[ɛt'mæk]
dorst hebben (ww)	içmək istəmək	[itʃ'mæk istæ'mæk]

11. De belangrijkste werkwoorden. Deel 2

een hint geven	eyham vurmaq	[ɛj'ham vur'mah]
eisen (met klem vragen)	tələb etmək	[tæ'læp ɛt'mæk]
existeren (bestaan)	mövcud olmaq	[møv'dʒyd ol'mah]
gaan (te voet)	getmək	[gɛt'mæk]
gaan zitten (ww)	oturmaq	[otur'mah]
gaan zwemmen	çimmək	[tʃim'mæk]
geven (ww)	vermək	[vɛr'mæk]
glimlachen (ww)	gülümsəmək	[gylymsæ'mæk]
goed raden (ww)	tapmaq	[tap'mah]
grappen maken (ww)	zarafat etmək	[zara'fat ɛt'mæk]
graven (ww)	qazmaq	[gaz'mah]
hebben (ww)	malik olmaq	['malik ol'mah]
helpen (ww)	kömək etmək	[kø'mæk ɛt'mæk]
herhalen (opnieuw zeggen)	təkrar etmək	[tæk'rar ɛt'mæk]
honger hebben (ww)	yemək istəmək	[ɛ'mæk istɛ'mæk]
hopen (ww)	ümid etmək	[y'mid ɛt'mæk]
horen	eşitmək	[ɛʃit'mæk]
(waarnemen met het oor)		
huilen (wenen)	ağlamaq	[aγla'mah]
huren (huis, kamer)	kirayə etmək	[kira'jæ ɛt'mæk]
informeren (informatie geven)	məlumat vermək	[mælʲu'mat vɛr'mæk]
instemmen (akkoord gaan)	razı olmaq	[ra'zı ol'mah]
jagen (ww)	ova çıxmaq	[o'va tʃıχ'mah]
kennen (kennis hebben	tanımaq	[tanı'mah]
van iemand)		
kiezen (ww)	seçmək	[sɛtʃ'mæk]
klagen (ww)	şikayət etmək	[ʃika'jæt ɛt'mæk]
kosten (ww)	qiyməti olmaq	[gijmæ'ti ol'mah]
kunnen (ww)	bacarmaq	[badʒ'ar'mah]

lachen (ww)	gülmәk	[gylⁱ'mæk]
laten vallen (ww)	yerә salmaq	[ɛ'ræ sal'mah]
lezen (ww)	oxumaq	[oχu'mah]

liefhebben (ww)	sevmәk	[sɛv'mæk]
lunchen (ww)	nahar etmәk	[na'har ɛt'mæk]
nemen (ww)	almaq	[al'mah]
nodig zijn (ww)	tәlәb olunmaq	[tæ'læp olⁱun'mah]

12. De belangrijkste werkwoorden. Deel 3

onderschatten (ww)	lazımi qәdәr qiymәtlәndirmәmәk	[lazı'mi gæ'dær gijmætlæn'dirmæmæk]
ondertekenen (ww)	imzalamaq	[imzala'mah]
ontbijten (ww)	sәhәr yemәyi yemәk	[sæ'hær ɛmæ'jı ɛ'mæk]
openen (ww)	açmaq	[atʃ'mah]
ophouden (ww)	kәsmәk	[kæs'mæk]
opmerken (zien)	görmәk	[gør'mæk]

opscheppen (ww)	lovğalanmaq	[lovɣalan'mah]
opschrijven (ww)	yazmaq	[jaz'mah]
plannen (ww)	planlaşdırmaq	[planlaʃdır'mah]
prefereren (verkiezen)	üstünlük vermәk	[ystyn'lyk vɛr'mæk]
proberen (trachten)	sınamaq	[sına'mah]
redden (ww)	xilas etmәk	[χi'las ɛt'mæk]

rekenen op ...	bel bağlamaq	['bɛl baɣla'mah]
rennen (ww)	qaçmaq	[gatʃ'mah]
reserveren (een hotelkamer ~)	sifariş etmәk	[sifa'riʃ ɛt'mæk]
roepen (om hulp)	çağırmaq	[tʃaɣır'mah]
schieten (ww)	ateş açmaq	[a'tæʃ atʃ'mah]
schreeuwen (ww)	çığırmaq	[tʃıɣır'mah]

schrijven (ww)	yazmaq	[jaz'mah]
souperen (ww)	axşam yemәyi yemәk	[aχ'ʃam ɛmæ'jı ɛ'mæk]
spelen (kinderen)	oynamaq	[ojna'mah]
spreken (ww)	danışmaq	[danıʃ'mah]
stelen (ww)	oğurlamaq	[oɣurla'mah]
stoppen (pauzeren)	dayanmaq	[dajan'mah]

studeren (Nederlands ~)	öyrәnmәk	[øjræn'mæk]
sturen (zenden)	göndәrmәk	[gøndær'mæk]
tellen (optellen)	saymaq	[saj'mah]
toebehoren ...	mәnsub olmaq	[mæn'sup ol'mah]

toestaan (ww)	icazә vermәk	[idʒⁱa'zæ vɛr'mæk]
tonen (ww)	göstәrmәk	[gøstær'mæk]

twijfelen (onzeker zijn)	şübhәlәnmәk	[ʃybhælæn'mæk]
uitgaan (ww)	çıxmaq	[tʃıχ'mah]
uitnodigen (ww)	dәvәt etmәk	[dæ'væt ɛt'mæk]
uitspreken (ww)	tәlәffüz etmәk	[tælæf'fyz ɛt'mæk]
uitvaren tegen (ww)	danlamaq	[danla'mah]

13. De belangrijkste werkwoorden. Deel 4

vallen (ww)	yıxılmaq	[jıχıl'mah]
vangen (ww)	tutmaq	[tut'mah]
veranderen (anders maken)	dəyişmək	[dæiʃ'mæk]
verbaasd zijn (ww)	təəccüblənmək	[taædʒyblæn'mæk]
verbergen (ww)	gizlətmək	[gizlæt'mæk]

verdedigen (je land ~)	müdafiyə etmək	[mydafi'jæ ɛt'mæk]
verenigen (ww)	birləşdirmək	[birlæʃdir'mæk]
vergelijken (ww)	müqayisə etmək	[mygajı'sæ ɛt'mæk]
vergeten (ww)	unutmaq	[unut'mah]
vergeven (ww)	bağışlamaq	[bayıʃla'mah]

verklaren (uitleggen)	izah etmək	[i'zah ɛt'mæk]
verkopen (per stuk ~)	satmaq	[sat'mah]
vermelden (praten over)	adını çəkmək	[adı'nı ʧæk'mæk]
versieren (decoreren)	bəzəmək	[bæzæ'mæk]
vertalen (ww)	tərcümə etmək	[tærdʒy'mæ ɛt'mæk]

vertrouwen (ww)	etibar etmək	[ɛti'bar ɛt'mæk]
vervolgen (ww)	davam etdirmək	[da'vam ɛtdir'mæk]
verwarren (met elkaar ~)	dolaşıq salmaq	[dola'ʃıh sal'mah]
verzoeken (ww)	xahiş etmək	[χa'hiʃ ɛt'mæk]
verzuimen (school, enz.)	buraxmaq	[buraχ'mah]

vinden (ww)	tapmaq	[tap'mah]
vliegen (ww)	uçmaq	[uʧ'mah]
volgen (ww)	ardınca getmək	[ar'dındʒ'a gɛt'mæk]
voorstellen (ww)	təklif etmək	[tæk'lif ɛt'mæk]
voorzien (verwachten)	qabaqcadan görmək	[ga'bagdʒ'adan gør'mæk]
vragen (ww)	soruşmaq	[soruʃ'mah]

waarnemen (ww)	müşaidə etmək	[myʃai'dæ ɛt'mæk]
waarschuwen (ww)	xəbərdarlıq etmək	[χæbærdar'lıh ɛt'mæk]
wachten (ww)	gözləmək	[gøzlæ'mæk]
weerspreken (ww)	etiraz etmək	[ɛti'raz ɛt'mæk]
weigeren (ww)	imtina etmək	[imti'na ɛt'mæk]

werken (ww)	işləmək	[iʃlæ'mæk]
weten (ww)	bilmək	[bil'mæk]
willen (verlangen)	istəmək	[istæ'mæk]
zeggen (ww)	demək	[dɛ'mæk]
zich haasten (ww)	tələsmək	[tælæs'mæk]

zich interesseren voor ...	maraqlanmaq	[maraglan'mah]
zich vergissen (ww)	səhv etmək	['sæhv ɛt'mæk]

zich verontschuldigen	üzr istəmək	['juzr istæ'mæk]
zien (ww)	görmək	[gør'mæk]

zijn (ww)	olmaq	[ol'mah]
zoeken (ww)	axtarmaq	[aχtar'mah]
zwemmen (ww)	üzmək	[yz'mæk]
zwijgen (ww)	susmaq	[sus'mah]

14. Kleuren

kleur (de)	rəng	['rænh]
tint (de)	çalar	[ʧaˈlar]
kleurnuance (de)	ton	['ton]
regenboog (de)	qövsi-quzeh	[gøvsi gyˈzɛh]
wit (bn)	ağ	['aɣ]
zwart (bn)	qara	[gaˈra]
grijs (bn)	boz	['boz]
groen (bn)	yaşıl	[jaˈʃil]
geel (bn)	sarı	[saˈrı]
rood (bn)	qırmızı	[gırmıˈzı]
blauw (bn)	göy	['gøj]
lichtblauw (bn)	mavi	[maˈvi]
roze (bn)	çəhrayı	[ʧæhraˈjı]
oranje (bn)	narıncı	[narınˈʤı]
violet (bn)	bənövşəyi	[bænøvʃæˈjı]
bruin (bn)	şabalıdı	[ʃabalıˈdı]
goud (bn)	qızıl	[gıˈzıl]
zilverkleurig (bn)	gümüşü	[gymyˈʃy]
beige (bn)	bej rəngli	[bɛʒ rængˈli]
roomkleurig (bn)	krem rəngli	[krɛm rængˈli]
turkoois (bn)	firuzəyi	[firuzæˈjı]
kersrood (bn)	tünd qırmızı	['tynd gırmıˈzı]
lila (bn)	açıq bənövşəyi	[aˈʧıh bænøvʃæˈjı]
karmijnrood (bn)	moruq rəngli	[moruh rængˈli]
licht (bn)	açıq rəngli	[aˈʧıh rængˈli]
donker (bn)	tünd	['tynd]
fel (bn)	parlaq	[parˈlah]
kleur-, kleurig (bn)	rəngli	[rængˈli]
kleuren- (abn)	rəngli	[rængˈli]
zwart-wit (bn)	ağ-qara	['aɣ gaˈra]
eenkleurig (bn)	birrəng	[birˈrænh]
veelkleurig (bn)	müxtəlif rəngli	[myχtæˈlif rængˈli]

15. Vragen

Wie?	Kim?	['kim]
Wat?	Nə?	['næ]
Waar?	Harada?	['harada]
Waarheen?	Haraya?	['haraja]
Waar ... vandaan?	Haradan?	['haradan]
Wanneer?	Nə zaman?	['næ zaˈman]
Waarom?	Niyə?	[niˈjæ]
Waarom?	Nə üçün?	['næ juˈʧun]
Waarvoor dan ook?	Nədən ötrü?	[næˈdæn øtˈry]

Hoe?	Neçə?	[nɛ'dʒ'æ]
Wat voor ...?	Nə cür?	['næ 'dʒyr]
Welk?	Hansı?	[han'sı]

Aan wie?	Kimə?	[ki'mæ]
Over wie?	Kimdən?	[kim'dæn]
Waarover?	Nədən?	[næ'dæn]
Met wie?	Kiminlə?	[ki'minlæ]

| Hoeveel? (telb.) | Neçə? | [nɛ'tʃæ] |
| Van wie? (mann.) | Kimin? | [ki'min] |

16. Voorzetsels

met (bijv. ~ beleg)	ilə	[i'læ]
zonder (~ accent)	... sız	[... sız]
naar (in de richting van)	da	['da]
over (praten ~)	haqqında	[hakkın'da]
voor (in tijd)	qabaq	[ga'bah]
voor (aan de voorkant)	qarşısında	[garʃısın'da]

onder (lager dan)	altında	[altın'da]
boven (hoger dan)	üstündə	[ystyn'dæ]
op (bovenop)	üzərində	[yzærin'dæ]
van (uit, afkomstig van)	... dan	[... dan]
van (gemaakt van)	... dan	[... dan]

| over (bijv. ~ een uur) | sonra | [son'ra] |
| over (over de bovenkant) | üstündən | [ystyn'dæn] |

17. Functiewoorden. Bijwoorden. Deel 1

Waar?	Harada?	['harada]
hier (bw)	burada	['burada]
daar (bw)	orada	['orada]

| ergens (bw) | harada isə | ['harada isɛ] |
| nergens (bw) | heç bir yerdə | ['hɛtʃ 'bir ɛr'dæ] |

| bij ... (in de buurt) | yanında | [janın'da] |
| bij het raam | pəncərənin yanında | [pændʒ'æræ'nin janın'da] |

Waarheen?	Haraya?	['haraja]
hierheen (bw)	buraya	['buraja]
daarheen (bw)	oraya	['oraja]
hiervandaan (bw)	buradan	['buradan]
daarvandaan (bw)	oradan	['oradan]

dichtbij (bw)	yaxın	[ja'χın]
ver (bw)	uzaq	[u'zah]
in de buurt (van ...)	yanaşı	[jana'ʃı]
vlakbij (bw)	yaxında	[jaχın'da]

niet ver (bw)	yaxında	[jaxın'da]
linker (bn)	sol	['sol]
links (bw)	soldan	[sol'dan]
linksaf, naar links (bw)	sola	[so'la]

rechter (bn)	sağ	['say]
rechts (bw)	sağdan	[sa'ydan]
rechtsaf, naar rechts (bw)	sağa	[sa'ya]

vooraan (bw)	qabaqdan	[gabag'dan]
voorste (bn)	qabaq	[ga'bah]
vooruit (bw)	irəli	[iræ'li]

achter (bw)	arxada	[arχa'da]
van achteren (bw)	arxadan	[arχa'dan]
achteruit (naar achteren)	arxaya	[arχa'ja]

| midden (het) | orta | [or'ta] |
| in het midden (bw) | ortada | [orta'da] |

opzij (bw)	qıraqdan	[gırag'dan]
overal (bw)	hər yerdə	['hær ɛr'dæ]
omheen (bw)	ətrafında	[ætrafın'da]

binnenuit (bw)	içəridən	[itʃæri'dæn]
naar ergens (bw)	haraya isə	['haraja i'sæ]
rechtdoor (bw)	düzünə	[dyzy'næ]
terug (bijv. ~ komen)	geriyə	[gɛri'jæ]

| ergens vandaan (bw) | haradan olsa | ['haradan ol'sa] |
| ergens vandaan (en dit geld moet ~ komen) | haradansa | ['haradansa] |

ten eerste (bw)	birincisi	[birindʒi'si]
ten tweede (bw)	ikincisi	[ikintʃi'si]
ten derde (bw)	üçüncüsü	[ytʃundʒu'sy]

plotseling (bw)	qəflətən	['gæflætæn]
in het begin (bw)	başlanqıcda	[baʃlangıdʒ'da]
voor de eerste keer (bw)	birinci dəfə	[birin'dʒi dæ'fæ]
lang voor ... (bw)	xeyli əvvəl	['χɛjli æv'væl]
opnieuw (bw)	yenidən	[ɛni'dæn]
voor eeuwig (bw)	həmişəlik	[hæmiʃæ'lik]

nooit (bw)	heç bir zaman	['hɛtʃ 'bir za'man]
weer (bw)	yenə	['ɛnæ]
nu (bw)	indi	[in'di]
vaak (bw)	tez-tez	['tɛz 'tɛz]
toen (bw)	onda	[on'da]
urgent (bw)	təcili	[tædʒi'li]
meestal (bw)	adətən	['adætæn]

| trouwens, ... (tussen haakjes) | yeri gəlmişkən | [ɛ'ri gæl'miʃkæn] |

| mogelijk (bw) | ola bilsin | [o'la bil'sin] |
| waarschijnlijk (bw) | ehtimal ki | [ɛhti'mal 'ki] |

23

misschien (bw)	ola bilər	[o'la bi'lær]
trouwens (bw)	bundan başqa ...	[bun'dan baʃga ...]
daarom ...	buna görə	[bu'na gø'ræ]
in weerwil van ...	baxmayaraq ki ...	['baχmajarah ki ...]
dankzij ...	sayəsində ...	[sajæsin'dæ ...]

wat (vn)	nə	['næ]
dat (vw)	ki	['ki]
iets (vn)	nə isə	['næ i'sæ]
iets	bir şey	['bir 'ʃɛj]
niets (vn)	heç bir şey	['hɛtʃ 'bir 'ʃæj]

wie (~ is daar?)	kim	['kim]
iemand (een onbekende)	kim isə	['kim i'sæ]
iemand	birisi	[biri'si]
(een bepaald persoon)		

niemand (vn)	heç kim	['hɛtʃ kim]
nergens (bw)	heç bir yerə	['hɛtʃ 'bir ɛ'ræ]
niemands (bn)	heç kimin	['hɛtʃ ki'min]
iemands (bn)	kiminsə	[ki'minsæ]

zo (Ik ben ~ blij)	belə	[bɛ'læ]
ook (evenals)	habelə	['habɛlæ]
alsook (eveneens)	həmçinin	['hæmtʃinin]

18. Functiewoorden. Bijwoorden. Deel 2

Waarom?	Nə üçün?	['næ ju'tʃun]
om een bepaalde reden	nədənsə	[næ'dænsæ]
omdat ...	ona görə ki	[o'na gø'ræ 'ki]
voor een bepaald doel	nə səbəbə isə	['næ sæbæ'bæ i'sæ]

en (vw)	və	['væ]
of (vw)	yaxud	['jaχud]
maar (vw)	amma	['amma]
voor (vz)	üçün	[y'tʃun]

te (~ veel mensen)	həddindən artıq	[hæddin'dæn ar'tıh]
alleen (bw)	yalnız	['jalnız]
precies (bw)	dəqiq	[dæ'gih]
ongeveer (~ 10 kg)	təqribən	[tæg'ribæn]

omstreeks (bw)	təxminən	[tæχ'minæn]
bij benadering (bn)	təxmini	[tæχmi'ni]
bijna (bw)	demək olar ki	[dɛ'mæk o'lar 'ki]
rest (de)	qalanı	[gala'nı]

elk (bn)	hər bir	['hær 'bir]
om het even welk	hansı olursa olsun	[han'sı o'lʲursa ol'sun]
veel (grote hoeveelheid)	çox	['tʃoχ]
veel mensen	çoxları	[tʃoχla'rı]
iedereen (alle personen)	hamısı	['hamısı]
in ruil voor ...	bunun əvəzində	[bu'nun ævæzin'dæ]

in ruil (bw)	əvəzində	[ævæzin'dæ]
met de hand (bw)	əl ilə	['æl i'læ]
onwaarschijnlijk (bw)	çətin ola bilsin	[tʃæ'tin o'la bil'sin]

waarschijnlijk (bw)	guman ki	[gy'man 'ki]
met opzet (bw)	bilərək	[bi'læræk]
toevallig (bw)	təsadüfən	[tæ'sadyfæn]

zeer (bw)	çox	['tʃox]
bijvoorbeeld (bw)	məsələn	['mæsælæn]
tussen (~ twee steden)	arasında	[arasın'da]
tussen (te midden van)	ortasında	[ortasın'da]
zoveel (bw)	bu qədər	['bu gæ'dær]
vooral (bw)	xüsusilə	[xysu'silæ]

Basisbegrippen Deel 2

19. Dagen van de week

maandag (de)	bazar ertəsi	[ba'zar ɛrtæ'si]
dinsdag (de)	çərşənbə axşamı	[ʧærʃæn'bæ aχʃa'mı]
woensdag (de)	çərşənbə	[ʧærʃæn'bæ]
donderdag (de)	cümə axşamı	[dʒy'mæ aχʃa'mı]
vrijdag (de)	cümə	[dʒy'mæ]
zaterdag (de)	şənbə	[ʃæn'bæ]
zondag (de)	bazar	[ba'zar]
vandaag (bw)	bu gün	['bu 'gyn]
morgen (bw)	sabah	['sabah]
overmorgen (bw)	birigün	[bi'rigyn]
gisteren (bw)	dünən	['dynæn]
eergisteren (bw)	sıraǧa gün	[sıra'ɣa 'gyn]
dag (de)	gündüz	[gyn'dyz]
werkdag (de)	iş günü	['iʃ gy'ny]
feestdag (de)	bayram günü	[baj'ram gy'ny]
verlofdag (de)	istirahət günü	[istira'hæt gy'ny]
weekend (het)	istirahət günləri	[istira'hæt gynlɛ'ri]
de hele dag (bw)	bütün günü	[by'tyn gy'ny]
de volgende dag (bw)	ertəsi gün	[ɛrtæ'si 'gyn]
twee dagen geleden	iki gün qabaq	[i'ki 'gyn ga'bah]
aan de vooravond (bw)	ərəfəsində	[æræfæsin'dæ]
dag-, dagelijks (bn)	gündəlik	[gyndæ'lik]
elke dag (bw)	hər gün	['hær 'gyn]
week (de)	həftə	[hæf'tæ]
vorige week (bw)	keçən həftə	[kɛ'ʧæn hæf'tæ]
volgende week (bw)	gələn həftə	[gæ'læn hæf'tæ]
wekelijks (bn)	həftəlik	[hæftæ'lik]
elke week (bw)	həftədə bir	[hæftæ'dæ 'bir]
twee keer per week	həftədə iki dəfə	[hæftæ'dæ i'ki dæ'fæ]
elke dinsdag	hər çərşənbə axşamı	['hær ʧærʃæn'bæ aχʃa'mı]

20. Uren. Dag en nacht

morgen (de)	səhər	[sæ'hær]
's morgens (bw)	səhərçağı	[sæ'hær ʧa'ɣı]
middag (de)	günorta	[gynor'ta]
's middags (bw)	nahardan sonra	[nahar'dan son'ra]
avond (de)	axşam	[aχ'ʃam]
's avonds (bw)	axşam	[aχ'ʃam]

nacht (de)	gecə	[gɛ'dʒʲæ]
's nachts (bw)	gecə	[gɛ'dʒʲæ]
middernacht (de)	gecəyarı	[gɛdʒʲæja'rı]

seconde (de)	saniyə	[sani'jæ]
minuut (de)	dəqiqə	[dægi'gæ]
uur (het)	saat	[sa'at]
halfuur (het)	yarım saat	[ja'rım sa'at]
kwartier (het)	on beş dəqiqə	['on 'bɛʃ dægi'gæ]
vijftien minuten	on beş dəqiqə	['on 'bɛʃ dægi'gæ]
etmaal (het)	gecə-gündüz	[gɛ'dʒʲæ gyn'dyz]

zonsopgang (de)	günəşin doğması	[gynæ'ʃin doɣma'sı]
dageraad (de)	şəfəq	[ʃæ'fæh]
vroege morgen (de)	səhər tezdən	[sæ'hær tɛz'dæn]
zonsondergang (de)	gün batan çağı	['gyn ba'tan ʧa'ɣı]

's morgens vroeg (bw)	erkəndən	[ɛrkæn'dæn]
vanmorgen (bw)	bu gün səhər	['bu 'gyn sæ'hær]
morgenochtend (bw)	sabah səhər	['sabah sæ'hær]

vanmiddag (bw)	bu gün günorta çağı	['bu 'gyn gynor'ta ʧa'ɣı]
's middags (bw)	nahardan sonra	[nahar'dan son'ra]
morgenmiddag (bw)	sabah nahardan sonra	['sabah nahar'dan son'ra]

vanavond (bw)	bu gün axşam	['bu 'gyn aχ'ʃam]
morgenavond (bw)	sabah axşam	['sabah aχ'ʃam]

klokslag drie uur	saat üç tamamda	[sa'at 'juʧ tamam'da]
ongeveer vier uur	təxminən saat dörd radələrində	[tæχ'minæn sa'at 'dørd radælærin'dæ]
tegen twaalf uur	saat on iki üçün	[sa'at 'on i'ki ju'ʧun]

over twintig minuten	iyirmi dəqiqədən sonra	[ijır'mi dægigæ'dæn son'ra]
over een uur	bir saatdan sonra	['bir saat'dan son'ra]
op tijd (bw)	vaxtında	[vaχtın'da]

kwart voor ...	on beş dəqiqə qalmış	['on 'bɛʃ dægi'gæ gal'mıʃ]
binnen een uur	bir saat ərzində	['bir sa'at ærzin'dæ]
elk kwartier	hər on beş dəqiqədən bir	['hær 'on 'bɛʃ dægigæ'dæn bir]
de klok rond	gecə-gündüz	[gɛ'dʒʲæ gyn'dyz]

21. Maanden. Seizoenen

januari (de)	yanvar	[jan'var]
februari (de)	fevral	[fɛv'ral]
maart (de)	mart	['mart]
april (de)	aprel	[ap'rɛl]
mei (de)	may	['maj]
juni (de)	iyun	[i'jun]

juli (de)	iyul	[i'jul]
augustus (de)	avqust	['avgust]

september (de)	sentyabr	[sɛn'tʲabr]
oktober (de)	oktyabr	[ok'tʲabr]
november (de)	noyabr	[no'jabr]
december (de)	dekabr	[dɛ'kabr]

lente (de)	yaz	['jaz]
in de lente (bw)	yazda	[jaz'da]
lente- (abn)	yaz	['jaz]

zomer (de)	yay	['jaj]
in de zomer (bw)	yayda	[jaj'da]
zomer-, zomers (bn)	yay	['jaj]

herfst (de)	payız	[pa'jɪz]
in de herfst (bw)	payızda	[pajɪz'da]
herfst- (abn)	payız	[pa'jɪz]

winter (de)	qış	['gɪʃ]
in de winter (bw)	qışda	[gɪʃ'da]
winter- (abn)	qış	['gɪʃ]

maand (de)	ay	['aj]
deze maand (bw)	bu ay	['bu 'aj]
volgende maand (bw)	gələn ay	[gæ'læn 'aj]
vorige maand (bw)	keçən ay	[kɛ'tʃæn 'aj]

een maand geleden (bw)	bir ay qabaq	['bir 'aj ga'bah]
over een maand (bw)	bir aydan sonra	['bir aj'dan son'ra]
over twee maanden (bw)	iki aydan sonra	[i'ki aj'dan son'ra]
de hele maand (bw)	bütün ay	[by'tyn 'aj]
een volle maand (bw)	bütöv ay	[by'tøv 'aj]

maand-, maandelijks (bn)	aylıq	[aj'lɪh]
maandelijks (bw)	ayda bir dəfə	[aj'da 'bir dæfæ]
elke maand (bw)	hər ay	['hær 'aj]
twee keer per maand	ayda iki dəfə	[aj'da i'ki dæ'fæ]

jaar (het)	il	['il]
dit jaar (bw)	bu il	['bu 'il]
volgend jaar (bw)	gələn il	[gæ'læn 'il]
vorig jaar (bw)	keçən il	[kɛ'tʃæn 'il]

een jaar geleden (bw)	bir il əvvəl	['bir 'il æv'væl]
over een jaar	bir ildən sonra	['bir il'dæn son'ra]
over twee jaar	iki ildən sonra	[i'ki il'dæn son'ra]
het hele jaar	il uzunu	['il uzu'nu]
een vol jaar	bütün il boyu	[by'tyn il bo'ju]

elk jaar	hər il	['hær 'il]
jaar-, jaarlijks (bn)	illik	[il'lik]
jaarlijks (bw)	hər ilki	['hær il'ki]
4 keer per jaar	ildə dörd dəfə	[il'dæ 'dørd dæ'fæ]

datum (de)	gün	['gyn]
datum (de)	tarix	[ta'riχ]
kalender (de)	təqvim	[tæg'vim]

een half jaar	yarım il	[ja'rım 'il]
zes maanden	yarım illik	[ja'rım il'lik]
seizoen (bijv. lente, zomer)	mövsüm	[møv'sym]
eeuw (de)	əsr	['æsr]

22. Tijd. Diversen

tijd (de)	zaman	[za'man]
ogenblik (het)	qırpım	[gır'pım]
moment (het)	an	['an]
ogenblikkelijk (bn)	ani	[a'ni]
tijdsbestek (het)	müddət	[myd'dæt]
leven (het)	həyat	[hæ'jat]
eeuwigheid (de)	əbədiyyat	[æbædi'at]

epoche (de), tijdperk (het)	dövr	['døvr]
era (de), tijdperk (het)	era	['εra]
cyclus (de)	silsilə	[silsi'læ]
periode (de)	zaman	[za'man]
termijn (vastgestelde periode)	müddət	[myd'dæt]

toekomst (de)	gələcək	[gælæ'dʒʲæk]
toekomstig (bn)	gələcək	[gælæ'dʒʲæk]
de volgende keer	gələn dəfə	[gæ'læn dæ'fæ]
verleden (het)	keçmiş	[kɛtʃ'miʃ]
vorig (bn)	keçən	[kɛ'tʃæn]
de vorige keer	keçən dəfə	[kɛ'tʃæn dæ'fæ]

later (bw)	daha sonra	[da'ha 'sonra]
na (~ het diner)	sonra	[son'ra]
tegenwoordig (bw)	hal hazırda	['hal hazır'da]
nu (bw)	indi	[in'di]

onmiddellijk (bw)	dərhal	['dærhal]
snel (bw)	tezliklə	[tɛz'liklæ]
bij voorbaat (bw)	qabaqcadan	[gabagdʒʲa'dan]

lang geleden (bw)	çoxdan	[tʃoχ'dan]
kort geleden (bw)	bir az bundan əvvəl	['bir 'az bun'dan æv'væl]
noodlot (het)	qismət	[gis'mæt]
herinneringen (mv.)	xatirə	[χati'ræ]
archief (het)	arxiv	[ar'χiv]

tijdens ... (ten tijde van)	zamanı ...	[zama'nı ...]
lang (bw)	uzun zaman	[u'zun za'man]
niet lang (bw)	az vaxta	[az vaχ'ta]

vroeg (bijv. ~ in de ochtend)	erkən	[εrkæ'æn]
laat (bw)	gec	['gɛdʒʲ]

voor altijd (bw)	əbədi olaraq	[æbæ'di o'larah]
beginnen (ww)	başlamaq	[baʃla'mah]
uitstellen (ww)	keçirmək	[kɛtʃir'mæk]
tegelijkertijd (bw)	eyni zamanda	['ɛjni zaman'da]

29

voortdurend (bw)	həmişə	['hæmiʃæ]
constant (bijv. ~ lawaai)	daimi	[dai'mi]
tijdelijk (bn)	müvəqqəti	[myvækkæ'ti]

soms (bw)	hərdən	[hær'dæn]
zelden (bw)	nadir hallarda	[na'dir hallar'da]
vaak (bw)	tez-tez	['tɛz 'tɛz]

23. Tegenovergestelden

| rijk (bn) | varlı | [var'lı] |
| arm (bn) | kasıb | [ka'sıp] |

| ziek (bn) | xəstə | [χæs'tæ] |
| gezond (bn) | sağlam | [sa'ɣlam] |

| groot (bn) | böyük | [bø'juk] |
| klein (bn) | kiçik | [ki'ʧik] |

| snel (bw) | cəld | ['ʤɑ̈æld] |
| langzaam (bw) | asta-asta | [as'ta as'ta] |

| snel (bn) | cəld | ['ʤɑ̈æld] |
| langzaam (bn) | asta | [as'ta] |

| vrolijk (bn) | şən | ['ʃæn] |
| treurig (bn) | qəmgin | [gæm'gin] |

| samen (bw) | birlikdə | [birlik'dæ] |
| apart (bw) | ayrı-ayrı | [aj'rı aj'rı] |

| hardop (~ lezen) | ucadan | [uʤa'dan] |
| stil (~ lezen) | ürəyində | [yræjın'dæ] |

| hoog (bn) | hündür | [hyn'dyr] |
| laag (bn) | alçaq | [al'ʧah] |

| diep (bn) | dərin | [dæ'rin] |
| ondiep (bn) | dayaz | [da'jaz] |

| ja | bəli | ['bæli] |
| nee | xeyr | ['χɛjr] |

| ver (bn) | uzaq | [u'zah] |
| dicht (bn) | yaxın | [ja'χın] |

| ver (bw) | uzaqda | [uzag'da] |
| dichtbij (bw) | yaxında | [jaχın'da] |

| lang (bn) | uzun | [u'zun] |
| kort (bn) | qısa | [gı'sa] |

| vriendelijk (goedhartig) | xeyirxah | [χɛjır'χah] |
| kwaad (bn) | hirsli | [hirs'li] |

| gehuwd (mann.) | evli | [ɛv'li] |
| ongehuwd (mann.) | subay | [su'baj] |

| verbieden (ww) | qadağan etmək | [gada'ɣan ɛt'mæk] |
| toestaan (ww) | icazə vermək | [idʒ'a'zæ vɛr'mæk] |

| einde (het) | son | ['son] |
| begin (het) | başlanqıc | [baʃla'ngıdʒ'] |

| linker (bn) | sol | ['sol] |
| rechter (bn) | sağ | ['saɣ] |

| eerste (bn) | birinci | [birin'dʒ'i] |
| laatste (bn) | sonuncu | [sonun'dʒy] |

| misdaad (de) | cinayət | [dʒ'ina'jæt] |
| bestraffing (de) | cəza | [dʒ'æ'za] |

| bevelen (ww) | əmr etmək | ['æmr ɛt'mæk] |
| gehoorzamen (ww) | tabe olmaq | [ta'bɛ ol'mah] |

| recht (bn) | düz | ['dyz] |
| krom (bn) | əyri | [æj'ri] |

| paradijs (het) | cənnət | [dʒ'æn'næt] |
| hel (de) | cəhənnəm | [dʒ'æhæn'næm] |

| geboren worden (ww) | anadan olmaq | [ana'dan ol'mah] |
| sterven (ww) | ölmək | [øl'mæk] |

| sterk (bn) | güclü | [gydʒ'ly] |
| zwak (bn) | zəif | [zæ'if] |

| oud (bn) | köhnə | [køh'næ] |
| jong (bn) | cavan | [dʒ'a'van] |

| oud (bn) | köhnə | [køh'næ] |
| nieuw (bn) | təzə | [tæ'zæ] |

| hard (bn) | bərk | ['bærk] |
| zacht (bn) | yumşaq | [jum'ʃah] |

| warm (bn) | isti | [is'ti] |
| koud (bn) | soyuq | [so'juh] |

| dik (bn) | yoğun | [jo'ɣun] |
| dun (bn) | arıq | [a'rıh] |

| smal (bn) | ensiz | [ɛn'siz] |
| breed (bn) | enli | [ɛn'li] |

| goed (bn) | yaxşı | [jaχ'ʃı] |
| slecht (bn) | pis | ['pis] |

| moedig (bn) | cəsarətli | [dʒ'æsaræt'li] |
| laf (bn) | qorxaq | [gor'χah] |

24. Lijnen en vormen

vierkant (het)	kvadrat	[kvad'rat]
vierkant (bn)	kvadrat şəkilli	[kvad'rat ʃækil'li]
cirkel (de)	dairə	[dai'ræ]
rond (bn)	dəyirmi	[dæjır'mi]
driehoek (de)	üçbucaq	[ytʃbu'dʒʲah]
driehoekig (bn)	üçbucaqlı	[ytʃbudʒʲag'lı]

ovaal (het)	oval	[o'val]
ovaal (bn)	oval	[o'val]
rechthoek (de)	düzbucaqlı dördbucaq	[dyzbudʒʲag'lı dørdbu'dʒʲah]
rechthoekig (bn)	düzbucaqlı	[dyzbudʒʲag'lı]

piramide (de)	piramida	[pira'mida]
ruit (de)	romb	['romp]
trapezium (het)	trapesiya	[tra'pɛsija]
kubus (de)	kub	['kup]
prisma (het)	prizma	['prizma]

omtrek (de)	çevrə	[tʃɛv'ræ]
bol, sfeer (de)	kürə	[ky'ræ]
bal (de)	kürə	[ky'ræ]
diameter (de)	diametr	[di'amɛtr]
straal (de)	radius	['radius]
omtrek (~ van een cirkel)	perimetr	[pɛ'rimɛtr]
middelpunt (het)	mərkəz	[mær'kæz]

horizontaal (bn)	üfqi	[yf'gi]
verticaal (bn)	şaquli	[ʃagu'li]
parallel (de)	paralel	[para'lɛl]
parallel (bn)	paralel	[para'lɛl]

lijn (de)	xətt	['χætt]
streep (de)	xətt	['χætt]
rechte lijn (de)	düz	['dyz]
kromme (de)	əyri	[æj'ri]
dun (bn)	nazik	[na'zik]
omlijning (de)	kontur	['kontur]

snijpunt (het)	kəsişmə	[kæsiʃ'mæ]
rechte hoek (de)	düz bucaq	['dyz bu'dʒʲah]
segment (het)	seqment	[sɛg'mɛnt]
sector (de)	bölmə	[bøl'mæ]
zijde (de)	tərəf	[tæ'ræf]
hoek (de)	bucaq	[bu'dʒʲah]

25. Meeteenheden

gewicht (het)	çəki	[tʃæ'ki]
lengte (de)	uzunluq	[uzun'lʲuh]
breedte (de)	en	['ɛn]
hoogte (de)	hündürlük	[hyndyr'lyk]

diepte (de)	dərinlik	[dærin'lik]
volume (het)	hecm	['hædʒjm]
oppervlakte (de)	seth	['sæth]

gram (het)	qram	['gram]
milligram (het)	milliqram	[milli'gram]
kilogram (het)	kiloqram	[kilog'ram]
ton (duizend kilo)	ton	['ton]
pond (het)	girvenke	[girvæn'kæ]
ons (het)	unsiya	['unsija]

meter (de)	metr	['mɛtr]
millimeter (de)	millimetr	[milli'mɛtr]
centimeter (de)	santimetr	[santi'mɛtr]
kilometer (de)	kilometr	[kilo'mɛtr]
mijl (de)	mil	['mil]

duim (de)	düym	['dyjm]
voet (de)	fut	['fut]
yard (de)	yard	['jard]

| vierkante meter (de) | kvadrat metr | [kvad'rat 'mɛtr] |
| hectare (de) | hektar | [hɛk'tar] |

liter (de)	litr	['litr]
graad (de)	derece	[dæræ'dʒjæ]
volt (de)	volt	['volt]
ampère (de)	amper	[am'pɛr]
paardenkracht (de)	at gücü	['at gy'dʒy]

hoeveelheid (de)	miqdar	[mig'dar]
een beetje ...	bir az ...	['bir 'az ...]
helft (de)	yarım	[ja'rım]
dozijn (het)	on iki	['on i'ki]
stuk (het)	eded	[æ'dæd]

| afmeting (de) | ölçü | [øl'tʃu] |
| schaal (bijv. ~ van 1 op 50) | miqyas | [mi'gjas] |

minimaal (bn)	minimal	[mini'mal]
minste (bn)	en kiçik	['æn ki'tʃik]
medium (bn)	orta	[or'ta]
maximaal (bn)	maksimal	[maksi'mal]
grootste (bn)	en böyük	['æn bø'juk]

26. Containers

glazen pot (de)	şüşe banka	[ʃyʃæ ban'ka]
blik (conserven~)	konserv bankası	[kon'sɛrv banka'sı]
emmer (de)	vedre	[vɛd'ræ]
ton (bijv. regenton)	çellek	[tʃæl'læk]

| ronde waterbak (de) | leyen | [læ'jæn] |
| tank (bijv. watertank-70-ltr) | bak | ['bak] |

heupfles (de)	mehtərə	[mɛhtæ'ræ]
jerrycan (de)	kanistr	[ka'nistr]
tank (bijv. ketelwagen)	sistern	[sis'tɛrn]

beker (de)	parç	['partʃ]
kopje (het)	fincan	[fin'dʒan]
schoteltje (het)	nəlbəki	[nælbæ'ki]
glas (het)	stəkan	[stæ'kan]
wijnglas (het)	qədəh	[gæ'dæh]
steelpan (de)	qazan	[ga'zan]

| fles (de) | şüşə | [ʃy'ʃæ] |
| flessenhals (de) | boğaz | [bo'gaz] |

karaf (de)	qrafin	[gra'fin]
kruik (de)	səhənk	[sæ'hænk]
vat (het)	qab	['gap]
pot (de)	bardaq	[bar'dah]
vaas (de)	güldan	[gylⁱ'dan]

flacon (de)	flakon	[fla'kon]
flesje (het)	şüşə	[ʃy'ʃæ]
tube (bijv. ~ tandpasta)	tübik	['tybik]

zak (bijv. ~ aardappelen)	torba	[tor'ba]
tasje (het)	paket	[pa'kɛt]
pakje (~ sigaretten, enz.)	paçka	[patʃ'ka]

doos (de)	qutu	[gu'tu]
kist (de)	yeşik	[ɛ'ʃik]
mand (de)	səbət	[sæ'bæt]

27. Materialen

materiaal (het)	material	[matɛri'al]
hout (het)	taxta	[taχ'ta]
houten (bn)	taxta	[taχ'ta]

| glas (het) | şüşə | [ʃy'ʃæ] |
| glazen (bn) | şüşə | [ʃy'ʃæ] |

| steen (de) | daş | ['daʃ] |
| stenen (bn) | daşdan olan | [daʃ'dan o'lan] |

| plastic (het) | plastik kütlə | [plas'tik kyt'læ] |
| plastic (bn) | plastik kütlədən qayrılmış | [plas'tik kytlæ'dæn gajrıl'mıʃ] |

| rubber (het) | rezin | [rɛ'zin] |
| rubber-, rubberen (bn) | rezin | [rɛ'zin] |

stof (de)	parça	[par'tʃa]
van stof (bn)	parçadan	[partʃa'dan]
papier (het)	kağız	[ka'ɣız]

papieren (bn)	kağız	[ka'ɣız]
karton (het)	karton	[kar'ton]
kartonnen (bn)	karton	[kar'ton]

polyethyleen (het)	polietilen	[poliæti'lɛn]
cellofaan (het)	sellofan	[sɛllo'fan]
multiplex (het)	faner	[fa'nɛr]

porselein (het)	çini qab	['ʧini 'gap]
porseleinen (bn)	çini	['ʧini]
klei (de)	gil	['gil]
klei-, van klei (bn)	saxsı	[saχ'sı]
keramiek (de)	keramika	[kɛ'ramika]
keramieken (bn)	keramik	[kɛra'mik]

28. Metalen

metaal (het)	metal	[mɛ'tal]
metalen (bn)	metal	[mɛ'tal]
legering (de)	xəlitə	[χæli'tæ]

goud (het)	qızıl	[gı'zıl]
gouden (bn)	qızıl	[gı'zıl]
zilver (het)	gümüş	[gy'myʃ]
zilveren (bn)	gümüş	[gy'myʃ]

IJzer (het)	dəmir	[dæ'mir]
IJzeren (bn)	dəmir	[dæ'mir]
staal (het)	polad	[po'lad]
stalen (bn)	polad	[po'lad]
koper (het)	mis	['mis]
koperen (bn)	mis	['mis]

aluminium (het)	alümin	[aly'min]
aluminium (bn)	alümin	[aly'min]
brons (het)	bürünc	[by'ryndʒi]
bronzen (bn)	bürünc	[by'ryndʒi]

messing (het)	latun	[la'tun]
nikkel (het)	nikel	['nikɛl]
platina (het)	platin	[pla'tin]
kwik (het)	civə	[dʒi'væ]
tin (het)	qalay	[ga'laj]
lood (het)	qurğuşun	[gurɣu'ʃun]
zink (het)	sink	['sink]

MENS

Mens. Het lichaam

29. Mensen. Basisbegrippen

mens (de)	**adam**	[a'dam]
man (de)	**kişi**	[ki'ʃi]
vrouw (de)	**qadın**	[ga'dın]
kind (het)	**uşaq**	[u'ʃah]
meisje (het)	**qız**	['gız]
jongen (de)	**oğlan**	[o'ɣlan]
tiener, adolescent (de)	**yeniyetmə**	[ɛniɛt'mæ]
oude man (de)	**qoca**	[go'dʒ'a]
oude vrouw (de)	**qarı**	[ga'rı]

30. Menselijke anatomie

organisme (het)	**orqanizm**	[orga'nizm]
hart (het)	**ürək**	[y'ræk]
bloed (het)	**qan**	['gan]
slagader (de)	**arteriya**	[ar'tɛrija]
ader (de)	**vena**	['vɛna]
hersenen (mv.)	**beyin**	[bɛ'jın]
zenuw (de)	**sinir**	[si'nir]
zenuwen (mv.)	**sinirlər**	[sinir'lær]
wervel (de)	**fəqərə**	[fægæ'ræ]
ruggengraat (de)	**onurğa sümüyü**	[onur'ɣa symy'ju]
maag (de)	**mədə**	[mæ'dæ]
darmen (mv.)	**bağırsaqlar**	[baɣırsag'lar]
darm (de)	**bağırsaq**	[baɣır'sah]
lever (de)	**qara ciyər**	[ga'ra dʒi'jær]
nier (de)	**böyrək**	[bøj'ræk]
been (deel van het skelet)	**sümük**	[sy'myk]
skelet (het)	**skelet**	[skɛ'lɛt]
rib (de)	**qabırqa**	[gabır'ga]
schedel (de)	**kəllə**	[kæl'læ]
spier (de)	**əzələ**	[æzæ'læ]
biceps (de)	**biseps**	['bisɛps]
triceps (de)	**triseps**	['trisɛps]
pees (de)	**vətər**	[væ'tær]
gewricht (het)	**oynaq**	[oj'nah]

longen (mv.)	ağ ciyər	['aɣ dʒi'ær]
geslachtsorganen (mv.)	cinsiyyət orqanları	[dʒ'insi'æt 'organları]
huid (de)	dəri	[dæ'ri]

31. Hoofd

hoofd (het)	baş	['baʃ]
gezicht (het)	üz	['yz]
neus (de)	burun	[bu'run]
mond (de)	ağız	[a'ɣız]

oog (het)	göz	['gøz]
ogen (mv.)	gözlər	[gøz'lær]
pupil (de)	göz bəbəyi	[gøz bæ'bæjı]
wenkbrauw (de)	qaş	['gaʃ]
wimper (de)	kirpik	[kir'pik]
ooglid (het)	göz qapağı	[gøz gapa'ɣı]

tong (de)	dil	['dil]
tand (de)	diş	['diʃ]
lippen (mv.)	dodaq	[do'dah]
jukbeenderen (mv.)	almacıq sümüyü	[alma'dʒıh symy'ju]
tandvlees (het)	diş əti	['diʃ æ'ti]
gehemelte (het)	damağ	[da'maɣ]

neusgaten (mv.)	burun deşikləri	[bu'run dɛʃiklæ'ri]
kin (de)	çənə	[ʧæ'næ]
kaak (de)	çənə	[ʧæ'næ]
wang (de)	yanaq	[ja'nah]

voorhoofd (het)	alın	[a'lın]
slaap (de)	gicgah	[gidʒ'gah]
oor (het)	qulaq	[gu'lah]
achterhoofd (het)	peysər	[pɛj'sær]
hals (de)	boyun	[bo'jun]
keel (de)	boğaz	[bo'gaz]

haren (mv.)	saç	['saʧ]
kapsel (het)	saç düzümü	['saʧ dyzy'my]
haarsnit (de)	saç vurdurma	['saʧ vurdur'ma]
pruik (de)	parik	[pa'rik]

snor (de)	bığ	['bıɣ]
baard (de)	saqqal	[sak'kal]
dragen (een baard, enz.)	qoymaq	[goj'mah]
vlecht (de)	hörük	[hø'ryk]
bakkebaarden (mv.)	bakenbard	[bakɛn'bard]

ros (roodachtig, rossig)	kürən	[ky'ræn]
grijs (~ haar)	saçı ağarmış	[sa'ʧı aɣar'mıʃ]
kaal (bn)	keçəl	[kɛ'ʧæl]
kale plek (de)	daz	['daz]
paardenstaart (de)	quyruq	[guj'ruh]
pony (de)	zülf	['zylʲf]

32. Menselijk lichaam

hand (de)	əl	['æl]
arm (de)	qol	['gol]

vinger (de)	barmaq	[bar'mah]
duim (de)	baş barmaq	['baʃ bar'mah]
pink (de)	çeçələ barmaq	[tʃɛtʃæ'læ bar'mah]
nagel (de)	dırnaq	[dır'nah]

vuist (de)	yumruq	[jum'ruh]
handpalm (de)	ovuc içi	[o'vudʒ i'tʃi]
pols (de)	bilək	[bi'læk]
voorarm (de)	bazu önü	[ba'zı ø'ny]
elleboog (de)	dirsək	[dir'sæk]
schouder (de)	çiyin	[tʃi'jın]

been (rechter ~)	topuq	[to'puh]
voet (de)	pəncə	[pæn'dʒʲæ]
knie (de)	diz	['diz]
kuit (de)	baldır	[bal'dır]
heup (de)	omba	[om'ba]
hiel (de)	daban	[da'ban]

lichaam (het)	bədən	[bæ'dæn]
buik (de)	qarın	[ga'rın]
borst (de)	sinə	[si'næ]
borst (de)	döş	['døʃ]
zijde (de)	böyür	[bø'jur]
rug (de)	kürək	[ky'ræk]
lage rug (de)	bel	['bɛl]
taille (de)	bel	['bɛl]

navel (de)	göbək	[gø'bæk]
billen (mv.)	sağrı	[sa'ɣrı]
achterwerk (het)	arxa	[ar'χa]

huidvlek (de)	xal	['χal]
tatoeage (de)	tatuirovka	[tatui'rovka]
litteken (het)	çapıq	[tʃa'pıh]

Kleding en accessoires

33. Bovenkleding. Jassen

kleren (mv.), kleding (de)	geyim	[gɛ'jım]
bovenkleding (de)	üst geyim	['just gɛ'jım]
winterkleding (de)	qış paltarı	['gıʃ palta'rı]
jas (de)	palto	[pal'to]
bontjas (de)	kürk	['kyrk]
bontjasje (het)	yarımkürk	[jarım'kyrk]
donzen jas (de)	pərğu geyim	[pær'ɣu gɛ'jım]
jasje (bijv. een leren ~)	gödəkcə	[gødæk'tʃæ]
regenjas (de)	plaş	['plaʃ]
waterdicht (bn)	su buraxmayan	['su bu'raxmajan]

34. Heren & dames kleding

overhemd (het)	köynək	[køj'næk]
broek (de)	şalvar	[ʃal'var]
jeans (de)	cins	['dʒins]
colbert (de)	pencək	[pɛn'dʒæk]
kostuum (het)	kişi üçün kostyum	[ki'ʃi ju'tʃun kos'tʲum]
jurk (de)	don	['don]
rok (de)	yubka	[yb'ka]
blouse (de)	bluzka	[blʲuz'ka]
wollen vest (de)	yun kofta	['jun kof'ta]
blazer (kort jasje)	jaket	[ʒa'kɛt]
T-shirt (het)	futbolka	[futbol'ka]
shorts (mv.)	şort	['ʃort]
trainingspak (het)	idman paltarı	[id'man palta'rı]
badjas (de)	hamam xələti	[ha'mam xælæ'ti]
pyjama (de)	pijama	[pi'ʒama]
sweater (de)	sviter	['svitɛr]
pullover (de)	pulover	[pulo'vɛr]
gilet (het)	jilet	[ʒi'lɛt]
rokkostuum (het)	frak	['frak]
smoking (de)	smokinq	['smokinh]
uniform (het)	forma	['forma]
werkkleding (de)	iş paltarı	['iʃ palta'rı]
overall (de)	kombinezon	[kombinɛ'zon]
doktersjas (de)	həkim xələti	[hæ'kim xælæ'ti]

35. Kleding. Ondergoed

ondergoed (het)	alt paltarı	['alt palta'rı]
onderhemd (het)	mayka	[maj'ka]
sokken (mv.)	corab	[dʒʲo'rap]

nachthemd (het)	gecə köynəyi	[gɛ'dʒʲæ køjnæ'jı]
beha (de)	büsthalter	[byst'haltɛr]
kniekousen (mv.)	golf corab	['golf dʒʲo'rap]
panty (de)	kolqotka	[kolgot'ka]
nylonkousen (mv.)	uzun corab	[u'zun dʒʲo'rap]
badpak (het)	çimmə paltarı	[tʃim'mæ palta'rı]

36. Hoofddeksels

hoed (de)	papaq	[pa'pah]
deukhoed (de)	şlyapa	['ʃlʲapa]
honkbalpet (de)	beysbol papağı	[bɛjs'bol papa'ɣı]
kleppet (de)	kepka	[kɛp'ka]

baret (de)	beret	[bɛ'rɛt]
kap (de)	kapyuşon	[kapy'ʃon]
panamahoed (de)	panama	[pa'nama]
gebreide muts (de)	yun papaq	['jun pa'pah]

hoofddoek (de)	baş örtüyü	['baʃ ørty'ju]
dameshoed (de)	kiçik şlyapa	[ki'tʃik 'ʃlʲapa]

veiligheidshelm (de)	kaska	[kas'ka]
veldmuts (de)	pilot papağı	[pi'lot papa'ɣı]
helm, valhelm (de)	dəbilqə	[dæbil'gæ]

bolhoed (de)	kotelok	[kotɛ'lok]
hoge hoed (de)	silindr	[si'lindr]

37. Schoeisel

schoeisel (het)	ayaqqabı	[ajakka'bı]
schoenen (mv.)	botinka	[botin'ka]
vrouwenschoenen (mv.)	tufli	[tuf'li]
laarzen (mv.)	uzunboğaz çəkmə	[uzunbo'ɣaz tʃæk'mæ]
pantoffels (mv.)	şap-şap	['ʃap 'ʃap]

sportschoenen (mv.)	krossovka	[kros'sovka]
sneakers (mv.)	ket	['kɛt]
sandalen (mv.)	səndəl	[sæn'dæl]

schoenlapper (de)	çəkməçi	[tʃækmæ'tʃi]
hiel (de)	daban	[da'ban]
paar (een ~ schoenen)	tay	['taj]
veter (de)	qaytan	[gaj'tan]

rijgen (schoenen ~)	qaytanlamaq	[gajtanla'mah]
schoenlepel (de)	dabançəkən	[dabantʃæ'kæn]
schoensmeer (de/het)	ayaqqabı kremi	[ajakka'bı krɛ'mi]

38. Textiel. Weefsel

katoen (de/het)	pambıq parça	[pam'bıh par'tʃa]
katoenen (bn)	pambıq parçadan	[pam'bıh partʃa'dan]
vlas (het)	kətan	[kæ'tan]
vlas-, van vlas (bn)	kətan parçadan	[kæ'tan partʃa'dan]

zijde (de)	ipək	[i'pæk]
zijden (bn)	ipək	[i'pæk]
wol (de)	yun	['jun]
wollen (bn)	yun	['jun]

fluweel (het)	məxmər	[mæχ'mær]
suède (de)	zamşa	['zamʃa]
ribfluweel (het)	velvet	[vɛl'vɛt]

nylon (de/het)	neylon	[nɛj'lon]
nylon-, van nylon (bn)	neylondan	[nɛjlon'dan]
polyester (het)	poliester	[poli'æstɛr]
polyester- (abn)	poliesterdən hazırlanan	[poli'æstɛrdæn hazırla'nan]

leer (het)	dəri	[dæ'ri]
leren (van leer gemaak)	dəridən	[dæri'dæn]
bont (het)	xəz	['χæz]
bont- (abn)	xəzdən tikilmiş	[χæz'dæn tikil'miʃ]

39. Persoonlijke accessoires

handschoenen (mv.)	əlcək	[æl'dʒiæk]
wanten (mv.)	təkbarmaq əlcək	[tækbar'mah æl'dʒiæk]
sjaal (fleece ~)	şərf	['ʃærf]

bril (de)	eynək	[ɛj'næk]
brilmontuur (het)	çərçivə	[tʃærtʃi'væ]
paraplu (de)	çətir	[tʃæ'tir]
wandelstok (de)	əl ağacı	['æl aɣa'dʒiı]
haarborstel (de)	şaç şotkası	['satʃ ʃotka'sı]
waaier (de)	yelpik	[ɛl'pik]

das (de)	qalstuk	['galstuk]
strikje (het)	kəpənək qalstuk	[kæpæ'næk 'galstuk]
bretels (mv.)	çiyinbağı	[tʃijınba'ɣı]
zakdoek (de)	cib dəsmalı	['dʒiip dæsma'lı]

kam (de)	daraq	[da'rah]
haarspeldje (het)	baş sancağı	['baʃ sandʒia'ɣı]
schuifspeldje (het)	baş sancağı	['baʃ sandʒia'ɣı]
gesp (de)	toqqa	[tok'ka]

broekriem (de)	kəmər	[kæ'mær]
draagriem (de)	kəmərcik	[kæmær'dʒˈik]
handtas (de)	çanta	[ʧan'ta]
damestas (de)	qadın cantası	[ga'dın ʧanta'sı]
rugzak (de)	arxa çantası	[ar'χa ʧanta'sı]

40. Kleding. Diversen

mode (de)	moda	['moda]
de mode (bn)	dəbdə olan	[dæb'dæ o'lan]
kledingstilist (de)	modelçi	[modɛl'ʧi]
kraag (de)	yaxalıq	[jaχa'lıh]
zak (de)	cib	['dʒˈip]
zak- (abn)	cib	['dʒˈip]
mouw (de)	qol	['gol]
lusje (het)	ilmə asqı	[ilˈ'mæ as'gı]
gulp (de)	miyança	[mijan'ʧa]
rits (de)	zəncir-bənd	[zɛn'dʒˈir 'bænd]
sluiting (de)	bənd	['bænd]
knoop (de)	düymə	[dyj'mæ]
knoopsgat (het)	ilmə	[ilˈ'mæ]
losraken (bijv. knopen)	qopmaq	[gop'mah]
naaien (kleren, enz.)	tikmək	[tik'mæk]
borduren (ww)	naxış tikmək	[na'χıʃ tik'mæk]
borduursel (het)	naxış	[na'χıʃ]
naald (de)	iynə	[ij'næ]
draad (de)	sap	['sap]
naad (de)	tikiş	[ti'kiʃ]
vies worden (ww)	çirklənmək	[ʧirklæn'mæk]
vlek (de)	ləkə	[læ'kæ]
gekreukt raken (ov. kleren)	əzilmək	[æzil'mæk]
scheuren (ov.ww.)	cırmaq	[dʒˈır'mah]
mot (de)	güvə	[gy'væ]

41. Persoonlijke verzorging. Schoonheidsmiddelen

tandpasta (de)	diş məcunu	['diʃ mædʒy'nu]
tandenborstel (de)	diş fırçası	['diʃ fırʧa'sı]
tanden poetsen (ww)	dişləri fırçalamaq	[diʃlæ'ri fırʧala'mah]
scheermes (het)	ülgüc	[ylˈ'gydʒˈ]
scheerschuim (het)	üz qırxmaq üçün krem	['juz gırχ'mah ju'ʧun 'krɛm]
zich scheren (ww)	üzünü qırxmaq	[yzy'ny gırχ'mah]
zeep (de)	sabun	[sa'bun]
shampoo (de)	şampun	[ʃam'pun]
schaar (de)	qayçı	[gaj'ʧı]

nagelvijl (de)	dırnaq üçün kiçik bıçqı	[dır'nah ju'tʃun ki'tʃik bıtʃ'gı]
nagelknipper (de)	dırnaq üçün kiçik kəlbətin	[dır'nah ju'tʃun ki'tʃik kælbæ'tin]
pincet (het)	maqqaş	[mak'kaʃ]

cosmetica (de)	kosmetika	[kos'mɛtika]
masker (het)	maska	[mas'ka]
manicure (de)	manikür	[mani'kyr]
manicure doen	manikür etmək	[mani'kyr ɛt'mæk]
pedicure (de)	pedikür	[pɛdi'kyr]

cosmetica tasje (het)	kosmetika üçün kiçik çanta	[kos'mɛtika ju'tʃun ki'tʃik tʃan'ta]
poeder (de/het)	pudra	[pud'ra]
poederdoos (de)	pudra qabı	[pud'ra ga'bı]
rouge (de)	ənlik	[æn'lik]

parfum (de/het)	ətir	[æ'tir]
eau de toilet (de)	ətirli su	[ætir'li 'su]
lotion (de)	losyon	[lo'sjon]
eau de cologne (de)	odekolon	[odɛko'lon]

oogschaduw (de)	göz ətrafına sürülən boyalar	[gøz ætrafı'na syry'læn boja'lar]
oogpotlood (het)	göz üçün karandaş	[gøz ju'tʃun karan'daʃ]
mascara (de)	kirpik üçün tuş	[kir'pik ju'tʃun 'tuʃ]

lippenstift (de)	dodaq boyası	[do'dah boja'sı]
nagellak (de)	dırnaq üçün lak	[dır'nah ju'tʃun 'lak]
haarlak (de)	saç üçün lak	['satʃ ju'tʃun 'lak]
deodorant (de)	dezodorant	[dɛzodo'rant]

crème (de)	krem	['krɛm]
gezichtscrème (de)	üz kremi	['juz krɛ'mi]
handcrème (de)	əl kremi	['æl krɛ'mi]
antirimpelcrème (de)	qırışığa qarşı krem	[gırıʃı'ɣa gar'ʃı 'krɛm]
dagcrème (de)	gündüz kremi	[gyn'dyz krɛ'mi]
nachtcrème (de)	gecə kremi	[gɛ'dʒʲæ krɛ'mi]

tampon (de)	tampon	[tam'pon]
toiletpapier (het)	tualet kağızı	[tua'lɛt kʲaɣı'zı]
föhn (de)	fen	['fɛn]

42. Juwelen

sieraden (mv.)	cəvahirat	[dʒævahi'rat]
edel (bijv. ~ stenen)	qiymətli	[gijmæt'li]
keurmerk (het)	damğa	[dam'ɣa]

ring (de)	üzük	[y'zyk]
trouwring (de)	nişan üzüyü	[ni'ʃan juzy'ju]
armband (de)	qolbağ	[gol'baɣ]
oorringen (mv.)	sırğa	[sır'ɣa]
halssnoer (het)	boyunbağı	[bojunba'ɣı]

| kroon (de) | tac | ['tadʒi] |
| kralen snoer (het) | muncuq | [mun'dʒyh] |

diamant (de)	brilyant	[bri'ljant]
smaragd (de)	zümrüd	[zym'ryd]
robijn (de)	yaqut	[ja'gut]
saffier (de)	sapfir	[sap'fir]
parel (de)	mirvari	[mirva'ri]
barnsteen (de)	kəhrəba	[kæhræ'ba]

43. Horloges. Klokken

polshorloge (het)	qol saatı	[gol saa'tı]
wijzerplaat (de)	siferblat	[sifɛrb'lat]
wijzer (de)	əqrəb	[æg'ræp]
metalen horlogeband (de)	saat bilərziyi	[sa'at bilærzi'jı]
horlogebandje (het)	qayış	[ga'jıʃ]

batterij (de)	batareya	[bata'rɛja]
leeg zijn (ww)	sıradan çıxmaq	[sıra'dan tʃıx'mah]
batterij vervangen	batareyanı dəyişmək	[bata'rɛjanı dæjıʃ'mæk]
voorlopen (ww)	irəli getmək	[iræ'li gɛt'mæk]
achterlopen (ww)	geri qalmaq	[gɛ'ri gal'mah]

wandklok (de)	divar saatı	[di'var saa'tı]
zandloper (de)	qum saatı	['gum saa'tı]
zonnewijzer (de)	günəş saatı	[gy'næʃ saa'tı]
wekker (de)	zəngli saat	[zæng'li sa'at]
horlogemaker (de)	saatsaz	[saa'tsaz]
repareren (ww)	təmir etmək	[tæ'mir ɛt'mæk]

Voedsel. Voeding

44. Voedsel

vlees (het)	ət	['æt]
kip (de)	toyuq	[to'juh]
kuiken (het)	cücə	[ʤy'ʤʲæ]
eend (de)	ördək	[ør'dæk]
gans (de)	qaz	['gaz]
wild (het)	ov quşları və heyvanları	['ov guʃla'rı 'væ hɛjvanla'rı]
kalkoen (de)	hind toyuğu	['hind toju'ɣu]
varkensvlees (het)	donuz əti	[do'nuz æ'ti]
kalfsvlees (het)	dana əti	[da'na æ'ti]
schapenvlees (het)	qoyun əti	[go'jun æ'ti]
rundvlees (het)	mal əti	['mal æ'ti]
konijnenvlees (het)	ev dovşanı	['ɛv dovʃa'nı]
worst (de)	kolbasa	[kolba'sa]
saucijs (de)	sosiska	[sosis'ka]
spek (het)	bekon	['bɛkon]
ham (de)	vetçina	[vɛʧi'na]
gerookte achterham (de)	donuz budu	[do'nuz bu'du]
paté, pastei (de)	paştet	[paʃ'tɛt]
lever (de)	qara ciyər	[ga'ra ʤʲi'jær]
gehakt (het)	qiymə	[gij'mæ]
tong (de)	dil	['dil]
ei (het)	yumurta	[jumur'ta]
eieren (mv.)	yumurtalar	[jumurta'lar]
eiwit (het)	zülal	[zy'lal]
eigeel (het)	yumurtanın sarısı	[jumurta'nın sarı'sı]
vis (de)	balıq	[ba'lıh]
zeevruchten (mv.)	dəniz məhsulları	[dæ'niz mæhsulla'rı]
kaviaar (de)	kürü	[ky'ry]
krab (de)	qısaquyruq	[gısaguj'ruh]
garnaal (de)	krevet	[krɛ'vɛt]
oester (de)	istridyə	[istri'dʲæ]
langoest (de)	lanqust	[lan'gust]
octopus (de)	səkkizayaqlı ilbiz	[sækkizajag'lı il'biz]
inktvis (de)	kalmar	[kal'mar]
steur (de)	nərə balığı	[næ'ræ balı'ɣı]
zalm (de)	qızılbalıq	[gızılba'lıh]
heilbot (de)	paltus	['paltus]
kabeljauw (de)	treska	[trɛs'ka]
makreel (de)	skumbriya	['skumbrija]

| tonijn (de) | tunes | [tu'nɛs] |
| paling (de) | angvil balığı | [ang'vil balı'ɣı] |

forel (de)	alabalıq	[alaba'lıh]
sardine (de)	sardina	[sar'dina]
snoek (de)	durnabalığı	[durnabalı'ɣı]
haring (de)	siyenek	[sijæ'næk]

brood (het)	çörek	[ʧœ'ræk]
kaas (de)	pendir	[pɛn'dir]
suiker (de)	şeker	[ʃæ'kær]
zout (het)	duz	['duz]

rijst (de)	düyü	[dy'ju]
pasta (de)	makaron	[maka'ron]
noedels (mv.)	erişte	[æriʃ'tæ]

boter (de)	kere yağı	[kæ'ræ jaɣı]
plantaardige olie (de)	bitki yağı	[bit'ki ja'ɣı]
zonnebloemolie (de)	günebaxan yağ	[gynæba'χan jaɣ]
margarine (de)	marqarin	[marga'rin]

| olijven (mv.) | zeytun | [zɛj'tun] |
| olijfolie (de) | zeytun yağı | [zɛj'tun ja'ɣı] |

melk (de)	süd	['syd]
gecondenseerde melk (de)	qatılaşdırılmış süd	[gatılaʃdırıl'mıʃ 'syd]
yoghurt (de)	yoqurt	['jogurt]
zure room (de)	xama	[χa'ma]
room (de)	xama	[χa'ma]

| mayonaise (de) | mayonez | [majo'nɛz] |
| crème (de) | krem | ['krɛm] |

graan (het)	yarma	[jar'ma]
meel (het), bloem (de)	un	['un]
conserven (mv.)	konserv	[kon'sɛrv]

maïsvlokken (mv.)	qarğıdalı yumağı	[garɣıda'lı juma'ɣı]
honing (de)	bal	['bal]
jam (de)	cem	['ʤɛm]
kauwgom (de)	saqqız	[sak'kız]

45. Drankjes

water (het)	su	['su]
drinkwater (het)	içmeli su	[iʧmæ'li 'su]
mineraalwater (het)	mineral su	[minɛ'ral 'su]

zonder gas	qazsız	[gaz'sız]
koolzuurhoudend (bn)	qazlı	[gaz'lı]
bruisend (bn)	qazlı	[gaz'lı]
IJs (het)	buz	['buz]
met ijs	buzlu	[buz'lˈu]

alcohol vrij (bn)	spirtsiz	[spir'tsiz]
alcohol vrije drank (de)	spirtsiz içki	[spir'tsiz itʃʼki]
frisdrank (de)	sərinləşdirici içki	[særinlæʃdiri'ʤʲi itʃʼki]
limonade (de)	limonad	[limo'nad]

alcoholische dranken (mv.)	spirtli içkilər	[spirt'li itʃki'lær]
wijn (de)	çaxır	[ʧa'χır]
witte wijn (de)	ağ çaxır	['aɣ ʧa'χır]
rode wijn (de)	qırmızı çaxır	[gırmı'zı ʧa'χır]

likeur (de)	likyor	[li'kʲor]
champagne (de)	şampan	[ʃam'pan]
vermout (de)	vermut	['vɛrmut]

whisky (de)	viski	['viski]
wodka (de)	araq	[a'rah]
gin (de)	cin	['ʤʲin]
cognac (de)	konyak	[ko'njak]
rum (de)	rom	['rom]

koffie (de)	qəhvə	[gæh'væ]
zwarte koffie (de)	qara qəhvə	[ga'ra gæh'væ]
koffie (de) met melk	südlü qəhvə	[syd'ly gæh'væ]
cappuccino (de)	xamalı qəhvə	[χama'lı gæh'væ]
oploskoffie (de)	tez həll olunan qəhvə	['tɛz 'hæll olʲu'nan gæh'væ]

melk (de)	süd	['syd]
cocktail (de)	kokteyl	[kok'tɛjl]
milkshake (de)	südlü kokteyl	[syd'ly kok'tɛjl]

sap (het)	şirə	[ʃi'ræ]
tomatensap (het)	tomat şirəsi	[to'mat ʃiræ'si]
sinaasappelsap (het)	portağal şirəsi	[porta'ɣal ʃiræ'si]
vers geperst sap (het)	təzə sıxılmış şirə	[tæ'zæ sıχıl'mıʃ ʃi'ræ]

bier (het)	pivə	[pi'væ]
licht bier (het)	açıq rəngli pivə	[a'ʧıh ræng'li pi'væ]
donker bier (het)	tünd rəngli pivə	['tynd ræng'li pi'væ]

thee (de)	çay	['ʧaj]
zwarte thee (de)	qara çay	[ga'ra 'ʧaj]
groene thee (de)	yaşıl çay	[ja'ʃıl 'ʧaj]

46. Groenten

| groenten (mv.) | tərəvəz | [tæræ'væz] |
| verse kruiden (mv.) | göyərti | [gøjær'ti] |

tomaat (de)	pomidor	[pomi'dor]
augurk (de)	xiyar	[χi'jar]
wortel (de)	kök	['køk]
aardappel (de)	kartof	[kar'tof]
ui (de)	soğan	[so'ɣan]
knoflook (de)	sarımsaq	[sarım'sah]

47

kool (de)	kələm	[kæ'læm]
bloemkool (de)	gül kələm	['gylʲ kæ'læm]
spruitkool (de)	Brüssel kələmi	['bryssɛl kælæ'mi]
broccoli (de)	brokkoli kələmi	['brokkoli kælæ'mi]

rode biet (de)	çuğundur	[ʧuɣun'dur]
aubergine (de)	badımcan	[badɪm'dʒʲan]
courgette (de)	yunan qabağı	[ju'nan gaba'ɣɪ]
pompoen (de)	balqabaq	[balga'bah]
raap (de)	şalğam	[ʃal'ɣam]

peterselie (de)	petruşka	[pɛtruʃ'ka]
dille (de)	şüyüt	[ʃy'jut]
sla (de)	salat	[sa'lat]
selderij (de)	kərəviz	[kæræ'viz]
asperge (de)	qulançar	[gulan'ʧar]
spinazie (de)	ispanaq	[ispa'nah]

erwt (de)	noxud	[no'χud]
bonen (mv.)	paxla	[paχ'la]
maïs (de)	qarğıdalı	[garɣıda'lı]
boon (de)	lobya	[lo'bja]

peper (de)	bibər	[bi'bær]
radijs (de)	turp	['turp]
artisjok (de)	ənginar	[æŋgi'nar]

47. Vruchten. Noten

vrucht (de)	meyvə	[mɛj'væ]
appel (de)	alma	[al'ma]
peer (de)	armud	[ar'mud]
citroen (de)	limon	[li'mon]
sinaasappel (de)	portağal	[porta'ɣal]
aardbei (de)	bağ çiyələyi	['baɣ ʧijælæ'jı]

mandarijn (de)	mandarin	[manda'rin]
pruim (de)	gavalı	[gava'lı]
perzik (de)	şaftalı	[ʃafta'lı]
abrikoos (de)	ərik	[æ'rik]
framboos (de)	moruq	[mo'ruh]
ananas (de)	ananas	[ana'nas]

banaan (de)	banan	[ba'nan]
watermeloen (de)	qarpız	[gar'pız]
druif (de)	üzüm	[y'zym]
zure kers (de)	albalı	[alba'lı]
zoete kers (de)	gilas	[gi'las]
meloen (de)	yemiş	[ɛ'miʃ]

grapefruit (de)	qreypfrut	['grɛjpfrut]
avocado (de)	avokado	[avo'kado]
papaja (de)	papaya	[pa'paja]
mango (de)	manqo	['mango]

granaatappel (de)	nar	['nar]
rode bes (de)	qırmızı qarağat	[gɪrmɪ'zɪ gara'ɣat]
zwarte bes (de)	qara qarağat	[ga'ra gara'ɣat]
kruisbes (de)	krıjovnik	[krɪ'ʒovnik]
bosbes (de)	qaragilə	[garagi'læ]
braambes (de)	böyürtkən	[bøyrt'kæn]

rozijn (de)	kişmiş	[kiʃ'miʃ]
vijg (de)	əncir	[æn'dʒir]
dadel (de)	xurma	[xur'ma]

pinda (de)	araxis	[a'raxis]
amandel (de)	badam	[ba'dam]
walnoot (de)	qoz	['goz]
hazelnoot (de)	fındıq	[fɪn'dɪh]
kokosnoot (de)	kokos	[ko'kos]
pistaches (mv.)	püstə	[pys'tæ]

48. Brood. Snoep

suikerbakkerij (de)	qənnadı məmulatı	[gænna'dɪ mæmula'tɪ]
brood (het)	çörək	[tʃœ'ræk]
koekje (het)	peçenye	[pɛ'tʃɛnjɛ]

chocolade (de)	şokolad	[ʃoko'lad]
chocolade- (abn)	şokolad	[ʃoko'lad]
snoepje (het)	konfet	[kon'fɛt]
cakeje (het)	pirojna	[piroʒ'na]
taart (bijv. verjaardags~)	tort	['tort]

pastei (de)	piroq	[pi'roh]
vulling (de)	iç	['itʃ]

confituur (de)	mürəbbə	[myræb'bæ]
marmelade (de)	marmelad	[marmɛ'lad]
wafel (de)	vafli	[vaf'li]
IJsje (het)	dondurma	[dondur'ma]

49. Bereide gerechten

gerecht (het)	yemək	[ɛ'mæk]
keuken (bijv. Franse ~)	mətbəx	[mæt'bæx]
recept (het)	resept	[rɛ'sɛpt]
portie (de)	porsiya	['porsija]

salade (de)	salat	[sa'lat]
soep (de)	şorba	[ʃor'ba]

bouillon (de)	ətin suyu	[æ'tin su'ju]
boterham (de)	buterbrod	[butɛr'brod]
spiegelei (het)	qayqanaq	[gajga'nah]
hamburger (de)	hamburqer	['hamburgɛr]

biefstuk (de)	bifşteks	[bif'tɛks]
garnering (de)	qarnir	[gar'nir]
spaghetti (de)	spaqetti	[spa'gɛtti]
aardappelpuree (de)	kartof püresi	[kar'tof pyrɛ'si]
pizza (de)	pitsa	['pitsa]
pap (de)	sıyıq	[sı'jıh]
omelet (de)	omlet	[om'lɛt]

gekookt (in water)	bişmiş	[biʃ'miʃ]
gerookt (bn)	hisə verilmiş	[hi'sæ vɛril'miʃ]
gebakken (bn)	qızardılmış	[gızardıl'mıʃ]
gedroogd (bn)	quru	[gu'ru]
diepvries (bn)	dondurulmuş	[dondurul'muʃ]
gemarineerd (bn)	duza qoyulmuş	[du'za gojul'muʃ]

zoet (bn)	şirin	[ʃi'rin]
gezouten (bn)	duzlu	[duz'lʲu]
koud (bn)	soyuq	[so'juh]
heet (bn)	isti	[is'ti]
bitter (bn)	acı	[a'dʒʲı]
lekker (bn)	dadlı	[dad'lı]

koken (in kokend water)	bişirmək	[biʃir'mæk]
bereiden (avondmaaltijd ~)	hazırlamaq	[hazırla'mah]
bakken (ww)	qızartmaq	[gızart'mah]
opwarmen (ww)	qızdırmaq	[gızdır'mah]

zouten (ww)	duz vurmaq	['duz vur'mah]
peperen (ww)	istiot vurmaq	[isti'ot vur'mah]
raspen (ww)	sürtkəcdə xırdalamaq	[syrtkædʒʲ'dæ xırdala'mah]
schil (de)	qabıq	[ga'bıh]
schillen (ww)	qabığını soymaq	[gabıɣı'nı soj'mah]

50. Kruiden

zout (het)	duz	['duz]
gezouten (bn)	duzlu	[duz'lʲu]
zouten (ww)	duz vurmaq	['duz vur'mah]

zwarte peper (de)	qara istiot	[ga'ra isti'ot]
rode peper (de)	qırmızı istiot	[gırmı'zı isti'ot]
mosterd (de)	xardal	[xar'dal]
mierikswortel (de)	qıtığotu	[gıtıɣo'tu]

condiment (het)	yeməyə dad verən əlavə	[ɛmæ'jæ 'dad vɛ'ræn æla'væ]
specerij, kruiderij (de)	ədviyyat	[ædvi'at]
saus (de)	sous	['sous]
azijn (de)	sirkə	[sir'kæ]

anijs (de)	cirə	[dʒʲi'ræ]
basilicum (de)	reyhan	[rɛj'han]
kruidnagel (de)	mixək	[mi'xæk]
gember (de)	zəncəfil	[zændʒʲæ'fil]
koriander (de)	keşniş	[kɛʃ'niʃ]

kaneel (de/het)	darçın	[dar'tʃɪn]
sesamzaad (het)	küncüt	[kyn'dʒyt]
laurierblad (het)	dəfnə yarpağı	[dæf'næ jarpa'ɣɪ]
paprika (de)	paprika	['paprika]
komijn (de)	zirə	[zi'ræ]
saffraan (de)	zəfəran	[zæfæ'ran]

51. Maaltijden

eten (het)	yemək	[ɛ'mæk]
eten (ww)	yemək	[ɛ'mæk]

ontbijt (het)	səhər yeməyi	[sæ'hær ɛmɛ'jɪ]
ontbijten (ww)	səhər yeməyi yemək	[sæ'hær ɛmæ'jɪ ɛ'mæk]
lunch (de)	nahar	[na'har]
lunchen (ww)	nahar etmək	[na'har ɛt'mæk]
avondeten (het)	axşam yeməyi	[aχ'ʃam ɛmɛ'jɪ]
souperen (ww)	axşam yeməyi yemək	[aχ'ʃam ɛmæ'jɪ ɛ'mæk]

eetlust (de)	iştaha	[iʃta'ha]
Eet smakelijk!	Nuş olsun!	['nuʃ ol'sun]

openen (een fles ~)	açmaq	[atʃ'mah]
morsen (koffie, enz.)	tökmək	[tøk'mæk]
zijn gemorst	tökülmək	[tøkyl'mæk]
koken (water kookt bij 100°C)	qaynamaq	[gajna'mah]
koken (Hoe om water te ~)	qaynatmaq	[gajnat'mah]
gekookt (~ water)	qatnamış	[gajna'mɪʃ]
afkoelen (koeler maken)	soyutmaq	[sojut'mah]
afkoelen (koeler worden)	soyumaq	[soju'mah]

smaak (de)	dad	['dad]
nasmaak (de)	dad	['dad]

volgen een dieet	pəhriz saxlamaq	[pæh'riz saχla'mah]
dieet (het)	pəhriz	[pæh'riz]
vitamine (de)	vitamin	[vita'min]
calorie (de)	kaloriya	[ka'lorija]
vegetariër (de)	ət yeməyən adam	['æt 'ɛmæjæn a'dam]
vegetarisch (bn)	ətsiz xörək	[æ'tsiz χø'ræk]

vetten (mv.)	yağlar	[ja'ɣlar]
eiwitten (mv.)	zülallar	[zylal'lar]
koolhydraten (mv.)	karbohidratlar	[karbohidrat'lar]
snede (de)	dilim	[di'lim]
stuk (bijv. een ~ taart)	tikə	[ti'kæ]
kruimel (de)	qırıntı	[gɪrɪn'tɪ]

52. Tafelschikking

lepel (de)	qaşıq	[ga'ʃɪh]
mes (het)	bıçaq	[bɪ'tʃah]

vork (de)	çəngəl	[ʧæ'ngæl]
kopje (het)	fincan	[fin'ʤan]
bord (het)	boşqab	[boʃgap]
schoteltje (het)	nəlbəki	[nælbæ'ki]
servet (het)	salfetka	[salfɛt'ka]
tandenstoker (de)	dişqurdalayan	[diʃgurdala'jan]

53. Restaurant

restaurant (het)	restoran	[rɛsto'ran]
koffiehuis (het)	qəhvexana	[gæhvæχa'na]
bar (de)	bar	['bar]
tearoom (de)	çay salonu	['ʧaj salo'nu]

kelner, ober (de)	ofisiant	[ofisi'ant]
serveerster (de)	ofisiant qız	[ofisi'ant 'gız]
barman (de)	barmen	['barmɛn]

menu (het)	menyu	[mɛ'nju]
wijnkaart (de)	çaxırlar kartı	[ʧaχır'lar kar'tı]
een tafel reserveren	masa sifarişi etmək	[ma'sa sifa'riʃ ɛt'mæk]

gerecht (het)	yemək	[ɛ'mæk]
bestellen (eten ~)	yemək sifarişi etmək	[ɛ'mæk sifa'riʃ æt'mæk]
een bestelling maken	sifariş etmək	[sifa'riʃ ɛt'mæk]

aperitief (de/het)	aperitiv	[apɛri'tiv]
voorgerecht (het)	qəlyanaltı	[gæ'ljanaltı]
dessert (het)	desert	[dɛ'sɛrt]

rekening (de)	hesab	[hɛ'sap]
de rekening betalen	hesabı ödəmək	[hɛsa'bı ødæ'mæk]
wisselgeld teruggeven	pulun artığını qaytarmaq	[pu'lʲun artıɣı'nı gajtar'mah]
fooi (de)	çaypulu	[ʧajpu'lʲu]

Familie, verwanten en vrienden

54. Persoonlijke informatie. Formulieren

naam (de)	ad	['ad]
achternaam (de)	soyadı	['sojadı]
geboortedatum (de)	anadan olduğu tarix	[ana'dan oldu'ɣu ta'riχ]
geboorteplaats (de)	anadan olduğu yer	[ana'dan oldu'ɣu 'ɛr]

nationaliteit (de)	milliyəti	[millijæ'ti]
woonplaats (de)	yaşayış yeri	[jaʃa'jıʃ jɛ'ri]
land (het)	ölkə	[øl'kæ]
beroep (het)	peşəsi	[pɛʃæ'si]

geslacht (ov. het vrouwelijk ~)	cinsi	[dʒʲin'si]
lengte (de)	boyu	[bo'ju]
gewicht (het)	çəki	[ʧæ'ki]

55. Familieleden. Verwanten

moeder (de)	ana	[a'na]
vader (de)	ata	[a'ta]
zoon (de)	oğul	[o'ɣul]
dochter (de)	qız	['gız]

jongste dochter (de)	kiçik qız	[ki'ʧik 'gız]
jongste zoon (de)	kiçik oğul	[kiʧik o'ɣul]
oudste dochter (de)	böyük qız	[bø'juk 'gız]
oudste zoon (de)	böyük oğul	[bøyk o'ɣul]

broer (de)	qardaş	[gar'daʃ]
zuster (de)	bacı	[ba'dʒʲı]

neef (zoon van oom, tante)	xalaoğlu	[χalao'ɣʲᵘu]
nicht (dochter van oom, tante)	xalaqızı	[χalagı'zı]
mama (de)	ana	[a'na]
papa (de)	ata	[a'ta]
ouders (mv.)	valideynlər	[validɛjn'lær]
kind (het)	uşaq	[u'ʃah]
kinderen (mv.)	uşaqlar	[uʃag'lar]

oma (de)	nənə	[næ'næ]
opa (de)	baba	[ba'ba]
kleinzoon (de)	nəvə	[næ'væ]
kleindochter (de)	nəvə	[næ'væ]
kleinkinderen (mv.)	nəvələr	[nævæ'lær]

oom (de)	dayı	[da'jı]
tante (de)	xala	[χa'la]
neef (zoon van broer, zus)	bacıoğlu	[badʒʲɪo'ɣlʲu]
nicht (dochter van broer, zus)	bacıqızı	[badʒʲɪgɪ'zɪ]

schoonmoeder (de)	qayınana	[gajına'na]
schoonvader (de)	qayınata	[gajna'ta]
schoonzoon (de)	yeznə	[ɛz'næ]
stiefmoeder (de)	analıq	[ana'lıh]
stiefvader (de)	atalıq	[ata'lıh]

zuigeling (de)	südəmər uşaq	[sydæ'mær u'ʃah]
wiegenkind (het)	çağa	[ʧa'ɣa]
kleuter (de)	körpə	[kør'pæ]

vrouw (de)	arvad	[ar'vad]
man (de)	ər	['ær]
echtgenoot (de)	həyat yoldaşı	[hæ'jat jolda'ʃı]
echtgenote (de)	həyat yoldaşı	[hæ'jat jolda'ʃı]

gehuwd (mann.)	evli	[ɛv'li]
gehuwd (vrouw.)	ərli qadın	[ær'li ga'dın]
ongehuwd (mann.)	subay	[su'baj]
vrijgezel (de)	subay	[su'baj]
gescheiden (bn)	boşanmış	[boʃan'mıʃ]
weduwe (de)	dul qadın	['dul ga'dın]
weduwnaar (de)	dul kişi	['dul ki'ʃi]

familielid (het)	qohum	[go'hum]
dichte familielid (het)	yaxın qohum	[ja'χın go'hum]
verre familielid (het)	uzaq qohum	[u'zah go'hum]
familieleden (mv.)	qohumlar	[gohum'lar]

wees (de), weeskind (het)	yetim	[ɛ'tim]
voogd (de)	himayəçi	[himajæ'ʧi]
adopteren (een jongen te ~)	oğulluğa götürmək	[oɣullʲu'ɣa gøtyr'mæk]
adopteren (een meisje te ~)	qızlığa götürmək	[gızlı'ɣa gøtyr'mæk]

56. Vrienden. Collega's

vriend (de)	dost	['dost]
vriendin (de)	rəfiqə	[ræfi'gæ]
vriendschap (de)	dostluq	[dost'lʲuh]
bevriend zijn (ww)	dostluq etmək	[dost'lʲuh ɛt'mæk]

makker (de)	dost	['dost]
vriendin (de)	rəfiqə	[ræfi'gæ]
partner (de)	partnyor	[part'nʲor]

chef (de)	rəis	[ræ'is]
baas (de)	müdir	[my'dir]
ondergeschikte (de)	tabelikdə olan	[tabɛlik'dæ o'lan]
collega (de)	peşə yoldaşı	[pɛ'ʃæ jolda'ʃı]
kennis (de)	tanış	[ta'nıʃ]

| medereiziger (de) | yol yoldaşı | ['jol jolda'ʃı] |
| klasgenoot (de) | sinif yoldaşı | [si'nif jolda'ʃı] |

buurman (de)	qonşu	[gon'ʃu]
buurvrouw (de)	qonşu	[gon'ʃu]
buren (mv.)	qonşular	[gonʃu'lar]

57. Man. Vrouw

vrouw (de)	qadın	[ga'dın]
meisje (het)	qız	['gız]
bruid (de)	nişanlı	[niʃan'lı]

mooi(e) (vrouw, meisje)	gözəl	[gø'zæl]
groot, grote (vrouw, meisje)	ucaboylu	[udʒ'aboj'lʲu]
slank(e) (vrouw, meisje)	boylu-buxunlu	[boj'lʲu buχun'lʲu]
korte, kleine (vrouw, meisje)	bəstəboylu	[bæstæboj'lʲu]

| blondine (de) | sarıyağız | [sarıja'ɣız] |
| brunette (de) | qarayağız | [garaja'ɣız] |

dames- (abn)	qadın	[ga'dın]
maagd (de)	bakirə qız	[baki'ræ 'gız]
zwanger (bn)	hamilə	[hami'læ]

man (de)	kişi	[ki'ʃi]
blonde man (de)	sarıyağız	[sarıja'ɣız]
bruinharige man (de)	qarayağız	[garaja'ɣız]
groot (bn)	hündür	[hyn'dyr]
klein (bn)	bəstəboylu	[bæstæboj'lʲu]

onbeleefd (bn)	kobud	[ko'bud]
gedrongen (bn)	enlikürək	[ɛnliky'ræk]
robuust (bn)	canıbərk	[dʒ'a'nı 'bærk]
sterk (bn)	güclü	[gydʒ'ʲly]
sterkte (de)	güc	['gydʒ'ʲ]

mollig (bn)	yoğun	[jo'ɣun]
getaand (bn)	qarabuğdayı	[garabuɣda'jı]
slank (bn)	boylu-buxunlu	[boj'lʲu buχun'lʲu]
elegant (bn)	zövqlü	[zøvg'ly]

58. Leeftijd

leeftijd (de)	yaş	['jaʃ]
jeugd (de)	gənclik	[gændʒ'ʲlik]
jong (bn)	cavan	[dʒ'a'van]

jonger (bn)	kiçik	[ki'tʃik]
ouder (bn)	böyük	[bø'juk]
jongen (de)	gənc oğlan	['gændʒ'ʲ o'ɣlan]
tiener, adolescent (de)	yeniyetmə	[ɛniɛt'mæ]

kerel (de)	oğlan	[o'ɣlan]
oude man (de)	qoca	[go'ʤʲa]
oude vrouw (de)	qarı	[ga'rı]

volwassen (bn)	yetişkin	[ɛtiʃ'kin]
van middelbare leeftijd (bn)	orta yaşlı	[or'ta jaʃ'lı]
bejaard (bn)	yaşa dolmuş	[ja'ʃa dol'muʃ]
oud (bn)	qoca	[go'ʤʲa]

pensioen (het)	təqaüd	[tæga'jud]
met pensioen gaan	təqaüdə çıxmaq	[tægay'dæ ʧıχ'mah]
gepensioneerde (de)	təqaüdçü	[tægayd'ʧu]

59. Kinderen

kind (het)	uşaq	[u'ʃah]
kinderen (mv.)	uşaqlar	[uʃag'lar]
tweeling (de)	əkizlər	[ækiz'lær]

wieg (de)	beşik	[bɛ'ʃik]
rammelaar (de)	şax-şax	['ʃaχ 'ʃaχ]
luier (de)	uşaq əskisi	[u'ʃah æski'si]

speen (de)	əmzik	[æm'zik]
kinderwagen (de)	uşaq arabası	[u'ʃah araba'sı]
kleuterschool (de)	uşaq baxçası	[u'ʃah baχʧa'sı]
babysitter (de)	dayə	[da'jæ]

kindertijd (de)	uşaqlıq	[uʃag'lıh]
pop (de)	gəlincik	[gɛlin'ʤʲik]
speelgoed (het)	oyuncaq	[ojun'ʤʲah]
bouwspeelgoed (het)	konstruktor	[konst'ruktor]
welopgevoed (bn)	tərbiyəli	[tærbijæ'li]
onopgevoed (bn)	tərbiyəsiz	[tærbijæ'siz]
verwend (bn)	ərköyün	[ærkø'jun]

stout zijn (ww)	dəcəllik etmək	[dæʤʲæl'lik ɛt'mæk]
stout (bn)	dəcəl	[dæ'ʤʲæl]
stoutheid (de)	dəcəllik	[dæʤʲæl'lik]
stouterd (de)	dəcəl uşaq	[dæ'ʤʲæl u'ʃah]

| gehoorzaam (bn) | sözə baxan | [sø'zæ ba'χan] |
| ongehoorzaam (bn) | sözə baxmayan | [sø'zæ 'baχmajan] |

braaf (bn)	düşüncəli	[dyʃynʤʲæ'li]
slim (verstandig)	ağıllı	[aɣıl'lı]
wonderkind (het)	vunderkind	[vundɛr'kind]

60. Gehuwde paren. Gezinsleven

| kussen (een kus geven) | öpmək | [øp'mæk] |
| elkaar kussen (ww) | öpüşmək | [øpyʃ'mæk] |

gezin (het)	ailə	[ai'læ]
gezins- (abn)	ailəli	[ailæ'li]
paar (het)	ər-arvad	['ær ar'vad]
huwelijk (het)	ailə həyatı	[ai'læ hæja'tı]
thuis (het)	ailə ocağı	[ai'læ odʒ'a'ɣı]
dynastie (de)	sülalə	[syla'læ]

| date (de) | görüş | [gø'ryʃ] |
| zoen (de) | öpüş | [ø'pyʃ] |

liefde (de)	sevqi	[sɛv'gi]
liefhebben (ww)	sevmək	[sɛv'mæk]
geliefde (bn)	sevqili	[sɛvgi'li]

tederheid (de)	zəriflik	[zærif'lik]
teder (bn)	zərif	[zæ'rif]
trouw (de)	sədaqət	[sæda'gæt]
trouw (bn)	sadiq	[sa'dih]
zorg (bijv. bejaarden~)	qayğı	[gaj'ɣı]
zorgzaam (bn)	qayğıkeş	[gajɣı'kɛʃ]

jonggehuwden (mv.)	yeni evlənənlər	[ɛ'ni ævlænæn'lær]
wittebroodsweken (mv.)	bal ayı	['bal a'jı]
trouwen (vrouw)	ərə getmək	[æ'ræ gɛt'mæk]
trouwen (man)	evlənmək	[ɛvlæn'mæk]

bruiloft (de)	toy	['toj]
gouden bruiloft (de)	qızıl toy	[gı'zıl 'toj]
verjaardag (de)	ildönümü	[ildøny'my]

| minnaar (de) | məşuq | [mæ'ʃuh] |
| minnares (de) | məşuqə | [mæʃu'gæ] |

overspel (het)	xəyanət	[xæja'næt]
overspel plegen (ww)	xəyanət etmək	[xæja'næt ɛt'mæk]
jaloers (bn)	qısqanc	[gıs'gandʒ]
jaloers zijn (echtgenoot, enz.)	qısqanmaq	[gısgan'mah]
echtscheiding (de)	boşanma	[boʃan'ma]
scheiden (ww)	boşanmaq	[boʃan'mah]

ruzie hebben (ww)	dalaşmaq	[dalaʃ'mah]
vrede sluiten (ww)	barışmaq	[barıʃ'mah]
samen (bw)	birlikdə	[birlik'dæ]
seks (de)	seks	['sɛks]

geluk (het)	xoşbəxtlik	[xoʃbæxt'lik]
gelukkig (bn)	xoşbəxt	[xoʃ'bæxt]
ongeluk (het)	bədbəxtlik	[bædbæxt'lik]
ongelukkig (bn)	bədbəxt	[bæd'bæxt]

Karakter. Gevoelens. Emoties

61. Gevoelens. Emoties

gevoel (het)	hiss	['his]
gevoelens (mv.)	hisslər	[hiss'lær]
honger (de)	aclıq	[adʒı'lıh]
honger hebben (ww)	yemək istəmək	[ɛ'mæk istɛ'mæk]
dorst (de)	susuzluq	[susuz'lʲuh]
dorst hebben	içmək istəmək	[itʃ'mæk istæ'mæk]
slaperigheid (de)	yuxululuq	[juχulʲu'lʲuh]
willen slapen	yatmaq istəmək	[jat'mah istæ'mæk]
moeheid (de)	yorğunluq	[jorχun'lʲuh]
moe (bn)	yorğun	[jor'χun]
vermoeid raken (ww)	yorulmaq	[jorul'mah]
stemming (de)	əhval-ruhiyyə	[æh'val ruhi'æ]
verveling (de)	darıxma	[darıχ'ma]
zich vervelen (ww)	darıxmaq	[darıχ'mah]
afzondering (de)	tənhalıq	[tænha'lıh]
zich afzonderen (ww)	tənha bir yerə çəkilmək	[tæn'ha 'bir ɛ'ræ tʃækil'mæk]
bezorgd maken (ww)	narahat etmək	[nara'hat ɛt'mæk]
zich bezorgd maken	narahat olmaq	[nara'hat ol'mah]
zorg (bijv. geld~en)	narahatçılıq	[narahatʃı'lıh]
ongerustheid (de)	həyacan	[hæja'dʒʲan]
ongerust (bn)	qayğılı	[gajχı'lı]
zenuwachtig zijn (ww)	əsəbiləşmək	[æsæbilæʃ'mæk]
in paniek raken	vahiməyə düşmək	[vahimæ'jæ dyʃ'mæk]
hoop (de)	ümid	[y'mid]
hopen (ww)	ümid etmək	[y'mid ɛt'mæk]
zekerheid (de)	əminlik	[æmin'lik]
zeker (bn)	əmin	[æ'min]
onzekerheid (de)	əmin olmama	[æ'min 'olmama]
onzeker (bn)	əmin olmayan	[æ'min 'olmajan]
dronken (bn)	sərxoş	[sær'χoʃ]
nuchter (bn)	içki içməyən	[itʃ'ki 'itʃmæjæn]
zwak (bn)	zəif	[zæ'if]
gelukkig (bn)	bəxti üzdə olan	[bæχ'ti juz'dæ o'lan]
doen schrikken (ww)	qorxutmaq	[gorχut'mah]
toorn (de)	quduzluq	[guduz'lʲuh]
woede (de)	qəzəb	[gæ'zæp]
depressie (de)	ruh düşkünlüyü	['ruh dyʃkynly'ju]
ongemak (het)	narahatlıq	[narahat'lıh]

gemak, comfort (het)	rahatlıq	[rahat'lıh]
spijt hebben (ww)	heyfsilənmək	[hɛjfsilæn'mæk]
spijt (de)	heyfsilənmə	[hɛjfsilæn'mæ]
pech (de)	uğursuzluq	[uɣursuz'lʲuh]
bedroefdheid (de)	dilxorluq	[dilχor'lʲuh]

schaamte (de)	xəcalət	[χædʒʲa'læt]
pret (de), plezier (het)	şənlik	[ʃæn'lik]
enthousiasme (het)	ruh yüksəkliyi	['ruh juksɛkli'jı]
enthousiasteling (de)	entuziast	[ɛntuzi'ast]
enthousiasme vertonen	ruh yüksəkliyi göstərmək	['ruh juksɛkli'jı gøstær'mæk]

62. Karakter. Persoonlijkheid

karakter (het)	xasiyyət	[χasi'æt]
karakterfout (de)	nöqsan	[nøg'san]
verstand (het)	ağıl	[a'ɣıl]
rede (de)	dərrakə	[dærra'kæ]

geweten (het)	vicdan	[vidʒʲ'dan]
gewoonte (de)	vərdiş	[vær'diʃ]
bekwaamheid (de)	qabiliyyət	[gabili'æt]
kunnen (bijv., ~ zwemmen)	bacarmaq	[badʒʲar'mah]

geduldig (bn)	səbir	[sæ'bir]
ongeduldig (bn)	səbirli	[sæbir'li]
nieuwsgierig (bn)	hər şeyi bilməyə çalışan	['hær ʃɛ'jı bilmæ'jæ tʃalı'ʃan]
nieuwsgierigheid (de)	hər şeyi bilmək istəyi	['hær ʃɛ'jı bil'mæk istæ'jı]

bescheidenheid (de)	təvazökarlıq	[tævazøkar'lıh]
bescheiden (bn)	təvazökar	[tævazø'kar]
onbescheiden (bn)	təvazökar olmayan	[tævazø'kar 'olmajan]

luiheid (de)	tənbəllik	['tæn'bællik]
lui (bn)	tənbəl	[tæn'bæl]
luiwammes (de)	tənbəl	[tæn'bæl]

sluwheid (de)	hiyləgərlik	[hijlægær'lik]
sluw (bn)	hiyləgər	[hijlæ'gær]
wantrouwen (het)	inamsızlıq	[inamsız'lıh]
wantrouwig (bn)	heç kəsə inanmayan	['hɛtʃ kæ'sæ i'nanmajan]

gulheid (de)	səxavət	[sæχa'væt]
gul (bn)	səxavətli	[sæχavæt'li]
talentrijk (bn)	istedadlı	[istɛdad'lı]
talent (het)	istedad	[istɛ'dad]

moedig (bn)	cəsarətli	[dʒʲæsaræt'li]
moed (de)	cəsarət	[dʒʲæsa'ræt]
eerlijk (bn)	namus	[na'mus]
eerlijkheid (de)	namuslu	[namus'lʲu]

| voorzichtig (bn) | ehtiyatlı | [ɛhtijat'lı] |
| manhaftig (bn) | cürətli | [dʒyræt'li] |

ernstig (bn)	ciddi	[dʒʲid'di]
streng (bn)	tələbkar	[tælæb'kar]
resoluut (bn)	qətiyyətli	[gætiæt'li]
onzeker, irresoluut (bn)	qətiyyətsiz	[gætiæ'tsiz]
schuchter (bn)	cəsarətsiz	[dʒʲæsaræ'tsiz]
schuchterheid (de)	cəsarətsizlik	[dʒʲæsarætsiz'lik]
vertrouwen (het)	inam	[i'nam]
vertrouwen (ww)	inanmaq	[inan'mah]
goedgelovig (bn)	hər kəsə inanan	['hær kæ'sæ ina'nan]
oprecht (bw)	səmimiyyətlə	[sæmimi'ætlæ]
oprecht (bn)	səmimi	[sæmi'mi]
oprechtheid (de)	səmimiyyət	[sæmimi'æt]
open (bn)	səmimi	[sæmi'mi]
rustig (bn)	sakit	[sa'kit]
openhartig (bn)	səmimi	[sæmi'mi]
naïef (bn)	sadəlövh	[sadæ'løvh]
verstrooid (bn)	fikri dağınıq	[fik'ri daɣɪ'nɪh]
leuk, grappig (bn)	məzəli	[mæzæ'li]
gierigheid (de)	acgözlük	[adʒʲgøz'lyk]
gierig (bn)	acgöz	[adʒʲʲ'gøz]
inhalig (bn)	xəsis	[χæ'sis]
kwaad (bn)	hirsli	[hirs'li]
koppig (bn)	inadkar	[inad'kar]
onaangenaam (bn)	nifrət oyadan	[nif'ræt oja'dan]
egoïst (de)	xudbin adam	[χud'bin a'dam]
egoïstisch (bn)	xudbin	[χud'bin]
lafaard (de)	qorxaq	[gor'χah]
laf (bn)	qorxaq	[gor'χah]

63. Slaap. Dromen

slapen (ww)	yatmaq	[jat'mah]
slaap (in ~ vallen)	yuxu	[ju'χu]
droom (de)	röya	[rø'ja]
dromen (in de slaap)	yuxu görmək	[ju'χu gør'mæk]
slaperig (bn)	yuxulu	[juχu'lʲu]
bed (het)	çarpayı	[tʃarpa'jɪ]
matras (de)	döşək	[dø'ʃæk]
deken (de)	yorğan	[jor'ɣan]
kussen (het)	yastıq	[jas'tɪh]
laken (het)	mələfə	[mælæ'fæ]
slapeloosheid (de)	yuxusuzluq	[juχusuz'lʲuh]
slapeloos (bn)	yuxusuz	[juχu'suz]
slaapmiddel (het)	yuxu dərmanı	[ju'χu dærma'nɪ]
slaapmiddel innemen	yuxu dərmanı qəbul etmək	[ju'χu dærma'nɪ gæ'bul ɛt'mæk]

willen slapen	yatmaq istəmək	[jat'mah istæ'mæk]
geeuwen (ww)	əsnəmək	[æsnæ'mæk]
gaan slapen	yatmağa getmək	[jatma'ɣa gɛtmæk]
het bed opmaken	yorğan-döşək salmaq	[jor'ɣan dø'ʃæk sal'mah]
inslapen (ww)	yuxulamaq	[juχula'mah]

nachtmerrie (de)	kabus	[ka'bus]
gesnurk (het)	xorultu	[χorul'tu]
snurken (ww)	xoruldamaq	[χorulda'mah]

wekker (de)	zəngli saat	[zæng'li sa'at]
wekken (ww)	oyatmaq	[ojat'mah]
wakker worden (ww)	oyanmaq	[ojna'mah]
opstaan (ww)	qalxmaq	[galχ'mah]
zich wassen (ww)	əl-üz yumaq	['æl 'juz ju'mah]

64. Humor. Gelach. Blijdschap

humor (de)	yumor	['jumor]
gevoel (het) voor humor	hiss	['his]
plezier hebben (ww)	şənlənmək	[ʃænlæn'mæk]
vrolijk (bn)	şən	['ʃæn]
pret (de), plezier (het)	şənlik	[ʃæn'lik]

glimlach (de)	təbəssüm	[tæbæs'sym]
glimlachen (ww)	gülümsəmək	[gylymsæ'mæk]
beginnen te lachen (ww)	gülmək	[gylⁱ'mæk]
lachen (ww)	gülmək	[gylⁱ'mæk]
lach (de)	gülüş	[gy'lyʃ]

mop (de)	lətifə	[læti'fæ]
grappig (een ~ verhaal)	məzəli	[mæzæ'li]
grappig (~e clown)	gülməli	[gylmæ'li]

grappen maken (ww)	zarafat etmək	[zara'fat ɛt'mæk]
grap (de)	zarafat	[zara'fat]
blijheid (de)	sevinc	[sɛ'vindʒʲ]
blij zijn (ww)	sevinmək	[sɛvin'mæk]
blij (bn)	sevincli	[sɛvindʒʲ'li]

65. Discussie, conversatie. Deel 1

| communicatie (de) | ünsiyyət | [ynsi'æt] |
| communiceren (ww) | ünsiyyət saxlamaq | [ynsi'æt saχla'mah] |

conversatie (de)	danışıq	[danı'ʃıh]
dialoog (de)	dialoq	[dia'loh]
discussie (de)	müzakirə	[myzaki'ræ]
debat (het)	mübahisə	[mybahi'sæ]
debatteren, twisten (ww)	mübahisə etmək	[mybahi'sæ ɛt'mæk]
gesprekspartner (de)	həmsöhbət	[hæmsøh'bæt]
thema (het)	mövzu	[møv'zu]

standpunt (het)	nöqteyi-nəzər	[nøg'tɛi næ'zær]
mening (de)	mülahizə	[mylahi'zæ]
toespraak (de)	nitq	['nith]

bespreking (de)	müzakirə	[myzaki'ræ]
bespreken (spreken over)	müzakirə etmək	[myzaki'ræ ɛt'mæk]
gesprek (het)	söhbət	[søh'bæt]
spreken (converseren)	söhbət etmək	[søh'bæt ɛt'mæk]
ontmoeting (de)	görüş	[gø'ryʃ]
ontmoeten (ww)	görüşmək	[gøryʃ'mæk]

spreekwoord (het)	atalar sözü	[ata'lar sø'zy]
gezegde (het)	zərbi-məsəl	['zærbi mæ'sæl]
raadsel (het)	tapmaca	[tapma'dʒ¹a]
een raadsel opgeven	tapmaca demək	[tapma'dʒ¹a dɛ'mæk]
wachtwoord (het)	parol	[pa'rol]
geheim (het)	gizli iş	[giz'li 'iʃ]

eed (de)	and	['and]
zweren (een eed doen)	and içmək	['and itʃ'mæk]
belofte (de)	vəd	['væd]
beloven (ww)	vəd etmək	['væd ɛt'mæk]

advies (het)	məsləhət	[mæslæ'hæt]
adviseren (ww)	məsləhət vermək	[mæslæ'hæt vɛr'mæk]
luisteren (gehoorzamen)	məsləhətə əməl etmək	[mæslæhæ'tæ æ'mæl ɛt'mæk]

nieuws (het)	yenilik	[ɛni'lik]
sensatie (de)	sensasiya	[sɛn'sasija]
informatie (de)	məlumat	[mælⁱu'mat]
conclusie (de)	nətiçə	[næti'dʒⁱæ]
stem (de)	səs	['sæs]
compliment (het)	kompliment	[kompli'mɛnt]
vriendelijk (bn)	iltifatlı	[iltifat'lı]

woord (het)	söz	['søz]
zin (de), zinsdeel (het)	ibarə	[iba'ræ]
antwoord (het)	cavab	[dʒⁱa'vap]

| waarheid (de) | həqiqət | [hæqi'gæt] |
| leugen (de) | uydurma | [ujdur'ma] |

gedachte (de)	düşüncə	[dyʃyn'dʒⁱæ]
idee (de/het)	fikir	[fi'kir]
fantasie (de)	xülya	[xy'lja]

66. Discussie, conversatie. Deel 2

gerespecteerd (bn)	hörmət edilən	[hør'mæt ɛdi'læn]
respecteren (ww)	hörmət etmək	[hør'mæt ɛt'mæk]
respect (het)	hörmət	[hør'mæt]
Geachte ... (brief)	Hörmətli ...	[hørmæt'li ...]
voorstellen (Mag ik jullie ~)	tanış etmək	[ta'nıʃ ɛt'mæk]

intentie (de)	niyyət	[ni'æt]
intentie hebben (ww)	niyyətində olmaq	[niætin'dæ ol'mah]
wens (de)	arzu	[ar'zu]
wensen (ww)	arzu etmək	[ar'zu ɛt'mæk]

verbazing (de)	təəccüb	[taæ'dʒyp]
verbazen (verwonderen)	təəccübləndirmək	[taædʒyblændir'mæk]
verbaasd zijn (ww)	təəccüblənmək	[taædʒyblæn'mæk]

geven (ww)	vermək	[vɛr'mæk]
nemen (ww)	almaq	[al'mah]
teruggeven (ww)	qaytarmaq	[gajtar'mah]
retourneren (ww)	qaytarmaq	[gajtar'mah]

zich verontschuldigen	üzr istəmək	['juzr istæ'mæk]
verontschuldiging (de)	bağışlama	[bayıʃla'ma]
vergeven (ww)	bağışlamaq	[bayıʃla'mah]

spreken (ww)	danışmaq	[danıʃ'mah]
luisteren (ww)	qulaq asmaq	[gu'lah as'mah]
aanhoren (ww)	dinləmək	[dinlæ'mæk]
begrijpen (ww)	başa düşmək	[ba'ʃa dyʃ'mæk]

tonen (ww)	göstərmək	[gøstær'mæk]
kijken naar ...	baxmaq	[baχ'mah]
roepen (vragen te komen)	çağırmaq	[tʃayır'mah]
storen (lastigvallen)	mane olmaq	[ma'nɛ ol'mah]
doorgeven (ww)	vermək	[vɛr'mæk]
verzoek (het)	xahiş	[χa'hiʃ]
verzoeken (ww)	xahiş etmək	[χa'hiʃ ɛt'mæk]
eis (de)	tələb	[tæ'læp]
eisen (met klem vragen)	tələb etmək	[tæ'læp ɛt'mæk]

beledigen	cırnatmaq	[dʒ|ırnat'mah]
(beledigende namen geven)		
uitlachen (ww)	rişxənd etmək	[riʃχænd ɛt'mæk]
spot (de)	rişxənd	[riʃχænd]
bijnaam (de)	ayama	[aja'ma]

zinspeling (de)	eyham	[ɛj'ham]
zinspelen (ww)	eyham vurmaq	[ɛj'ham vur'mah]
impliceren (duiden op)	nəzərdə tutmaq	[næzær'dæ tut'mah]

beschrijving (de)	təsvir	[tæs'vir]
beschrijven (ww)	təsvir etmək	[tæs'vir ɛt'mæk]
lof (de)	tərif	[tæ'rif]
loven (ww)	tərifləmək	[tæriflæ'mæk]

teleurstelling (de)	məyusluq	[mæys'lʲuh]
teleurstellen (ww)	məyus etmək	[mæ'jus ɛt'mæk]
teleurgesteld zijn (ww)	məyus olmaq	[mæ'jus ol'mah]

veronderstelling (de)	fərziyyə	[færzi'æ]
veronderstellen (ww)	fərz etmək	['færz ɛt'mæk]
waarschuwing (de)	xəbərdarlıq	[χæbærdar'lıh]
waarschuwen (ww)	xəbərdar etmək	[χæbær'dar ɛt'mæk]

63

67. Discussie, conversatie. Deel 3

aanpraten (ww)	yola getirmek	[jo'la gætir'mæk]
kalmeren (kalm maken)	sakitleşdirmek	[sakitlæʃdir'mæk]
stilte (de)	susma	[sus'ma]
zwijgen (ww)	susmaq	[sus'mah]
fluisteren (ww)	pıçıldamaq	[pɪtʃɪlda'mah]
gefluister (het)	pıçıltı	[pɪtʃɪl'tɪ]
open, eerlijk (bw)	açıq	[a'tʃɪh]
volgens mij ...	menim fikrimce ...	[mæ'nim fik'rimdʒˈæ ...]
detail (het)	teferrüat	[tæfærry'at]
gedetailleerd (bn)	etraflı	[ætraf'lɪ]
gedetailleerd (bw)	teferrüatı ile	[tæfærrya'tɪ i'læ]
hint (de)	xelvetçe söyleme	[χæl'vætʃæ søjlæ'mæ]
een hint geven	xelvetçe söylemek	[χæl'vætʃæ søjlæ'mæk]
blik (de)	baxış	[ba'χɪʃ]
een kijkje nemen	baxmaq	[baχ'mah]
strak (een ~ke blik)	durğun	[dur'ɣun]
knipperen (ww)	göz qırpmaq	[gøz gɪrp'mah]
knipogen (ww)	kirpik çalmaq	[kir'pik tʃal'mah]
knikken (ww)	başı ile razılıq bildirmek	[ba'ʃɪ i'læ razɪ'lɪh bildir'mæk]
zucht (de)	nefes alma	[næ'fæs al'ma]
zuchten (ww)	nefes almaq	[næ'fæs al'mah]
huiveren (ww)	diksinmek	[diksin'mæk]
gebaar (het)	el-qol hereketi	['æl 'gol hærækæ'ti]
aanraken (ww)	toxunmaq	[toχun'mah]
grijpen (ww)	tutmaq	[tut'mah]
een schouderklopje geven	vurmaq	[vur'mah]
Kijk uit!	Diqqetli ol!	[dikkæt'li ol]
Echt?	Mümkünmü?	[mym'kynmy]
Bent je er zeker van?	Bundan eminsen?	[bun'dan æ'minsæn]
Succes!	Uğurlar olsun!	[uɣur'lar ol'sun]
Juist, ja!	Aydındır!	[aj'dɪndɪr]
Wat jammer!	Heyf!	['hɛjf]

68. Overeenstemming. Weigering

instemming (het)	razılıq	[razɪ'lɪh]
instemmen (akkoord gaan)	razı olmaq	[ra'zɪ ol'mah]
goedkeuring (de)	teqdir etme	[tæg'dir ɛt'mæ]
goedkeuren (ww)	teqdir etmek	[tæg'dir ɛt'mæk]
weigering (de)	imtina	[imti'na]
weigeren (ww)	imtina etmek	[imti'na ɛt'mæk]
Geweldig!	Əla!	[æ'la]
Goed!	Yaxşı!	['jaχʃɪ]

Akkoord!	Oldu!	[ol'du]
verboden (bn)	qadağan olmuş	[gada'ɣan ol'muʃ]
het is verboden	olmaz	[ol'maz]
het is onmogelijk	mümkün deyil	[mym'kyn 'dɛjɪl]
onjuist (bn)	yanlış	[jan'lɪʃ]
afwijzen (ww)	rədd etmək	['rædd ɛt'mæk]
steunen	dəstəkləmək	[dæstæklæ'mæk]
(een goed doel, enz.)		
aanvaarden (excuses ~)	qəbul etmək	[gæ'bul ɛt'mæk]
bevestigen (ww)	təsdiq etmək	[tæs'dih ɛt'mæk]
bevestiging (de)	təsdiq etmə	[tæs'dih ɛt'mæ]
toestemming (de)	icazə	[idʒʲa'zæ]
toestaan (ww)	icazə vermək	[idʒʲa'zæ vɛr'mæk]
beslissing (de)	qərar	[gæ'rar]
z'n mond houden (ww)	susmaq	[sus'mah]
voorwaarde (de)	şərt	['ʃært]
smoes (de)	bəhanə	[bæha'næ]
lof (de)	tərif	[tæ'rif]
loven (ww)	tərifləmək	[tæriflæ'mæk]

69. Succes. Veel geluk. Mislukking

succes (het)	müvəffəqiyyət	[myvæffægi'æt]
succesvol (bw)	müvəffəqiyyətlə	[myvæffægi'ætlæ]
succesvol (bn)	müvəffəqiyyətli	[myvæffægiæt'li]
geluk (het)	bəxtin gətirməsi	[bæχ'tin gætirmæ'si]
Succes!	Uğurlar olsun!	[uɣur'lar ol'sun]
geluks- (bn)	uğurlu	[uɣur'lʲu]
gelukkig (fortuinlijk)	uğurlu	[uɣur'lʲu]
mislukking (de)	müvəffəqiyyətsizlik	[myvæffægiætsiz'lik]
tegenslag (de)	uğursuzluq	[uɣursuz'lʲuh]
pech (de)	uğursuzluq	[uɣursuz'lʲuh]
zonder succes (bn)	uğursuz	[uɣur'suz]
catastrofe (de)	fəlakət	[fæla'kæt]
fierheid (de)	fəxr	['fæχr]
fier (bn)	məğrur	[mæ'ɣrur]
fier zijn (ww)	fəxr etmək	['fæχr ɛt'mæk]
winnaar (de)	qalib	[ga'lip]
winnen (ww)	qalib gəlmək	[ga'lip gæl'mæk]
verliezen (ww)	məğlubiyyətə uğramaq	[mæɣlʲubiæ'tæ uɣra'mah]
poging (de)	təşəbbüs	[tæʃæb'bys]
pogen, proberen (ww)	cəhd göstərmək	['dʒʲæhd gøstær'mæk]
kans (de)	şans	['ʃans]

70. Ruzies. Negatieve emoties

schreeuw (de)	çığırtı	[tʃɪɣɪr'tɪ]
schreeuwen (ww)	çığırmaq	[tʃɪɣɪr'mah]
beginnen te schreeuwen	çığırmaq	[tʃɪɣɪr'mah]
ruzie (de)	dalaşma	[dalaʃ'ma]
ruzie hebben (ww)	dalaşmaq	[dalaʃ'mah]
schandaal (het)	qalmaqal	[galma'gal]
schandaal maken (ww)	qalmaqal salmaq	[galma'gal sal'mah]
conflict (het)	münaqişə	[mynagi'ʃæ]
misverstand (het)	anlaşmazlıq	[anlaʃmaz'lıh]
belediging (de)	təhkir	[tæh'kir]
beledigen	təhkir etmək	[tæh'kir ɛt'mæk]
(met scheldwoorden)		
beledigd (bn)	təhkir olunmuş	[tæh'kir olʲun'muʃ]
krenking (de)	inciklik	[indʒʲik'lik]
krenken (beledigen)	incitmək	[indʒʲit'mæk]
gekwetst worden (ww)	incimək	[indʒʲi'mæk]
verontwaardiging (de)	hiddət	[hid'dæt]
verontwaardigd zijn (ww)	hiddətlənmək	[hiddætlæn'mæk]
klacht (de)	şikayət	[ʃika'jæt]
klagen (ww)	şikayət etmək	[ʃika'jæt ɛt'mæk]
verontschuldiging (de)	bağışlama	[baɣıʃla'ma]
zich verontschuldigen	üzr istəmək	['juzr istæ'mæk]
excuus vragen	əfv diləmək	['æfv dilæ'mæk]
kritiek (de)	tənqid	[tæn'gid]
bekritiseren (ww)	tənqid etmək	[tæn'gid ɛt'mæk]
beschuldiging (de)	ittiham	[itti'ham]
beschuldigen (ww)	ittiham etmək	[itti'ham ɛt'mæk]
wraak (de)	intiqam	[inti'gam]
wreken (ww)	intiqam almaq	[inti'gam al'mah]
wraak nemen (ww)	əvəzini çıxmaq	[ævæzi'ni tʃıx'mah]
minachting (de)	xor baxılma	['χor baχıl'ma]
minachten (ww)	xor baxmaq	['χor baχ'mah]
haat (de)	nifrət	[nifʲræt]
haten (ww)	nifrət etmək	[nifʲræt ɛt'mæk]
zenuwachtig (bn)	əsəbi	[æsæ'bi]
zenuwachtig zijn (ww)	əsəbiləşmək	[æsæbilæʃ'mæk]
boos (bn)	hirsli	[hirs'li]
boos maken (ww)	hirsləndirmək	[hirslændir'mæk]
vernedering (de)	alçaltma	[altʃalt'ma]
vernederen (ww)	alçaltmaq	[altʃalt'mah]
zich vernederen (ww)	alçalmaq	[altʃal'mah]
schok (de)	şok	['ʃok]
schokken (ww)	şok vəziyyətinə salmaq	['ʃok væziæti'næ sal'mah]

| onaangenaamheid (de) | xoşagəlməz hadisə | [xoʃagæl'mæz hadi'sæ] |
| onaangenaam (bn) | nifrət oyadan | [nif'ræt oja'dan] |

vrees (de)	qorxu	[gor'χu]
vreselijk (bijv. ~ onweer)	şiddətli	[ʃiddæt'li]
eng (bn)	qorxulu	[gorχu'ˡu]
gruwel (de)	dəhşət	[dæh'ʃæt]
vreselijk (~ nieuws)	dəhşətli	[dæhʃæt'li]

huilen (wenen)	ağlamaq	[aɣla'mah]
beginnen te huilen (wenen)	ağlamaq	[aɣla'mah]
traan (de)	göz yaşı	[gøz ja'ʃı]

schuld (~ geven aan)	qəbahət	[gæba'hæt]
schuldgevoel (het)	taqsır	[tag'sır]
schande (de)	biabırçılıq	[biabırtʃı'lıh]
protest (het)	etiraz	[ɛti'raz]
stress (de)	stres	['strɛs]

storen (lastigvallen)	mane olmaq	[ma'nɛ ol'mah]
kwaad zijn (ww)	hirslənmək	[hirslæn'mæk]
kwaad (bn)	hirsli	[hirs'li]
beëindigen (een relatie ~)	kəsmək	[kæs'mæk]
vloeken (ww)	söyüş söymək	[sø'juʃ søj'mæk]

schrikken (schrik krijgen)	qorxmaq	[gorχ'mah]
slaan (iemand ~)	vurmaq	[vur'mah]
vechten (ww)	dalaşmaq	[dalaʃ'mah]

regelen (conflict)	nizama salmaq	[niza'ma sal'mah]
ontevreden (bn)	narazı	[nara'zı]
woedend (bn)	qəzəbli	[gæzæb'li]

| Dat is niet goed! | Bu, heç də yaxşı iş deyil! | ['bu 'hɛtʃ 'dæ jaχ'ʃı 'iʃ 'dɛjıl] |
| Dat is slecht! | Bu, pisdir! | ['bu 'pisdir] |

Geneeskunde

71. Ziekten

ziekte (de)	xəstəlik	[χæstæ'lik]
ziek zijn (ww)	xəstə olmaq	[χæs'tæ ol'mah]
gezondheid (de)	sağlamlıq	[saɣlam'lıh]
snotneus (de)	zökəm	[zø'kæm]
angina (de)	angina	[a'ngina]
verkoudheid (de)	soyuqdəymə	[sojugdæj'mæ]
verkouden raken (ww)	özünü soyuğa vermək	[øzy'ny soju'ɣa vɛr'mæk]
bronchitis (de)	bronxit	[bron'χit]
longontsteking (de)	sətəlcəm	[sætæl'ʤʲæm]
griep (de)	qrip	['grip]
bijziend (bn)	uzağı görməyən	[uza'ɣı 'gørmæjæn]
verziend (bn)	uzağı yaxşı görən	[uza'ɣı jaχ'ʃı gø'ræn]
scheelheid (de)	çəpgözlük	[ʧæpgøz'lyk]
scheel (bn)	çəpgöz	[ʧæp'gøz]
grauwe staar (de)	katarakta	[kata'rakta]
glaucoom (het)	qlaukoma	[glau'koma]
beroerte (de)	insult	[in'sulʲt]
hartinfarct (het)	infarkt	[in'farkt]
myocardiaal infarct (het)	miokard infarktı	[mio'kard infark'tı]
verlamming (de)	iflic	[if'liʤʲ]
verlammen (ww)	iflic olmaq	[if'liʤʲ ol'mah]
allergie (de)	allergiya	[allɛr'gija]
astma (de/het)	astma	['astma]
diabetes (de)	diabet	[dia'bɛt]
tandpijn (de)	diş ağrısı	['diʃ aɣrı'sı]
tandbederf (het)	kariyes	['kariɛs]
diarree (de)	diareya	[dia'rɛja]
constipatie (de)	qəbizlik	[gæbiz'lik]
maagstoornis (de)	mədə pozuntusu	[mæ'dæ pozuntu'su]
voedselvergiftiging (de)	zəhərlənmə	[zæhærlæn'mæ]
voedselvergiftiging oplopen	qidadan zəhərlənmək	[gida'dan zæhærlæn'mæk]
artritis (de)	artrit	[art'rit]
rachitis (de)	raxit	[ra'χit]
reuma (het)	revmatizm	[rɛvma'tizm]
arteriosclerose (de)	ateroskleroz	[atɛrosklɛ'roz]
gastritis (de)	qastrit	[gast'rit]
blindedarmontsteking (de)	appendisit	[appɛndi'sit]

| galblaasontsteking (de) | xolesistit | [xolɛsis'tit] |
| zweer (de) | xora | [xo'ra] |

mazelen (mv.)	qızılca	[gızıl'dʒⁱa]
rodehond (de)	məxmərək	[mæχmæ'ræk]
geelzucht (de)	sarılıq	[sarı'lıh]
leverontsteking (de)	hepatit	[hɛpa'tit]

schizofrenie (de)	şizofreniya	[ʃizofrɛ'nija]
dolheid (de)	quduzluq	[guduz'lʲuh]
neurose (de)	nevroz	[nɛv'roz]
hersenschudding (de)	beyin sarsıntısı	[bɛ'jın sarsıntı'sı]

kanker (de)	rak	['rak]
sclerose (de)	skleroz	[sklɛ'roz]
multiple sclerose (de)	dağınıq skleroz	[daɣı'nıh sklɛ'roz]

alcoholisme (het)	əyyaşlıq	[æjaʃ'lıh]
alcoholicus (de)	əyyaş	[æ'jaʃ]
syfilis (de)	sifilis	['sifilis]
AIDS (de)	QİÇS	['gitʃs]

tumor (de)	şiş	['ʃiʃ]
kwaadaardig (bn)	bədxassəli	['bædχas'sæli]
goedaardig (bn)	xoşxassəli	[xoʃχas'sæli]

koorts (de)	qızdırma	[gızdır'ma]
malaria (de)	malyariya	[malʲa'rija]
gangreen (het)	qanqrena	[gang'rɛna]
zeeziekte (de)	dəniz xəstəliyi	[dæ'niz χæstæli'jı]
epilepsie (de)	epilepsiya	[ɛpi'lɛpsija]

epidemie (de)	epidemiya	[ɛpi'dɛmija]
tyfus (de)	yatalaq	[jata'lah]
tuberculose (de)	vərəm	[væ'ræm]
cholera (de)	vəba	[væ'ba]
pest (de)	taun	[ta'un]

72. Symptomen. Behandelingen. Deel 1

symptoom (het)	əlamət	[æla'mæt]
temperatuur (de)	qızdırma	[gızdır'ma]
verhoogde temperatuur (de)	yüksək qızdırma	[jyk'sæk gızdır'ma]
polsslag (de)	nəbz	['næbz]

duizeling (de)	başgicəllənməsi	[baʃgidʒⁱællænmæ'si]
heet (erg warm)	isti	[is'ti]
koude rillingen (mv.)	titrəmə	[titræ'mæ]
bleek (bn)	rəngi ağarmış	[ræ'ngi aɣar'mıʃ]

hoest (de)	öskürək	[øsky'ræk]
hoesten (ww)	öskürmək	[øskyr'mæk]
niezen (ww)	asqırmaq	[asgır'mah]
flauwte (de)	bihuşluq	[bihuʃ'lʲuh]

flauwvallen (ww)	huşunu itirmək	['huʃunu itir'mæk]
blauwe plek (de)	qançır	[gan'tʃɪr]
buil (de)	şiş	['ʃiʃ]
zich stoten (ww)	dəymək	[dæj'mæk]
kneuzing (de)	zədələmə	[zædælæ'mæ]
kneuzen (gekneusd zijn)	zədələnmək	[zædælæn'mæk]

hinken (ww)	axsamaq	[aχsa'mah]
verstuiking (de)	burxulma	[burχul'ma]
verstuiken (enkel, enz.)	burxutmaq	[burχut'mah]
breuk (de)	sınıq	[sɪ'nɪh]
een breuk oplopen	sındırmaq	[sɪndɪr'mah]

snijwond (de)	kəsik	[kæ'sik]
zich snijden (ww)	kəsmək	[kæs'mæk]
bloeding (de)	qanaxma	[ganaχ'ma]

| brandwond (de) | yanıq | [ja'nɪh] |
| zich branden (ww) | yanmaq | [jan'mah] |

prikken (ww)	batırmaq	[batɪr'mah]
zich prikken (ww)	batırmaq	[batɪr'mah]
blesseren (ww)	zədələmək	[zædælæ'mæk]
blessure (letsel)	zədə	[zæ'dæ]
wond (de)	yara	[ja'ra]
trauma (het)	travma	['travma]

IJlen (ww)	sayıqlamaq	[sajɪgla'mah]
stotteren (ww)	kəkələmək	[kækælæ'mæk]
zonnesteek (de)	gün vurması	['gyn vurma'sɪ]

73. Symptomen. Behandelingen. Deel 2

| pijn (de) | ağrı | [a'ɣrɪ] |
| splinter (de) | tikan | [ti'kan] |

zweet (het)	tər	['tær]
zweten (ww)	tərləmək	[tærlæ'mæk]
braking (de)	qusma	[gus'ma]
stuiptrekkingen (mv.)	qıc	['gɪdʒ]

zwanger (bn)	hamilə	[hami'læ]
geboren worden (ww)	anadan olmaq	[ana'dan ol'mah]
geboorte (de)	doğuş	[do'ɣuʃ]
baren (ww)	doğmaq	[do'ɣmah]
abortus (de)	uşaq saldırma	[u'ʃah saldɪr'ma]

ademhaling (de)	tənəffüs	[tænæf'fys]
inademing (de)	nəfəs alma	[næ'fæs al'ma]
uitademing (de)	nəfəs vermə	[næ'fæs vɛr'mæ]
uitademen (ww)	nəfəs vermək	[næ'fæs vɛr'mæk]
inademen (ww)	nəfəs almaq	[næ'fæs al'mah]
invalide (de)	əlil	[æ'lil]
gehandicapte (de)	şikəst	[ʃi'kæst]

drugsverslaafde (de)	narkoman	[narko'man]
doof (bn)	kar	['kar]
stom (bn)	lal	['lal]
doofstom (bn)	lal-kar	['lal 'kar]

krankzinnig (bn)	dəli	[dæ'li]
krankzinnige (man)	dəli	[dæ'li]
krankzinnige (vrouw)	dəli	[dæ'li]
krankzinnig worden	dəli olmaq	[dæ'li ol'mah]

gen (het)	gen	['gɛn]
immuniteit (de)	immunitet	[immuni'tɛt]
erfelijk (bn)	irsi	[ir'si]
aangeboren (bn)	anadangəlmə	[anadangæl'mæ]

virus (het)	virus	['virus]
microbe (de)	mikrob	[mik'rop]
bacterie (de)	bakteriya	[bak'tɛrija]
infectie (de)	infeksiya	[in'fɛksija]

74. Symptomen. Behandelingen. Deel 3

ziekenhuis (het)	xəstəxana	[χæstæχa'na]
patiënt (de)	pasiyent	[pasi'ɛnt]

diagnose (de)	diaqnoz	[di'agnoz]
genezing (de)	müalicə	[myali'ʤʲæ]
onder behandeling zijn	müalicə olunmaq	[myali'ʤʲæ olʲun'mah]
behandelen (ww)	müalicə etmək	[myali'ʤʲæ ɛt'mæk]
zorgen (zieken ~)	xəstəyə qulluq etmək	[χæstæ'jæ gulʲlʲuh ɛt'mæk]
ziekenzorg (de)	xəstəyə qulluq	[χæstæ'jæ gulʲlʲuh]

operatie (de)	əməliyyat	[æmæli'at]
verbinden (een arm ~)	sarğı bağlamaq	[sar'ɣı baɣla'mah]
verband (het)	sarğı	[sar'ɣı]

vaccin (het)	peyvənd	[pɛj'vænd]
inenten (vaccineren)	peyvənd etmək	[pɛj'vænd æt'mæk]
injectie (de)	iynə	[ij'næ]
een injectie geven	iynə vurmaq	[ij'næ vur'mah]

amputatie (de)	amputasiya	[ampu'tasija]
amputeren (ww)	amputasiya etmək	[ampu'tasija ɛt'mæk]
coma (het)	koma	['koma]
in coma liggen	komaya düşmək	['komaja dyʃ'mæk]
intensieve zorg, ICU (de)	reanimasiya	[rɛani'masija]

zich herstellen (ww)	sağalmaq	[saɣal'mah]
toestand (de)	vəziyyət	[væzi'æt]
bewustzijn (het)	huş	['huʃ]
geheugen (het)	yaddaş	[jad'daʃ]

trekken (een kies ~)	çəkdirmək	[ʧækdir'mæk]
vulling (de)	plomb	['plomp]

71

vullen (ww)	plomblamaq	[plombla'mah]
hypnose (de)	hipnoz	[hip'noz]
hypnotiseren (ww)	hipnoz etmek	[hip'noz ɛt'mæk]

75. Artsen

dokter, arts (de)	həkim	[hæ'kim]
ziekenzuster (de)	tibb bacısı	['tibp badʒ'ı'sı]
lijfarts (de)	şəxsi həkim	[ʃæχ'si hæ'kim]

tandarts (de)	diş həkimi	['diʃ hæki'mi]
oogarts (de)	göz həkimi	[gøz hæki'mi]
therapeut (de)	terapevt	[tɛra'pɛvt]
chirurg (de)	cərrah	[dʒ'ær'rah]

psychiater (de)	psixiatr	[psiχi'atr]
pediater (de)	pediatr	[pɛdi'atr]
psycholoog (de)	psixoloq	[psi'χoloh]
gynaecoloog (de)	ginekoloq	[ginɛ'koloh]
cardioloog (de)	kardioloq	[kardi'oloh]

76. Geneeskunde. Medicijnen. Accessoires

geneesmiddel (het)	dərman	[dær'man]
middel (het)	dava	[da'va]
voorschrijven (ww)	yazmaq	[jaz'mah]
recept (het)	resept	[rɛ'sɛpt]

tablet (de/het)	həb	['hæp]
zalf (de)	məlhəm	[mæl'hæm]
ampul (de)	ampula	['ampula]
drank (de)	mikstura	[miks'tura]
siroop (de)	sirop	[si'rop]
pil (de)	həb	['hæp]
poeder (de/het)	toz dərman	['toz dær'man]

verband (het)	bint	['bint]
watten (mv.)	pambıq	[pam'bıh]
jodium (het)	yod	['jod]
pleister (de)	yapışan məlhəm	[japı'ʃan mæl'hæm]
pipet (de)	damcıtökən	[damdʒ'ıtø'kæn]
thermometer (de)	termometr	[tɛr'momɛtr]
spuit (de)	şpris	['ʃpris]

| rolstoel (de) | əlil arabası | [æ'lil araba'sı] |
| krukken (mv.) | qoltuqağacı | [goltuɣa'dʒ'ı] |

pijnstiller (de)	ağrıkəsici	[aɣrıkæsi'dʒ'i]
laxeermiddel (het)	işlətmə dərmanı	[iʃlæt'mæ dærma'nı]
spiritus (de)	spirt	['spirt]
medicinale kruiden (mv.)	bitki	[bit'ki]
kruiden- (abn)	bitki	[bit'ki]

77. Roken. Tabaksproducten

tabak (de)	tütün	[ty'tyn]
sigaret (de)	siqaret	[siga'rɛt]
sigaar (de)	siqara	[si'gara]
pijp (de)	tənbəki çubuğu	[tænbæ'ki ʧubu'ɣu]
pakje (~ sigaretten)	paçka	[paʧ'ka]

lucifers (mv.)	kibrit	[kib'rit]
luciferdoosje (het)	kibrit qutusu	[kib'rit gutu'su]
aansteker (de)	alışqan	[alɪʃ'gan]
asbak (de)	külqabı	['kylʲgabɪ]
sigarettendoosje (het)	portsiqar	[porʦi'gar]

| sigarettenpijpje (het) | müştük | [myʃ'tyk] |
| filter (de/het) | süzgəc | [syz'gædʒʲ] |

roken (ww)	çəkmək	[ʧæk'mæk]
een sigaret opsteken	çəkmək	[ʧæk'mæk]
roken (het)	çəkmə	[ʧæk'mæ]
roker (de)	çəkən	[ʧæ'kæn]

peuk (de)	siqaret kötüyü	[siga'rɛt køty'ju]
rook (de)	tüstü	[tys'ty]
as (de)	kül	['kylʲ]

73

HET MENSELIJKE LEEFGEBIED

Stad

78. Stad. Het leven in de stad

stad (de)	şəhər	[ʃæ'hær]
hoofdstad (de)	paytaxt	[paj'taχt]
dorp (het)	kənd	['kænd]

plattegrond (de)	şəhərin planı	[ʃæhæ'rin pla'nı]
centrum (ov. een stad)	şəhərin mərkəzi	[ʃæhæ'rin mærkæ'zi]
voorstad (de)	şəhərətrafı qəsəbə	[ʃæhærætra'fı gæsæ'bæ]
voorstads- (abn)	şəhərətrafı	[ʃæhærætra'fı]

randgemeente (de)	kənar	[kæ'nar]
omgeving (de)	ətraf yerlər	[æt'raf ɛr'lɛr]
blok (huizenblok)	məhəllə	[mæhæl'læ]
woonwijk (de)	yaşayış məhəlləsi	[jaʃa'jıʃ mæhællæ'si]

verkeer (het)	hərəkət	[hæræ'kæt]
verkeerslicht (het)	svetofor	[svɛto'for]
openbaar vervoer (het)	şəhər nəqliyyatı	[ʃæ'hær næglia'tı]
kruispunt (het)	dörd yol ağzı	[dørd 'jol a'ɣzı]

zebrapad (oversteekplaats)	keçid	[kɛ'tʃid]
onderdoorgang (de)	yeraltı keçid	[ɛral'tı kɛ'tʃid]
oversteken (de straat ~)	keçmək	[kɛtʃ'mæk]
voetganger (de)	piyada gedən	[pija'da gɛ'dæn]
trottoir (het)	küçə səkisi	[ky'tʃæ sæki'si]

brug (de)	körpü	[kør'py]
dijk (de)	sahil küçəsi	[sa'hil kytʃæ'si]
fontein (de)	fəvvarə	['fævva'ræ]

allee (de)	xiyaban	[χija'ban]
park (het)	park	['park]
boulevard (de)	bulvar	[bul'var]
plein (het)	meydan	[mɛj'dan]
laan (de)	prospekt	[pros'pɛkt]
straat (de)	küçə	[ky'tʃæ]
zijstraat (de)	döngə	[dø'ngæ]
doodlopende straat (de)	dalan	[da'lan]

huis (het)	ev	['ɛv]
gebouw (het)	bina	[bi'na]
wolkenkrabber (de)	göydələn	[gøjdæ'læn]
gevel (de)	fasad	[fa'sad]
dak (het)	dam	['dam]

venster (het)	pəncərə	[pændʒ¡æ'ræ]
boog (de)	arka	['arka]
pilaar (de)	sütun	[sy'tun]
hoek (ov. een gebouw)	tin	['tin]

vitrine (de)	vitrin	[vit'rin]
gevelreclame (de)	lövhə	[løv'hæ]
affiche (de/het)	afişa	[a'fiʃa]
reclameposter (de)	reklam plakatı	[rɛk'lam plaka'tı]
aanplakbord (het)	reklam lövhəsi	[rɛk'lam løvhæ'si]

vuilnis (de/het)	tullantılar	[tullantı'lar]
vuilnisbak (de)	urna	['urna]
afval weggooien (ww)	zibilləmək	[zibillæ'mæk]
stortplaats (de)	zibil tökülən yer	[zi'bil tøky'læn 'ɛr]

telefooncel (de)	telefon budkası	[tɛlɛ'fon budka'sı]
straatlicht (het)	fənərli dirək	[fænær'li di'ræk]
bank (de)	skamya	[skam'ja]

politieagent (de)	polis işçisi	[po'lis iʃʧi'si]
politie (de)	polis	[po'lis]
zwerver (de)	dilənçi	[dilæn'ʧi]
dakloze (de)	evsiz-eşiksiz	[ɛv'siz æʃik'siz]

79. Stedelijke instellingen

winkel (de)	mağaza	[ma'ɣaza]
apotheek (de)	aptek	[ap'tɛk]
optiek (de)	optik cihazlar	[op'tik dʒ¡ihaz'lar]
winkelcentrum (het)	ticarət mərkəzi	[tidʒ¡a'ræt mærkæ'zi]
supermarkt (de)	supermarket	[supɛr'markɛt]

bakkerij (de)	çörəkçixana	[ʧœrækʧixa'na]
bakker (de)	çörəkçi	['ʧœræk'ʧi]
banketbakkerij (de)	şirniyyat mağazası	[ʃirni'at ma'ɣazası]
kruidenier (de)	bakaleya mağazası	[baka'lɛja ma'ɣazası]
slagerij (de)	ət dükanı	['æt dyka'nı]

groentewinkel (de)	tərəvəz dükanı	[tæræ'væz dyka'nı]
markt (de)	bazar	[ba'zar]

koffiehuis (het)	kafe	[ka'fɛ]
restaurant (het)	restoran	[rɛsto'ran]
bar (de)	pivəxana	[pivæχa'na]
pizzeria (de)	pitseriya	[pitsɛ'rija]

kapperssalon (de/het)	bərbərxana	[bærbærχa'na]
postkantoor (het)	poçt	['poʧt]
stomerij (de)	kimyəvi təmizləmə	[kimjæ'vi tæmizlæ'mæ]
fotostudio (de)	fotoatelye	[fotoatɛ'ljɛ]

schoenwinkel (de)	ayaqqabı mağazası	[ajakka'bı ma'ɣazası]
boekhandel (de)	kitab mağazası	[ki'tap ma'ɣazası]

sportwinkel (de)	idman malları mağazası	[id'man malla'rı ma'ɣazası]
kledingreparatie (de)	paltarların təmiri	[paltarla'rın tæmi'ri]
kledingverhuur (de)	paltarların kirayəsi	[paltarla'rın kirajæ'si]
videotheek (de)	filmlərin kirayəsi	[filmlæ'rin kirajæ'si]

circus (de/het)	sirk	['sirk]
dierentuin (de)	heyvanat parkı	[hɛjva'nat par'kı]
bioscoop (de)	kinoteatr	[kinotɛ'atr]
museum (het)	muzey	[mu'zɛj]
bibliotheek (de)	kitabxana	[kitapχa'na]

theater (het)	teatr	[tɛ'atr]
opera (de)	opera	['opɛra]
nachtclub (de)	gecə klubu	[gɛ'dʒⁱæ klⁱu'bu]
casino (het)	kazino	[kazi'no]

moskee (de)	məsçid	[mæs'tʃid]
synagoge (de)	sinaqoq	[sina'goh]
kathedraal (de)	baş kilsə	['baʃ kil'sæ]
tempel (de)	məbəd	[mæ'bæd]
kerk (de)	kilsə	[kil'sæ]

instituut (het)	institut	[insti'tut]
universiteit (de)	universitet	[univɛrsi'tɛt]
school (de)	məktəb	[mæk'tæp]

gemeentehuis (het)	prefektura	[prɛfɛk'tura]
stadhuis (het)	bələdiyyə	[bælædi'æ]
hotel (het)	mehmanxana	[mɛhmanχa'na]
bank (de)	bank	['bank]

ambassade (de)	səfirlik	[sæfir'lik]
reisbureau (het)	turizm agentliyi	[tu'rizm agɛntli'jı]
informatieloket (het)	məlumat bürosu	[mælⁱu'mat byro'su]
wisselkantoor (het)	mübadilə mərtəqəsi	[mybadi'læ mæntægæ'si]

| metro (de) | metro | [mɛt'ro] |
| ziekenhuis (het) | xəstəxana | [χæstæχa'na] |

benzinestation (het)	yanacaq doldurma	[jana'dʒⁱah doldur'ma
	mərtəqəsi	mæntægæ'si]
parking (de)	avtomobil dayanacağı	[avtomo'bil dajanadʒⁱa'ɣı]

80. Borden

gevelreclame (de)	lövhə	[løv'hæ]
opschrift (het)	yazı	[ja'zı]
poster (de)	plakat	[pla'kat]
wegwijzer (de)	göstərici	[gøstɛri'dʒⁱi]
pijl (de)	göstərici əqrəb	[gøstɛri'dʒⁱi æg'ræp]

waarschuwing (verwittiging)	xəbərdarlıq	[χæbærdar'lıh]
waarschuwingsbord (het)	xəbərdarlıq	[χæbærdar'lıh]
waarschuwen (ww)	xəbərdarlıq etmək	[χæbærdar'lıh ɛt'mæk]

vrije dag (de)	istirahət günü	[istira'hæt gy'ny]
dienstregeling (de)	cədvəl	[ʤʲæd'væl]
openingsuren (mv.)	iş saatları	['iʃ saatla'rı]

WELKOM!	XOŞ GƏLMİŞSİNİZ!	['χoʃ gæl'miʃsiniz]
INGANG	GİRİŞ	[gi'riʃ]
UITGANG	ÇIXIŞ	[ʧı'χıʃ]

DUWEN	ÖZÜNDƏN	[øzyn'dæn]
TREKKEN	ÖZÜNƏ TƏRƏF	[øzy'næ tæ'ræf]
OPEN	AÇIQDIR	[a'ʧıgdır]
GESLOTEN	BAĞLIDIR	[ba'ɣlıdır]

DAMES	QADINLAR ÜÇÜN	[gadın'lar ju'ʧun]
HEREN	KİŞİLƏR ÜÇÜN	[kiʃi'lær ju'ʧun]

KORTING	ENDİRİMLƏR	[ɛndirim'lær]
UITVERKOOP	ENDİRİMLİ SATIŞ	[ɛndirim'li sa'tıʃ]
NIEUW!	YENİ MAL!	[ɛ'ni 'mal]
GRATIS	PULSUZ	[pul'suz]

PAS OP!	DİQQƏT!	[dik'kæt]
VOLGEBOEKT	BOŞ YER YOXDUR	['boʃ 'ɛr 'joχdur]
GERESERVEERD	SİFARİŞ EDİLİB	[sifa'riʃ ɛdi'lip]

ADMINISTRATIE	MÜDİRİYYƏT	[mydiri'æt]
ALLEEN VOOR PERSONEEL	YALNIZ İŞÇİLƏR ÜÇÜN	['jalnız iʃʧi'lær ju'ʧun]

GEVAARLIJKE HOND	TUTAĞAN İT	[tuta'ɣan 'it]
VERBODEN TE ROKEN!	SİQARET ÇƏKMƏYİN!	[siga'rɛt 'ʧækmæjın]
NIET AANRAKEN!	ƏL VURMAYIN!	['æl 'vurmajın]

GEVAARLIJK	TƏHLÜKƏLİDİR	[tæhlykæ'lidir]
GEVAAR	TƏHLÜKƏ	[tæhly'kæ]
HOOGSPANNING	YÜKSƏK GƏRGİNLİK	[jyk'sæk gærgin'lik]
VERBODEN TE ZWEMMEN	ÇİMMƏK QADAĞANDIR	[ʧim'mæk gada'ɣandır]
BUITEN GEBRUIK	İŞLƏMİR	[iʃ'læmir]

ONTVLAMBAAR	ODDAN TƏHLÜKƏLİDİR	[od'dan tæhlykæ'lidir]
VERBODEN	QADAĞANDIR	[gada'ɣandır]
DOORGANG VERBODEN	KEÇMƏK QADAĞANDIR	[kɛʧ'mæk gada'ɣandır]
OPGELET PAS GEVERFD	RƏNGLƏNİB	[rænglæ'nip]

81. Stedelijk vervoer

bus, autobus (de)	avtobus	[av'tobus]
tram (de)	tramvay	[tram'vaj]
trolleybus (de)	trolleybus	[trol'lɛjbus]
route (de)	marşrut	[marʃ'rut]
nummer (busnummer, enz.)	nömrə	[nøm'ræ]

rijden met ...	getmək	[gɛt'mæk]
stappen (in de bus ~)	minmək	[min'mæk]

afstappen (ww)	enmək	[ɛn'mæk]
halte (de)	dayanacaq	[dajana'dʒʲah]
volgende halte (de)	növbəti dayanacaq	[nøvbæ'ti dajana'dʒʲah]
eindpunt (het)	axırıncı dayanacaq	[aχırın'dʒʲı dajana'dʒʲah]
dienstregeling (de)	hərəkət cədvəli	[hæræ'kæt dʒʲædvæ'li]
wachten (ww)	gözləmək	[gøzlæ'mæk]
kaartje (het)	bilet	[bi'lɛt]
reiskosten (de)	biletin qiyməti	[bilɛ'tin gijmæ'ti]
kassier (de)	kassir	[kas'sir]
kaartcontrole (de)	nəzarət	[næza'ræt]
controleur (de)	nəzarətçi	[næzaræ'tʃi]
te laat zijn (ww)	gecikmək	[gɛdʒʲik'mæk]
missen (de bus ~)	gecikmək	[gɛdʒʲik'mæk]
zich haasten (ww)	tələsmək	[tælæs'mæk]
taxi (de)	taksi	[tak'si]
taxichauffeur (de)	taksi sürücüsü	[tak'si syrydʒy'sy]
met de taxi (bw)	taksi ilə	[tak'si i'læ]
taxistandplaats (de)	taksi dayanacağı	[tak'si dajanadʒʲa'ɣı]
een taxi bestellen	taksi sifariş etmək	[tak'si sifa'riʃ ɛt'mæk]
een taxi nemen	taksi tutmaq	[tak'si tut'mah]
verkeer (het)	küçə hərəkəti	[ky'tʃæ hærækæ'ti]
file (de)	tıxac	[tı'χadʒʲ]
spitsuur (het)	pik saatları	['pik saatla'rı]
parkeren (on.ww.)	park olunmaq	['park olʲun'mah]
parkeren (ov.ww.)	park etmək	['park ɛt'mæk]
parking (de)	avtomobil dayanacağı	[avtomo'bil dajanadʒʲa'ɣı]
metro (de)	metro	[mɛt'ro]
halte (bijv. kleine treinhalte)	stansiya	['stansija]
de metro nemen	metro ilə getmək	[mɛt'ro i'læ gɛt'mæk]
trein (de)	qatar	[ga'tar]
station (treinstation)	dəmiryol vağzalı	[dæ'mirjol vaɣza'lı]

82. Bezienswaardigheden

monument (het)	abidə	[abi'dæ]
vesting (de)	qala	[ga'la]
paleis (het)	saray	[sa'raj]
kasteel (het)	qəsr	['gæsr]
toren (de)	qüllə	[gyl'læ]
mausoleum (het)	məqbərə	[mæɡbæ'ræ]
architectuur (de)	memarlıq	[mɛmar'lıh]
middeleeuws (bn)	orta əsrlərə aid	[or'ta æsrlæ'ræ a'id]
oud (bn)	qədimi	[gædi'mi]
nationaal (bn)	milli	[mil'li]
bekend (bn)	məşhur	[mæʃ'hur]
toerist (de)	turist	[tu'rist]
gids (de)	bələdçi	[bælæd'tʃi]

rondleiding (de)	gəzinti	[gæzin'ti]
tonen (ww)	göstərmək	[gøstær'mæk]
vertellen (ww)	söyləmək	[søjlæ'mæk]

vinden (ww)	tapmaq	[tap'mah]
verdwalen (de weg kwijt zijn)	itmək	[it'mæk]
plattegrond (~ van de metro)	sxem	['sχɛm]
plattegrond (~ van de stad)	plan	['plan]

souvenir (het)	suvenir	[suvɛ'nir]
souvenirwinkel (de)	suvenir mağazası	[suvɛ'nir ma'γazası]
een foto maken (ww)	fotoşəkil çəkmək	[fotoʃæ'kil tʃæk'mæk]
zich laten fotograferen	fotoşəkil çəkdirmək	[fotoʃæ'kil tʃækdir'mæk]

83. Winkelen

kopen (ww)	almaq	[al'mah]
aankoop (de)	satın alınmış şey	[sa'tın alın'mıʃ 'ʃɛj]
winkelen (ww)	alış-veriş etmək	[a'lıʃ vɛ'riʃ æt'mæk]
winkelen (het)	şoppinq	['ʃoppinh]

| open zijn (ov. een winkel, enz.) | işləmək | [iʃlæ'mæk] |
| gesloten zijn (ww) | bağlanmaq | [baγlan'mah] |

schoeisel (het)	ayaqqabı	[ajakka'bı]
kleren (mv.)	geyim	[gɛ'jım]
cosmetica (de)	kosmetika	[kos'mɛtika]
voedingswaren (mv.)	ərzaq	[ær'zah]
geschenk (het)	hədiyyə	[hædi'æ]

| verkoper (de) | satıcı | [satı'dʒʲı] |
| verkoopster (de) | satıcı qadın | [satı'dʒʲı ga'dın] |

kassa (de)	kassa	['kassa]
spiegel (de)	güzgü	[gyz'gy]
toonbank (de)	piştaxta	[piʃtaχ'ta]
paskamer (de)	paltarı ölçüb baxmaq üçün yer	[palta'rı øl'tʃup baχ'mah ju'tʃun 'ɛr]

aanpassen (ww)	paltarı ölçüb baxmaq	[palta'rı øl'tʃup baχ'mah]
passen (ov. kleren)	münasib olmaq	[myna'sip ol'mah]
bevallen (prettig vinden)	xoşuna gəlmək	[χoʃu'na gæl'mæk]

prijs (de)	qiymət	[gij'mæt]
prijskaartje (het)	qiymət yazılan birka	[gij'mæt jazı'lan 'birka]
kosten (ww)	qiyməti olmaq	[gijmæ'ti ol'mah]
Hoeveel?	Neçəyədir?	[nɛtʃæ'jædir]
korting (de)	endirim	[ɛndi'rim]

niet duur (bn)	baha olmayan	[ba'ha 'olmajan]
goedkoop (bn)	ucuz	[u'dʒyz]
duur (bn)	bahalı	[baha'lı]
Dat is duur.	Bu, bahadır.	['bu ba'hadır]

verhuur (de)	kiraye	[kira'jæ]
huren (smoking, enz.)	kirayeye götürmek	[kirajæ'jæ gøtyr'mæk]
krediet (het)	kredit	[krɛ'dit]
op krediet (bw)	kreditle almaq	[krɛ'ditlæ al'mah]

84. Geld

geld (het)	pul	['pul]
ruil (de)	mübadile	[mybadi'læ]
koers (de)	kurs	['kurs]
geldautomaat (de)	bankomat	[banko'mat]
muntstuk (de)	pul	['pul]

dollar (de)	dollar	['dollar]
euro (de)	yevro	['ɛvro]

lire (de)	lira	['lira]
Duitse mark (de)	marka	[mar'ka]
frank (de)	frank	['frank]
pond sterling (het)	funt sterling	['funt 'stɛrlinh]
yen (de)	yena	['jɛna]

schuld (geldbedrag)	borc	['bordʒʲ]
schuldenaar (de)	borclu	[bordʒʲ'lʲu]
uitlenen (ww)	borc vermek	['bordʒʲ vɛr'mæk]
lenen (geld ~)	borc almaq	['bordʒʲ al'mah]

bank (de)	bank	['bank]
bankrekening (de)	hesab	[hɛ'sap]
op rekening storten	hesaba yatırmaq	[hɛsa'ba jatır'mah]
opnemen (ww)	hesabdan pul götürmek	[hɛsab'dan 'pul gøtyr'mæk]

kredietkaart (de)	kredit kartı	[krɛ'dit kar'tı]
baar geld (het)	neqd pul	['nægd 'pul]
cheque (de)	çek	['tʃɛk]
een cheque uitschrijven	çek yazmaq	['tʃɛk jaz'mah]
chequeboekje (het)	çek kitabçası	['tʃɛk kitaptʃa'sı]

portefeuille (de)	cib kisesi	['dʒʲip kisæ'si]
geldbeugel (de)	pul kisesi	['pul kisæ'si]
safe (de)	seyf	['sɛjf]

erfgenaam (de)	verese	[væræ'sæ]
erfenis (de)	miras	[mi'ras]
fortuin (het)	var-dövlet	['var døv'læt]

huur (de)	icare	[idʒʲa'ræ]
huurprijs (de)	menzil haqqı	[mæn'zil hak'kı]
huren (huis, kamer)	kiraye etmek	[kira'jæ ɛt'mæk]

prijs (de)	qiymet	[gij'mæt]
kostprijs (de)	qiymet	[gij'mæt]
som (de)	mebleğ	[mæb'læɣ]
uitgeven (geld besteden)	serf etmek	['særf ɛt'mæk]

kosten (mv.)	xərclər	[xærdʒʲˈlær]
bezuinigen (ww)	qənaət etmək	[gænaˈæt ɛtˈmæk]
zuinig (bn)	qənaətcil	[gænaætˈdʒʲil]

betalen (ww)	pulunu ödəmək	[pulʲuˈnu ødæˈmæk]
betaling (de)	ödəniş	[ødæˈniʃ]
wisselgeld (het)	pulun artığı	[puˈlʲun artɪˈɣɪ]

belasting (de)	vergi	[vɛrˈgi]
boete (de)	cərimə	[dʒʲæriˈmæ]
beboeten (bekeuren)	cərimə etmək	[dʒʲæriˈmæ ɛtˈmæk]

85. Post. Postkantoor

postkantoor (het)	poçt binası	[ˈpotʃt binaˈsɪ]
post (de)	poçt	[ˈpotʃt]
postbode (de)	poçtalyon	[potʃtaˈlʲon]
openingsuren (mv.)	iş saatları	[ˈiʃ saatlaˈrɪ]

brief (de)	məktub	[mækˈtup]
aangetekende brief (de)	sifarişli məktub	[sifariʃˈli mækˈtup]
briefkaart (de)	poçt kartoçkası	[ˈpotʃt kartotʃkaˈsɪ]
telegram (het)	teleqram	[tɛlɛgˈram]
postpakket (het)	bağlama	[baɣlaˈma]
overschrijving (de)	pul köçürməsi	[ˈpul køtʃurmæˈsi]

ontvangen (ww)	almaq	[alˈmah]
sturen (zenden)	göndərmək	[gøndærˈmæk]
verzending (de)	göndərilmə	[gøndærilˈmæ]

adres (het)	ünvan	[ynˈvan]
postcode (de)	indeks	[ˈindɛks]
verzender (de)	göndərən	[gøndæˈræn]
ontvanger (de)	alan	[aˈlan]

| naam (de) | ad | [ˈad] |
| achternaam (de) | soyadı | [ˈsojadɪ] |

tarief (het)	tarif	[taˈrif]
standaard (bn)	adi	[aˈdi]
zuinig (bn)	qənaətə imkan verən	[gænaæˈtæ imˈkan vɛˈræn]

gewicht (het)	çəki	[tʃæˈki]
afwegen (op de weegschaal)	çəkmək	[tʃækˈmæk]
envelop (de)	zərf	[ˈzærf]
postzegel (de)	marka	[marˈka]

Woning. Huis. Thuis

86. Huis. Woning

huis (het)	ev	['ɛv]
thuis (bw)	evdə	[ɛv'dæ]
cour (de)	həyət	[hæ'jæt]
omheining (de)	çəpər	[ʧæ'pær]
baksteen (de)	kərpic	[kær'pidʒ]
van bakstenen	kərpicdən olan	[kærpidʒ'dæn o'lan]
steen (de)	daş	['daʃ]
stenen (bn)	daşdan olan	[daʃ'dan o'lan]
beton (het)	beton	[bɛ'ton]
van beton	betondan olan	[bɛton'dan o'lan]
nieuw (bn)	təzə	[tæ'zæ]
oud (bn)	köhnə	[køh'næ]
vervallen (bn)	uçuq-sökük	[u'ʧuh sø'kyk]
modern (bn)	müasir	[mya'sir]
met veel verdiepingen	çoxmərtəbəli	[ʧoxmærtæbæ'li]
hoog (bn)	hündür	[hyn'dyr]
verdieping (de)	mərtəbə	[mærtæ'bæ]
met een verdieping	birmərtəbəli	[birmærtæbæ'li]
laagste verdieping (de)	alt mərtəbə	['alt mærtæ'bæ]
bovenverdieping (de)	üst mərtəbə	['just mærtæ'bæ]
dak (het)	dam	['dam]
schoorsteen (de)	boru	[bo'ru]
dakpan (de)	kirəmit	[kiræ'mit]
pannen- (abn)	kirəmitdən olan	[kiræmit'dæn o'lan]
zolder (de)	çardaq	[ʧar'dah]
venster (het)	pəncərə	[pændʒ'æ'ræ]
glas (het)	şüşə	[ʃy'ʃæ]
vensterbank (de)	pəncərə altı	[pændʒ'æ'ræ al'tı]
luiken (mv.)	pəncərə qapaqları	[pændʒ'æ'ræ gapagla'rı]
muur (de)	divar	[di'var]
balkon (het)	balkon	[bal'kon]
regenpijp (de)	nov borusu	['nov boru'su]
boven (bw)	yuxarıda	[juxarı'da]
naar boven gaan (ww)	qalxmaq	[galx'mah]
afdalen (on.ww.)	aşağı düşmək	[aʃa'ɣı dyʃ'mæk]
verhuizen (ww)	köçmək	[køʧ'mæk]

82

87. Huis. Ingang. Lift

ingang (de)	giriş yolu	[gi'riʃ jo'ɫu]
trap (de)	pilləkən	[pillæ'kæn]
treden (mv.)	pillələr	[pillæ'lær]
trapleuning (de)	məhəccər	[mæhæ'dʒʲær]
hal (de)	xoll	['χoll]
postbus (de)	poçt qutusu	['potʃt gutu'su]
vuilnisbak (de)	zibil qabı	[zi'bil ga'bɯ]
vuilniskoker (de)	zibil borusu	[zi'bil boru'su]
lift (de)	lift	['lift]
goederenlift (de)	yük lifti	['juk lifʹti]
liftcabine (de)	kabina	[ka'bina]
de lift nemen	liftə minmək	[lifʹtæ min'mæk]
appartement (het)	mənzil	[mæn'zil]
bewoners (mv.)	sakinlər	[sakin'lær]
buurman (de)	qonşu	[gon'ʃu]
buurvrouw (de)	qonşu	[gon'ʃu]
buren (mv.)	qonşular	[gonʃu'lar]

88. Huis. Elektriciteit

elektriciteit (de)	elektrik	[ɛlɛkt'rik]
lamp (de)	elektrik lampası	[ɛlɛkt'rik lampa'sɯ]
schakelaar (de)	elektrik açarı	[ɛlɛkt'rik atʃa'rɯ]
zekering (de)	elektrik mantarı	[ɛlɛkt'rik manta'rɯ]
draad (de)	məftil	[mæfʹtil]
bedrading (de)	şəbəkə	[ʃæbæ'kæ]
elektriciteitsmeter (de)	sayğac	[saj'ɣadʒʹ]
gegevens (mv.)	sayğac göstəricisi	[saj'ɣadʒʹ gøstɛridʒʹi'si]

89. Huis. Deuren. Sloten

deur (de)	qapı	[ga'pɯ]
toegangspoort (de)	darvaza	[darva'za]
deurkruk (de)	qapı dəstəyi	[ga'pɯ dæstæ'jɯ]
ontsluiten (ontgrendelen)	açmaq	[atʃ'mah]
openen (ww)	açmaq	[atʃ'mah]
sluiten (ww)	bağlamaq	[baɣla'mah]
sleutel (de)	açar	[a'tʃar]
sleutelbos (de)	bağlama	[baɣla'ma]
knarsen (bijv. scharnier)	cırıldamaq	[dʒʹɯrɯlda'mah]
knarsgeluid (het)	cırıltı	[dʒʹɯrɯl'tɯ]
scharnier (het)	rəzə	[ræ'zæ]
deurmat (de)	xalça	[χal'tʃa]
slot (het)	qıfıl	[gɯ'fɯl]

sleutelgat (het)	açar yeri	[a'ʧar ɛ'ri]
grendel (de)	siyirmə	[sijɪr'mæ]
schuif (de)	siyirtmə	[sijɪrt'mæ]
hangslot (het)	asma qıfıl	[as'ma gɪ'fɪl]

aanbellen (ww)	zəng etmək	['zæng ɛt'mæk]
bel (geluid)	zəng	['zænh]
deurbel (de)	zəng	['zænh]
belknop (de)	düymə	[dyj'mæ]
geklop (het)	taqqıltı	[takkɪl'tı]
kloppen (ww)	taqqıldatmaq	[takkɪldat'mah]

code (de)	kod	['kod]
cijferslot (het)	kodlu qıfıl	[kod'lʲu gɪ'fɪl]
parlofoon (de)	domofon	[domo'fon]
nummer (het)	nömrə	[nøm'ræ]
naambordje (het)	lövhəcik	[løvhæ'dʒʲik]
deurspion (de)	qapının deşiyi	[gapɪ'nɪn dɛʃi'jɪ]

90. Huis op het platteland

dorp (het)	kənd	['kænd]
moestuin (de)	bostan	[bos'tan]
hek (het)	hasar	[ha'sar]
houten hekwerk (het)	çəpər	[ʧæ'pær]
tuinpoortje (het)	kiçik qapı	[ki'ʧik ga'pı]

graanschuur (de)	anbar	[an'bar]
wortelkelder (de)	zirzəmi	[zirzæ'mi]
schuur (de)	dam	['dam]
waterput (de)	quyu	[gu'ju]

kachel (de)	soba	[so'ba]
de kachel stoken	qalamaq	[gala'mah]
brandhout (het)	odun	[o'dun]
houtblok (het)	odun parçası	[o'dun parʧa'sı]

veranda (de)	şüşəbənd	[ʃyʃæ'bænd]
terras (het)	terras	[tɛr'ras]
bordes (het)	artırma	[artır'ma]
schommel (de)	yelləncək	[ɛllæn'ʧæk]

91. Villa. Herenhuis

| landhuisje (het) | şəhər kənarında olan ev | [ʃæ'hær kænarın'da o'lan 'ɛv] |

| villa (de) | villa | ['villa] |
| vleugel (de) | cinah | [dʒʲi'nah] |

tuin (de)	bağ	['baɣ]
park (het)	park	['park]
oranjerie (de)	oranjereya	[oranʒɛ'rɛja]

onderhouden (tuin, enz.)	baxmaq	[baχ'mah]
zwembad (het)	hovuz	[ho'vuz]
gym (het)	idman zalı	[id'man za'lı]
tennisveld (het)	tennis meydançası	['tɛnnis mɛjdantʃa'sı]
bioscoopkamer (de)	kinoteatr	[kinotɛ'atr]
garage (de)	qaraj	[ga'raʒ]

privé-eigendom (het)	xüsusi mülkiyyət	[χysu'si mylki'æt]
eigen terrein (het)	xüsusi malikanə	[χysu'si malika'næ]

waarschuwing (de)	xəbərdarlıq	[χæbærdar'lıh]
waarschuwingsbord (het)	xəbərdarlıq yazısı	[χæbærdar'lıh jazı'sı]

bewaking (de)	mühafizə	[myhafi'zæ]
bewaker (de)	mühafizəçi	[myhafizæ'tʃi]
inbraakalarm (het)	siqnalizasiya	[signali'zasija]

92. Kasteel. Paleis

kasteel (het)	qəsr	['gæsr]
paleis (het)	saray	[sa'raj]
vesting (de)	qala	[ga'la]
ringmuur (de)	divar	[di'var]
toren (de)	güllə	[gyl'læ]
donjon (de)	əsas güllə	[æ'sas gyl'læ]

valhek (het)	qaldırılan darvaza	[galdırı'lan darva'za]
onderaardse gang (de)	yeraltı yol	[ɛral'tı 'jol]
slotgracht (de)	xəndək	[χæn'dæk]
ketting (de)	zəncir	[zæn'dʒir]
schietgat (het)	qala bacası	[ga'la badʒıa'sı]

prachtig (bn)	təmtəraqlı	[tæmtærag'lı]
majestueus (bn)	əzəmətli	[æzæmæt'li]
onneembaar (bn)	yenilməz	[ɛnil'mæz]
middeleeuws (bn)	orta əsrlərə aid	[or'ta æsrlæ'ræ a'id]

93. Appartement

appartement (het)	mənzil	[mæn'zil]
kamer (de)	otaq	[o'tah]
slaapkamer (de)	yataq otağı	[ja'tah ota'ɣı]
eetkamer (de)	yemək otağı	[ɛ'mæk ota'ɣı]
salon (de)	qonaq otağı	[go'nah ota'ɣı]
studeerkamer (de)	iş otağı	['iʃ ota'ɣı]

gang (de)	dəhliz	[dæh'liz]
badkamer (de)	vanna otağı	[van'na ota'ɣı]
toilet (het)	tualet	[tua'lɛt]
plafond (het)	tavan	[ta'van]
vloer (de)	döşəmə	[døʃæ'mæ]
hoek (de)	künc	['kyndʒ]

94. Appartement. Schoonmaken

schoonmaken (ww)	yığışdırmaq	[jɪɣɪʃdɪr'mah]
opbergen (in de kast, enz.)	aparmaq	[apar'mah]
stof (het)	toz	['toz]
stoffig (bn)	tozlu	[toz'lʲu]
stoffen (ww)	toz almaq	['toz al'mah]
stofzuiger (de)	tozsoran	[tozso'ran]
stofzuigen (ww)	tozsoranla toz almaq	[tozso'ranla 'toz al'mah]

vegen (de vloer ~)	süpürmək	[sypyr'mæk]
veegsel (het)	zibil	[zi'bil]
orde (de)	səliqə-sahman	[sæli'gæ sah'man]
wanorde (de)	səliqəsizlik	[sæligæsiz'lik]

zwabber (de)	lif süpürgə	['lif sypyr'gæ]
poetsdoek (de)	əski	[æs'ki]
veger (de)	süpürgə	[sypyr'gæ]
stofblik (het)	xəkəndaz	[xækæn'daz]

95. Meubels. Interieur

meubels (mv.)	mebel	['mɛbɛl]
tafel (de)	masa	[ma'sa]
stoel (de)	stul	['stul]
bed (het)	çarpayı	[ʧarpa'jɪ]
bankstel (het)	divan	[di'van]
fauteuil (de)	kreslo	['krɛslo]

boekenkast (de)	kitab şkafı	[ki'tap ʃka'fɪ]
boekenrek (het)	kitab rəfi	[ki'tap ræ'fi]

kledingkast (de)	paltar üçün şkaf	[pal'tar ju'ʧun ʃ'kaf]
kapstok (de)	paltarasan	[paltara'san]
staande kapstok (de)	dik paltarasan	['dik paltara'san]

commode (de)	kamod	[ka'mod]
salontafeltje (het)	jurnal masası	[ʒur'nal masa'sɪ]

spiegel (de)	güzgü	[gyz'gy]
tapijt (het)	xalı	[xa'lɪ]
tapijtje (het)	xalça	[xal'ʧa]

haard (de)	kamin	[ka'min]
kaars (de)	şam	['ʃam]
kandelaar (de)	şamdan	[ʃam'dan]

gordijnen (mv.)	pərdə	[pær'dæ]
behang (het)	divar kağızı	[di'var kʲaɣɪ'zɪ]
jaloezie (de)	jalyuzi	[ʒalʲu'zi]

bureaulamp (de)	stol lampası	['stol lamp'sɪ]
wandlamp (de)	çıraq	[ʧɪ'rah]

staande lamp (de)	torşer	[tor'ʃɛr]
luchter (de)	çilçıraq	[ʧiltʃı'rah]

poot (ov. een tafel, enz.)	ayaq	[a'jah]
armleuning (de)	qoltuqaltı	[goltuɣal'tı]
rugleuning (de)	söykənəcək	['søjkænæ'ʤæk]
la (de)	siyirtmə	[sijırt'mæ]

96. Beddengoed

beddengoed (het)	yataq dəyişəyi	[ja'tah dæiʃæ'jı]
kussen (het)	yastıq	[jas'tıh]
kussenovertrek (de)	yastıqüzü	[jastıɣy'zy]
deken (de)	yorğan	[jor'ɣan]
laken (het)	mələfə	[mælæ'fæ]
sprei (de)	örtük	[ør'tyk]

97. Keuken

keuken (de)	mətbəx	[mæt'bæχ]
gas (het)	qaz	['gaz]
gasfornuis (het)	qaz plitəsi	['gaz plitæ'si]
elektrisch fornuis (het)	elektrik plitəsi	[ɛlɛkt'rik plitæ'si]
oven (de)	duxovka	[duχov'ka]
magnetronoven (de)	mikrodalğalı soba	[mikrodalɣa'lı so'ba]

koelkast (de)	soyuducu	[sojudu'ʤy]
diepvriezer (de)	dondurucu kamera	[donduru'ʤy 'kamɛra]
vaatwasmachine (de)	qabyuyan maşın	[gaby'jan ma'ʃın]

vleesmolen (de)	ət çəkən maşın	['æt ʧæ'kæn ma'ʃın]
vruchtenpers (de)	şirəçəkən maşın	[ʃiræʧæ'kæn ma'ʃın]
toaster (de)	toster	['tostɛr]
mixer (de)	mikser	['miksɛr]

koffiemachine (de)	qəhvə hazırlayan maşın	[gæh'væ hazırla'jan ma'ʃın]
koffiepot (de)	qəhvədan	[gæhvæ'dan]
koffiemolen (de)	qəhvə üyüdən maşın	[gæh'væ yjy'dæn ma'ʃın]

fluitketel (de)	çaydan	[ʧaj'dan]
theepot (de)	dəm çaydanı	['dæm ʧajda'nı]
deksel (de/het)	qapaq	[ga'pah]
theezeefje (het)	kiçik ələk	[ki'ʧik æ'læk]

lepel (de)	qaşıq	[ga'ʃih]
theelepeltje (het)	çay qaşığı	['ʧaj gaʃı'ɣı]
eetlepel (de)	xörək qaşığı	[χø'ræk gaʃı'ɣı]
vork (de)	çəngəl	[ʧæ'ngæl]
mes (het)	bıçaq	[bı'ʧah]

vaatwerk (het)	qab-qacaq	['gap ga'ʤah]
bord (het)	boşqab	[boʃ'gap]

schoteltje (het)	nelbeki	[nælbæ'ki]
likeurglas (het)	qedeh	[gæ'dæh]
glas (het)	stekan	[stæ'kan]
kopje (het)	fincan	[fin'dʒ|an]

suikerpot (de)	qend qabı	['gænd ga'bı]
zoutvat (het)	duz qabı	['duz ga'bı]
pepervat (het)	istiot qabı	[isti'ot ga'bı]
boterschaaltje (het)	yağ qabı	['jaɣ ga'bı]

steelpan (de)	qazan	[ga'zan]
bakpan (de)	tava	[ta'va]
pollepel (de)	çömçe	[ʧœm'ʧæ]
vergiet (de/het)	aşsüzen	[aʃsy'zæn]
dienblad (het)	mecmeyi	[mædʒ|mæ'jı]

fles (de)	şüşe	[ʃy'ʃæ]
glazen pot (de)	şüşe banka	[ʃy'ʃæ ban'ka]
blik (conserven~)	banka	[ban'ka]

flesopener (de)	açan	[a'ʧan]
blikopener (de)	konserv ağzı açan	[kon'sɛrv a'ɣzı a'ʧan]
kurkentrekker (de)	burğu	[bur'ɣu]
filter (de/het)	süzgec	[syz'gædʒ|]
filteren (ww)	süzgecden keçirmek	[syzgædʒ|'dæn kɛʧir'mæk]

huisvuil (het)	zibil	[zi'bil]
vuilnisemmer (de)	zibil vedresi	[zi'bil vɛdræ'si]

98. Badkamer

badkamer (de)	vanna otağı	[van'na ota'ɣı]
water (het)	su	['su]
kraan (de)	kran	['kran]
warm water (het)	isti su	[is'ti 'su]
koud water (het)	soyuq su	[so'juh 'su]

tandpasta (de)	diş mecunu	['diʃ mædʒy'nu]
tanden poetsen (ww)	dişleri fırçalamaq	[diʃlæ'ri fırʧala'mah]

zich scheren (ww)	üzünü qırxmaq	[yzy'ny gırχ'mah]
scheercrème (de)	üz qırxmaq üçün köpük	['juz gırχ'mah ju'ʧun kø'pyk]
scheermes (het)	ülgüc	[yl|'gydʒ|]

wassen (ww)	yumaq	[ju'mah]
een bad nemen	yuyunmaq	[jujun'mah]
douche (de)	duş	['duʃ]
een douche nemen	duş qebul etmek	['duʃ gæ'bul ɛt'mæk]

bad (het)	vanna	[van'na]
toiletpot (de)	unitaz	[uni'taz]
wastafel (de)	su çanağı	['su ʧana'ɣı]
zeep (de)	sabun	[sa'bun]
zeepbakje (het)	sabun qabı	[sa'bun ga'bı]

spons (de)	hamam süngəri	[ha'mam syngæ'ri]
shampoo (de)	şampun	[ʃam'pun]
handdoek (de)	dəsmal	[dæs'mal]
badjas (de)	hamam xələti	[ha'mam χælæ'ti]

was (bijv. handwas)	paltarın yuyulması	[palta'rın yjulma'sı]
wasmachine (de)	paltaryuyan maşın	[paltary'jan ma'ʃın]
de was doen	paltar yumaq	[pal'tar ju'mah]
waspoeder (de)	yuyucu toz	[juju'ʤy 'toz]

99. Huishoudelijke apparaten

televisie (de)	televizor	[tɛlɛ'vizor]
cassettespeler (de)	maqnitofon	[magnito'fon]
videorecorder (de)	videomaqnitofon	[vidɛomagnito'fon]
radio (de)	qəbuledici	[gæbulɛdi'ʤi]
speler (de)	pleyer	['plɛjɛr]

videoprojector (de)	video proyektor	[vidɛo pro'ɛktor]
home theater systeem (het)	ev kinoteatrı	['æv kinotɛat'rı]
DVD-speler (de)	DVD maqnitofonu	[divi'di magnitofo'nu]
versterker (de)	səs gücləndiricisi	['sæs gyʤ'lændiriʤi'si]
spelconsole (de)	oyun əlavəsi	[o'jun ælavæ'si]

videocamera (de)	videokamera	[vidɛo'kamɛra]
fotocamera (de)	fotoaparat	[fotoapa'rat]
digitale camera (de)	rəqəm fotoaparatı	[ræ'gæm fotoapara'tı]

stofzuiger (de)	tozsoran	[tozso'ran]
strijkijzer (het)	ütü	[y'ty]
strijkplank (de)	ütü taxtası	[y'ty taχta'sı]

telefoon (de)	telefon	[tɛlɛ'fon]
mobieltje (het)	mobil telefon	[mo'bil tɛlɛ'fon]
schrijfmachine (de)	yazı maşını	[ja'zı maʃı'nı]
naaimachine (de)	tikiş maşını	[ti'kiʃ maʃı'nı]

microfoon (de)	mikrofon	[mikro'fon]
koptelefoon (de)	qulaqlıqlar	[gulaglıg'lar]
afstandsbediening (de)	pult	['pult]

CD (de)	SD diski	[si'di dis'ki]
cassette (de)	kasset	[kas'sɛt]
vinylplaat (de)	val	['val]

100. Reparaties. Renovatie

renovatie (de)	təmir	[tæ'mir]
renoveren (ww)	təmir işləri aparmaq	[tæ'mir iʃlæ'ri apar'mah]
repareren (ww)	təmir etmək	[tæ'mir ɛt'mæk]
op orde brengen	qaydaya salmaq	[gajda'ja sal'mah]
overdoen (ww)	yenidən düzəltmək	[ɛni'dæn dyzælt'mæk]

verf (de)	boya	[bo'ja]
verven (muur ~)	boyamaq	[boja'mah]
schilder (de)	boyaqçı	[bojag'tʃı]
kwast (de)	fırça	[fır'tʃa]

kalk (de)	ağartma	[aɣart'ma]
kalken (ww)	ağartmaq	[aɣart'mah]

behang (het)	divar kağızı	[di'var kʲaɣı'zı]
behangen (ww)	divar kağızı vurmaq	[di'var kaɣı'zı vur'mah]
lak (de/het)	lak	['lak]
lakken (ww)	lak vurmaq	['lak vur'mah]

101. Loodgieterswerk

water (het)	su	['su]
warm water (het)	isti su	[is'ti 'su]
koud water (het)	soyuq su	[so'juh 'su]
kraan (de)	kran	['kran]

druppel (de)	damcı	[dam'dʒʲı]
druppelen (ww)	damcılamaq	[damdʒʲıla'mah]
lekken (een lek hebben)	axmaq	[aχ'mah]
lekkage (de)	axıb getmək	[a'χıp gɛt'mæk]
plasje (het)	gölməçə	[gølmæ'tʃæ]

buis, leiding (de)	boru	[bo'ru]
stopkraan (de)	ventil	['vɛntil]
verstopt raken (ww)	yolu tutulmaq	[jo'lʲu tutul'mah]

gereedschap (het)	alətlər	[alæt'lær]
Engelse sleutel (de)	aralayan açar	[arala'jan a'tʃar]
losschroeven (ww)	açmaq	[atʃ'mah]
aanschroeven (ww)	bərkitmək	[bærkit'mæk]

ontstoppen (riool, enz.)	təmizləmək	[tæmizlæ'mæk]
loodgieter (de)	santexnik	[san'tɛχnik]
kelder (de)	zirzəmi	[zirzæ'mi]
riolering (de)	kanalizasiya	[kanali'zasija]

102. Brand. Vuurzee

vuur (het)	od	['od]
vlam (de)	alov	[a'lov]
vonk (de)	qığılcım	[gıɣıl'dʒʲım]
rook (de)	tüstü	[tys'ty]
fakkel (de)	məşəl	[mæ'ʃæl]
kampvuur (het)	tonqal	[ton'gal]

benzine (de)	benzin	[bɛn'zin]
kerosine (de)	ağ neft	['aɣ 'nɛft]
brandbaar (bn)	alışqan	[alıʃ'gan]

| ontplofbaar (bn) | partlama təhlükəsi olan | [partla'ma tæhlykæ'si o'lan] |
| VERBODEN TE ROKEN! | SİQARET ÇƏKMƏYİN! | [siga'rɛt 'ʧækmæjɪn] |

veiligheid (de)	təhlükəsizlik	[tæhlykæsiz'lik]
gevaar (het)	təhlükə	[tæhly'kæ]
gevaarlijk (bn)	təhlükəli	[tæhlykæ'li]

in brand vliegen (ww)	alışmaq	[alɪʃ'mah]
explosie (de)	partlayış	[partla'jɪʃ]
in brand steken (ww)	yandırmaq	[jandɪr'mah]
brandstichter (de)	qəsdən yandıran	['gæsdæn jandɪ'ran]
brandstichting (de)	od vurma	['od vur'ma]

vlammen (ww)	alışıb yanmaq	[alɪ'ʃɪp jan'mah]
branden (ww)	yanmaq	[jan'mah]
afbranden (ww)	yanıb qurtarmaq	[ja'nɪp gurtar'mah]

brandweerman (de)	yanğınsöndürən	[janɣɪnsøndy'ræn]
brandweerwagen (de)	yanğın maşını	[jan'ɣɪn maʃɪ'nɪ]
brandweer (de)	yanğınsöndürmə komandası	[janɣɪnsøndyr'mæ ko'mandasɪ]
uitschuifbare ladder (de)	yanğın nərdivanı	[jan'ɣɪn nærdiva'nɪ]

brandslang (de)	şlanq	['ʃlanh]
brandblusser (de)	odsöndürən	[odsøndy'ræn]
helm (de)	kaska	[kas'ka]
sirene (de)	sirena	[si'rɛna]

roepen (ww)	çığırmaq	[ʧɪɣɪr'mah]
hulp roepen	köməyə çağırmaq	[kømæ'jæ ʧaɣɪr'mah]
redder (de)	xilas edən	[χi'las ɛ'dæn]
redden (ww)	xilas etmək	[χi'las ɛt'mæk]

aankomen (per auto, enz.)	gəlmək	[gæl'mæk]
blussen (ww)	söndürmək	[søndyr'mæk]
water (het)	su	['su]
zand (het)	qum	['gum]

ruïnes (mv.)	xarabalıq	[χaraba'lɪh]
instorten (gebouw, enz.)	uçmaq	[uʧ'mah]
ineenstorten (ww)	uçmaq	[uʧ'mah]
inzakken (ww)	dağılmaq	[daɣɪl'mah]

| brokstuk (het) | qırıntı | [gɪrɪn'tɪ] |
| as (de) | kül | ['kylʲ] |

| verstikken (ww) | boğulmaq | [boɣul'mah] |
| omkomen (ww) | həlak olmaq | [hæ'lak ol'mah] |

MENSELIJKE ACTIVITEITEN

Baan. Business. Deel 1

103. Kantoor. Op kantoor werken

kantoor (het)	ofis	['ofis]
kamer (de)	iş otağı	['iʃ ota'ɣɪ]
receptie (de)	resepşn	[rɛ'sɛpʃn]
secretaris (de)	katibe	[kʲati'bæ]
directeur (de)	direktor	[di'rɛktor]
manager (de)	menecer	['mɛnɛdʒʲɛr]
boekhouder (de)	mühasib	[myha'sip]
werknemer (de)	işçi	[iʃ'tʃi]
meubilair (het)	mebel	['mɛbɛl]
tafel (de)	masa	[ma'sa]
bureaustoel (de)	kreslo	['krɛslo]
ladeblok (het)	dolabça	[dolab'tʃa]
kapstok (de)	dik paltarasan	['dik paltara'san]
computer (de)	bilgisayar	[bilgisa'jar]
printer (de)	printer	['printɛr]
fax (de)	faks	['faks]
kopieerapparaat (het)	suretçıxaran aparat	[suræʧɪχa'ran apa'rat]
papier (het)	kağız	[ka'ɣɪz]
kantoorartikelen (mv.)	defterxana levazimatı	[dæftærχa'na lævazima'tɪ]
muismat (de)	altlıq	[alt'lɪh]
blad (het)	vereq	[væ'ræh]
ordner (de)	qovluq	[gov'lʲuh]
catalogus (de)	kataloq	[ka'taloh]
telefoongids (de)	melumat kitabçası	[mælʲu'mat kitabtʃa'sɪ]
documentatie (de)	senedler	[sænæd'lær]
brochure (de)	broşür	[bro'ʃyr]
flyer (de)	vereqe	[væræ'gæ]
monster (het), staal (de)	nümune	[nymu'næ]
training (de)	treninq	['trɛninh]
vergadering (de)	müşavire	[myʃavi'ræ]
lunchpauze (de)	nahar fasilesi	[na'har fasilæ'si]
een kopie maken	suret çıxarmaq	[su'ræt tʃɪχar'mah]
de kopieën maken	çoxaltmaq	[tʃoχalt'mah]
een fax ontvangen	faks almaq	['faks al'mah]
een fax versturen	faks göndermek	['faks gøndær'mæk]
opbellen (ww)	zeng etmek	['zæng ɛt'mæk]

| antwoorden (ww) | cavab vermək | [dʒ‍a'vap vɛr'mæk] |
| doorverbinden (ww) | bağlamaq | [baɣla'mah] |

afspreken (ww)	təyin etmək	[tæ'jɪn ɛt'mæk]
demonstreren (ww)	nümayiş etdirmək	[nyma'iʃ ɛtdir'mæk]
absent zijn (ww)	olmamaq	['olmamah]
afwezigheid (de)	gəlməmə	['gælmæmæ]

104. Bedrijfsprocessen. Deel 1

zaak (de), beroep (het)	məşğuliyyət	[mæʃɣuli'æt]
firma (de)	firma	['firma]
bedrijf (maatschap)	şirkət	[ʃir'kæt]
corporatie (de)	korporasiya	[korpo'rasija]
onderneming (de)	müəssisə	[myæssi'sæ]
agentschap (het)	agentlik	[agɛnt'lik]

overeenkomst (de)	müqavilə	[mygavi'læ]
contract (het)	kontrakt	[kon'trakt]
transactie (de)	sövdə	[søv'dæ]
bestelling (de)	sifariş	[sifa'riʃ]
voorwaarde (de)	şərt	['ʃært]

in het groot (bw)	topdan	[top'dan]
groothandels- (abn)	topdan satılan	[top'dan satɪ'lan]
groothandel (de)	topdan satış	[top'dan sa'tɪʃ]
kleinhandels- (abn)	pərakəndə	[pærakæn'dæ]
kleinhandel (de)	pərakəndə satış	[pærakæn'dæ sa'tɪʃ]

concurrent (de)	rəqib	[ræ'gip]
concurrentie (de)	rəqabət	[ræga'bæt]
concurreren (ww)	rəqabət aparmaq	[ræga'bæt apar'mah]

| partner (de) | partnyor | [part'n‍or] |
| partnerschap (het) | partnyorluq | [partn‍or'l‍uh] |

crisis (de)	böhran	[bøh'ran]
bankroet (het)	müflislik	[myflis'lik]
bankroet gaan (ww)	müflis olmaq	[myf'lis ol'mah]
moeilijkheid (de)	çətinlik	[tʃætin'lik]
probleem (het)	problem	[prob'lɛm]
catastrofe (de)	fəlakət	[fæla'kæt]

economie (de)	iqtisadiyyat	[igtisadi'at]
economisch (bn)	iqtisadi	[igtisa'di]
economische recessie (de)	iqtisadi zəifləmə	[igtisa'di zæiflæ'mæ]

| doel (het) | məqsəd | [mæg'sæd] |
| taak (de) | vəzifə | [væzi'fæ] |

handelen (handel drijven)	alver etmək	[al'vɛr æt'mæk]
netwerk (het)	şəbəkə	[ʃæbæ'kæ]
voorraad (de)	anbar	[an'bar]
assortiment (het)	çeşid	[tʃɛ'ʃid]

leider (de)	lider	['lidɛr]
groot (bn)	iri	[i'ri]
monopolie (het)	inhisar	[inhi'sar]

theorie (de)	nəzəriyyə	[næzæ'riæ]
praktijk (de)	praktika	['praktika]
ervaring (de)	təcrübə	[tædʒ¡ry'bæ]
tendentie (de)	təmayül	[tæma'jul]
ontwikkeling (de)	inkişaf	[inki'ʃaf]

105. Bedrijfsprocessen. Deel 2

voordeel (het)	mənfəət	[mænfæ'æt]
voordelig (bn)	mənfəətli	[mænfaæt'li]

delegatie (de)	nümayəndəlik	[nymajændæ'lik]
salaris (het)	əmək haqqı	[æ'mæk hak'kı]
corrigeren (fouten ~)	düzəltmək	[dyzælt'mæk]
zakenreis (de)	iş səyahəti	['iʃ sæjahæ'ti]
commissie (de)	komissiya	[ko'missija]

controleren (ww)	nəzarət etmək	[næza'ræt ɛt'mæk]
conferentie (de)	konfrans	[kon'frans]
licentie (de)	lisenziya	[li'sɛnzija]
betrouwbaar (partner, enz.)	etibarlı	[ɛtibar'lı]

aanzet (de)	təşəbbüs	[tæʃæb'bys]
norm (bijv. ~ stellen)	norma	['norma]
omstandigheid (de)	hal	['hal]
taak, plicht (de)	vəzifə	[væzi'fæ]

organisatie (bedrijf, zaak)	təşkilat	[tæʃki'lat]
organisatie (proces)	təşkil etmə	[tæʃ'kil ɛt'mæ]
georganiseerd (bn)	təşkil edilmiş	[tæʃ'kil ɛdil'miʃ]
afzegging (de)	ləğv etmə	['læɣv ɛt'mæ]
afzeggen (ww)	ləğv etmək	['læɣv ɛt'mæk]
verslag (het)	hesabat	[hɛsa'bat]

patent (het)	patent	[pa'tɛnt]
patenteren (ww)	patent vermək	[pa'tɛnt vɛr'mæk]
plannen (ww)	planlaşdırmaq	[planlaʃdır'mah]

premie (de)	mükafat	[myka'fat]
professioneel (bn)	peşəkar	[pɛʃæ'kar]
procedure (de)	prosedur	[prosɛ'dur]

onderzoeken (contract, enz.)	baxmaq	[baχ'mah]
berekening (de)	hesablaşma	[hɛsablaʃ'ma]
reputatie (de)	ad	['ad]
risico (het)	risk	['risk]

beheren (managen)	idarə etmək	[ida'ræ ɛt'mæk]
informatie (de)	məlumat	[mælⁱu'mat]
eigendom (bezit)	mülkiyyət	[mylki'æt]

unie (de)	ittifaq	[itti'fah]
levensverzekering (de)	həyatın sığortalanması	[hæja'tın sıɣortalanma'sı]
verzekeren (ww)	sığortalamaq	[sıɣortala'mah]
verzekering (de)	sığorta müqaviləsi	[sıɣor'ta mygavilæ'si]

veiling (de)	hərrac	[hær'radʒ]
verwittigen (ww)	bildirmək	[bildir'mæk]
beheer (het)	idarə etmə	[ida'ræ ɛt'mæ]
dienst (de)	xidmət	[ɣid'mæt]

forum (het)	forum	['forum]
functioneren (ww)	işləmək	[iʃlæ'mæk]
stap, etappe (de)	mərhələ	[mærhæ'læ]
juridisch (bn)	hüquqi	[hygu'gi]
jurist (de)	hüquqşünas	[hygukʃy'nas]

106. Productie. Werken

industriële installatie (fabriek)	zavod	[za'vod]
fabriek (de)	fabrik	['fabrik]
werkplaatsruimte (de)	sex	['sɛɣ]
productielocatie (de)	istehsalat	[istɛhsa'lat]

industrie (de)	sənaye	[sæna'jɛ]
industrieel (bn)	sənaye	[sæna'jɛ]
zware industrie (de)	ağır sənaye	[a'ɣır sæna'jɛ]
lichte industrie (de)	yüngül sənaye	[jyn'gyl sæna'jɛ]

productie (de)	məhsul	[mæh'sul]
produceren (ww)	istehsal etmək	[istɛh'sal æt'mæk]
grondstof (de)	xammal	['ɣammal]

voorman, ploegbaas (de)	briqadir	[briga'dir]
ploeg (de)	briqada	[bri'gada]
arbeider (de)	fəhlə	[fæh'læ]

werkdag (de)	iş günü	['iʃ gy'ny]
pauze (de)	fasilə	[fasi'læ]
samenkomst (de)	iclas	[idʒ'las]
bespreken (spreken over)	müzakirə etmək	[myzaki'ræ ɛt'mæk]

plan (het)	plan	['plan]
het plan uitvoeren	planı yerinə yetirmək	[pla'nı ɛri'næ ɛtir'mæk]
productienorm (de)	norma	['norma]
kwaliteit (de)	keyfiyyət	[kɛjfi'æt]
controle (de)	yoxlama	[joɣla'ma]
kwaliteitscontrole (de)	keyfiyyətə nəzarət etmək	[kɛjfiæ'tæ næza'ræt æt'mæk]

arbeidsveiligheid (de)	əmək təhlükəsizliyi	[æ'mæk tæhlykæsizli'jı]
discipline (de)	nizam-intizam	[ni'zam inti'zam]
overtreding (de)	pozma	[poz'ma]
overtreden (ww)	pozmaq	[poz'mah]
staking (de)	tətil	[tæ'til]
staker (de)	tətilçi	[tætil'tʃi]

staken (ww)	tətil etmək	[tæ'til ɛt'mæk]
vakbond (de)	həmkarlar ittifaqı	[hæmkar'lar ittifa'gı]

uitvinden (machine, enz.)	ixtira etmək	[iχti'ra ɛt'mæk]
uitvinding (de)	ixtira	[iχti'ra]
onderzoek (het)	araşdırma	[araʃdır'ma]
verbeteren (beter maken)	yaxşılaşdırmaq	[jaχʃılaʃdır'mah]
technologie (de)	texnoloqiya	[tɛχno'logija]
technische tekening (de)	cizgi	[dʒʲiz'gi]

vracht (de)	yük	['jyk]
lader (de)	malyükləyən	[malʲyklæ'jæn]
laden (vrachtwagen)	yükləmək	[jyklæ'mæk]
laden (het)	yükləmə	[jyklæ'mæ]
lossen (ww)	yük boşaltmaq	['juk boʃalt'mah]
lossen (het)	yük boşaltma	['juk boʃalt'ma]

transport (het)	nəqliyyat	[nægli'at]
transportbedrijf (de)	nəqliyyat şirkəti	[nægli'at ʃirkæ'ti]
transporteren (ww)	nəql etmək	['nægl ɛt'mæk]

goederenwagon (de)	vaqon	[va'gon]
tank (bijv. ketelwagen)	sistern	[sis'tɛrn]
vrachtwagen (de)	yük maşını	['juk maʃı'nı]

machine (de)	dəzgah	[dæz'gʲah]
mechanisme (het)	mexanizm	[mɛχa'nizm]

industrieel afval (het)	tullantılar	[tullantı'lar]
verpakking (de)	qablaşdırma	[gablaʃdır'ma]
verpakken (ww)	qablaşdırmaq	[gablaʃdır'mah]

107. Contract. Overeenstemming

contract (het)	kontrakt	[kon'trakt]
overeenkomst (de)	saziş	[sa'ziʃ]
bijlage (de)	əlavə	[æla'væ]

een contract sluiten	kontrakt bağlamaq	[kon'trakt baɣla'mah]
handtekening (de)	imza	[im'za]
ondertekenen (ww)	imzalamaq	[imzala'mah]
stempel (de)	möhür	[mø'hyr]

voorwerp (het) van de overeenkomst	müqavilənin predmeti	[mygavilæ'nin prɛdmɛ'ti]
clausule (de)	bənd	['bænd]
partijen (mv.)	tərəflər	[tæræf'lær]
vestigingsadres (het)	hüquqi ünvan	[hygu'gi jun'van]

het contract verbreken (overtreden)	kontraktı pozmaq	[kontrak'tı poz'mah]
verplichting (de)	vəzifə	[væzi'fæ]
verantwoordelijkheid (de)	məsuliyyət	[mæsuli'æt]
overmacht (de)	fors-major	['fors ma'ʒor]

| geschil (het) | mübahisə | [mybahi'sæ] |
| sancties (mv.) | cərimə sanksiyaları | [dʒ'æri'mæ sanksijala'rı] |

108. Import & Export

import (de)	idxal	[id'χal]
importeur (de)	idxalatçı	[idχala'tʃı]
importeren (ww)	idxal etmək	[id'χal ɛt'mæk]
import- (abn)	idxal edilmiş mallar	[id'χal ɛdil'miʃ mal'lar]

| exporteur (de) | ixracatçı | [iχradʒ'a'tʃı] |
| exporteren (ww) | ixrac etmək | [iχ'radʒ' ɛt'mæk] |

| goederen (mv.) | mal | ['mal] |
| partij (de) | partiya | ['partija] |

gewicht (het)	çəki	[tʃæ'ki]
volume (het)	həcm	['hædʒ'm]
kubieke meter (de)	kub metr	['kup 'mɛtr]

producent (de)	istehsalçı	[istɛhsal'tʃı]
transportbedrijf (de)	nəqliyyat şirkəti	[nægli'at ʃirkæ'ti]
container (de)	konteyner	[kon'tɛjnɛr]

grens (de)	sərhəd	[sær'hæd]
douane (de)	gömrük	[gøm'ryk]
douanerecht (het)	gömrük rüsumu	[gøm'ryk rysu'mu]
douanier (de)	gömrük işçisi	[gøm'ryk iʃtʃi'si]
smokkelen (het)	qaçaqçılıq	[gatʃagtʃ'ı'lıh]
smokkelwaar (de)	qaçaq mal	[ga'tʃah 'mal]

109. Financiën

aandeel (het)	səhm	['sæhm]
obligatie (de)	istiqraz	[istig'raz]
wissel (de)	veksel	['vɛksɛl]

| beurs (de) | birja | ['birʒa] |
| aandelenkoers (de) | səhm kursu | ['sæhm kur'su] |

| dalen (ww) | ucuzlaşmaq | [udʒyzlaʃ'mah] |
| stijgen (ww) | bahalanmaq | [bahalan'mah] |

meerderheidsbelang (het)	kontrol paketi	[kon'trol pakɛ'ti]
investeringen (mv.)	investisiyalar	[invɛs'tisijalar]
investeren (ww)	investisiya qoymaq	[invɛs'tisija goj'mah]
procent (het)	faiz	[fa'iz]
rente (de)	faiz	[fa'iz]

winst (de)	gəlir	[gæ'lir]
winstgevend (bn)	gəlirli	[gælir'li]
belasting (de)	vergi	[vɛr'gi]

valuta (vreemde ~)	valyuta	[va'lʲuta]
nationaal (bn)	milli	[mil'li]
ruil (de)	mübadilə	[mybadi'læ]

boekhouder (de)	mühasib	[myha'sip]
boekhouding (de)	mühasibat	[myhasi'bat]

bankroet (het)	müflislik	[myflis'lik]
ondergang (de)	iflas	[if'las]
faillissement (het)	var-yoxdan çıxma	['var joχ'dan ʧıχ'ma]
geruïneerd zijn (ww)	var-yoxdan çıxmaq	['var joχ'dan ʧıχ'mah]
inflatie (de)	inflyasiya	[in'flʲasija]
devaluatie (de)	devalvasiya	[dɛvalʲ'vasija]

kapitaal (het)	kapital	[kapi'tal]
inkomen (het)	gəlir	[gæ'lir]
omzet (de)	tədavül	[tæda'vyl]
middelen (mv.)	ehtiyat	[ɛhti'jat]
financiële middelen (mv.)	pul vəsaiti	['pul væsai'ti]
reduceren (kosten ~)	ixtisara salmaq	[iχtisa'ra sal'mah]

110. Marketing

marketing (de)	marketinq	[mar'kɛtinh]
markt (de)	bazar	[ba'zar]
marktsegment (het)	bazarın segmenti	[baza'rın sɛgmɛn'ti]
product (het)	məhsul	[mæh'sul]
goederen (mv.)	mal	['mal]

handelsmerk (het)	ticarət markası	[tidʒʲa'ræt marka'sı]
beeldmerk (het)	firma nişanı	['firma niʃa'nı]
logo (het)	loqotip	[logo'tip]

vraag (de)	tələb	[tæ'læp]
aanbod (het)	təklif	[tæk'lif]
behoefte (de)	tələbat	[tælæ'bat]
consument (de)	istehlakçı	[istɛhlak'ʧı]

analyse (de)	təhlil	[tæh'lil]
analyseren (ww)	təhlil etmək	[tæh'lil ɛt'mæk]
positionering (de)	mövqenin təyin edilməsi	[møvgɛ'nin tæ'jın ædilmæ'si]
positioneren (ww)	mövqeni təyin etmək	[møvgɛ'ni tæ'jın æt'mæk]

prijs (de)	qiymət	[gij'mæt]
prijspolitiek (de)	qiymət siyasəti	[gij'mæt sijasæ'ti]
prijsvorming (de)	qiymət qoyulma	[gij'mæt gojul'ma]

111. Reclame

reclame (de)	reklam	[rɛk'lam]
adverteren (ww)	reklam etmək	[rɛk'lam æt'mæk]
budget (het)	büdcə	[byd'dʒʲæ]

advertentie, reclame (de)	reklam	[rɛk'lam]
TV-reclame (de)	televiziya reklamı	[tɛlɛ'vizija rɛkla'mı]
radioreclame (de)	radio reklamı	['radio rɛkla'mı]
buitenreclame (de)	küçə-çöl reklamı	[ky'ʧæ ʧœl rɛkla'mı]

massamedia (de)	kütləvi informasiya vasitələri	[kytlæ'vi infor'masija vasitælæ'ri]
periodiek (de)	vaxtaşırı nəşriyyat	[vaχtaʃı'rı næʃri'at]
imago (het)	imic	['imidʒ]

| slagzin (de) | şüar | [ʃy'ar] |
| motto (het) | şüar | [ʃy'ar] |

campagne (de)	kampaniya	[kam'panija]
reclamecampagne (de)	reklam kampaniyası	[rɛk'lam kam'panijası]
doelpubliek (het)	məqsədli auditoriya	[mæɡsæd'li audi'torija]

visitekaartje (het)	vizit kartı	[vi'zit kar'tı]
flyer (de)	vərəqə	[væræ'ɡæ]
brochure (de)	broşür	[bro'ʃyr]
folder (de)	buklet	[buk'lɛt]
nieuwsbrief (de)	bülleten	[byllɛ'tɛn]

gevelreclame (de)	lövhə	[løv'hæ]
poster (de)	plakat	[pla'kat]
aanplakbord (het)	lövhə	[løv'hæ]

112. Bankieren

| bank (de) | bank | ['bank] |
| bankfiliaal (het) | şöbə | [ʃo'bæ] |

| bankbediende (de) | məsləhətçi | [mæslæhæ'ʧi] |
| manager (de) | idarə başçısı | [ida'ræ baʃʧı'sı] |

bankrekening (de)	hesab	[hɛ'sap]
rekeningnummer (het)	hesab nömrəsi	[hɛ'sap nømræ'si]
lopende rekening (de)	cari hesab	[dʒa'ri hɛ'sap]
spaarrekening (de)	yığılma hesabı	[jıɣıl'ma hɛsa'bı]

een rekening openen	hesab açmaq	[hɛ'sap aʧ'mah]
de rekening sluiten	bağlamaq	[baɣla'mah]
op rekening storten	hesaba yatırmaq	[hɛsa'ba jatır'mah]
opnemen (ww)	hesabdan pul götürmək	[hɛsab'dan 'pul gøtyr'mæk]

storting (de)	əmanət	[æma'næt]
een storting maken	əmanət qoymaq	[æma'næt goj'mah]
overschrijving (de)	köçürmə	[køʧur'mæ]
een overschrijving maken	köçürmə etmək	[køʧur'mæ ɛt'mæk]

som (de)	məbləğ	[mæb'læɣ]
Hoeveel?	Nə qədər?	['næ ɡæ'dær]
handtekening (de)	imza	[im'za]
ondertekenen (ww)	imzalamaq	[imzala'mah]

kredietkaart (de)	kredit kartı	[krɛ'dit kar'tı]
code (de)	kod	['kod]
kredietkaartnummer (het)	kredit kartının nömrəsi	[krɛ'dit kartı'nın nømræ'si]
geldautomaat (de)	bankomat	[banko'mat]

cheque (de)	çek	['ʧɛk]
een cheque uitschrijven	çek yazmaq	['ʧɛk jaz'mah]
chequeboekje (het)	çek kitabçası	['ʧɛk kitapʧa'sı]

lening, krediet (de)	kredit	[krɛ'dit]
een lening aanvragen	kredit üçün müraciət etmək	[krɛ'dit ju'ʧun myradʒ'i'æt æt'mæk]
een lening nemen	kredit götürmək	[krɛ'dit gøtyr'mæk]
een lening verlenen	kredit vermək	[krɛ'dit vɛr'mæk]
garantie (de)	qarantiya	[ga'rantija]

113. Telefoon. Telefoongesprek

telefoon (de)	telefon	[tɛlɛ'fon]
mobieltje (het)	mobil telefon	[mo'bil tɛlɛ'fon]
antwoordapparaat (het)	avtomatik cavab verən	[avtoma'tik ʤ'a'vap vɛ'ræn]

| bellen (ww) | zəng etmək | ['zæng ɛt'mæk] |
| belletje (telefoontje) | zəng | ['zænh] |

een nummer draaien	nömrəni yığmaq	[nømræ'ni jı'ɣmah]
Hallo!	allo!	[al'lo]
vragen (ww)	soruşmaq	[soruʃ'mah]
antwoorden (ww)	cavab vermək	[ʤ'a'vap vɛr'mæk]

horen (ww)	eşitmək	[ɛʃit'mæk]
goed (bw)	yaxşı	[jaχ'ʃı]
slecht (bw)	pis	['pis]
storingen (mv.)	maneələr	[manɛæ'lær]

hoorn (de)	dəstək	[dæs'tæk]
opnemen (ww)	dəstəyi götürmək	[dæstæ'jı gøtyr'mæk]
ophangen (ww)	dəstəyi qoymaq	[dæstæ'jı goj'mah]

bezet (bn)	məşğul	[mæʃ'ɣul]
overgaan (ww)	zəng etmək	['zæng ɛt'mæk]
telefoonboek (het)	telefon kitabçası	[tɛlɛ'fon kitabʧa'sı]

lokaal (bn)	yerli	[ɛr'li]
interlokaal (bn)	şəhərlərarası	[ʃæhærlærara'sı]
buitenlands (bn)	beynəlxalq	[bɛjnæl'χalh]

114. Mobiele telefoon

mobieltje (het)	mobil telefon	[mo'bil tɛlɛ'fon]
scherm (het)	displey	[disp'lɛj]
toets, knop (de)	düymə	[dyj'mæ]

simkaart (de)	SİM kart	['sim 'kart]
batterij (de)	batareya	[bata'rɛja]
leeg zijn (ww)	boşalmaq	[boʃal'mah]
acculader (de)	elektrik doldurucu cihaz	[ɛlɛkt'rik dolduru'dʒy dʒ'i'haz]

menu (het)	menyu	[mɛ'nju]
instellingen (mv.)	sazlamalar	[sazlama'lar]
melodie (beltoon)	melodiya	[mɛ'lodija]
selecteren (ww)	seçmək	[sɛtʃ'mæk]

rekenmachine (de)	kalkulyator	[kalʲku'lʲator]
voicemail (de)	avtomatik cavab verən	[avtoma'tik dʒʲa'vap vɛ'ræn]
wekker (de)	zəngli saat	[zæng'li sa'at]
contacten (mv.)	telefon kitabçası	[tɛlɛ'fon kitabtʃa'sı]

| SMS-bericht (het) | SMS-xəbər | [ɛsɛ'mɛs χæ'bær] |
| abonnee (de) | abunəçi | [abunæ'tʃi] |

115. Schrijfbehoeften

| balpen (de) | diyircəkli avtoqələm | [dijırdʒ'æk'li avtogæ'læm] |
| vulpen (de) | ucluğu olan qələm | [udʒylʲu'ɣu o'lan gæ'læm] |

potlood (het)	karandaş	[karan'daʃ]
marker (de)	markyor	[mar'kʲor]
viltstift (de)	flomaster	[flo'mastɛr]

| notitieboekje (het) | bloknot | [blok'not] |
| agenda (boekje) | gündəlik | [gyndæ'lik] |

liniaal (de/het)	xətkeş	[χæt'kɛʃ]
rekenmachine (de)	kalkulyator	[kalʲku'lʲator]
gom (de)	pozan	[po'zan]
punaise (de)	basmadüymə	[basmadyj'mæ]
paperclip (de)	qısqac	[gıs'gadʒʲ]

lijm (de)	yapışqan	[japıʃ'gan]
nietmachine (de)	stepler	['stɛplɛr]
perforator (de)	deşikaçan	[dɛʃika'tʃan]
potloodslijper (de)	qələm yonan	[gæ'læm jo'nan]

116. Verschillende soorten documenten

verslag (het)	hesabat	[hɛsa'bat]
overeenkomst (de)	saziş	[sa'ziʃ]
aanvraagformulier (het)	tələbnamə	[tælæbna'mæ]
origineel, authentiek (bn)	əsil	[æ'sil]
badge, kaart (de)	bec	['bɛdʒʲ]
visitekaartje (het)	vizit kartı	[vi'zit kar'tı]

| certificaat (het) | sertifikat | [sɛrtifi'kat] |
| cheque (de) | çek | ['tʃɛk] |

rekening (in restaurant)	hesab	[hɛ'sap]
grondwet (de)	konstitusiya	[konsti'tusija]

contract (het)	müqavilə	[mygavi'læ]
kopie (de)	surət	[su'ræt]
exemplaar (het)	nüsxə	[nys'χæ]

douaneaangifte (de)	bəyannamə	[bæjanna'mæ]
document (het)	sənəd	[sæ'næd]
rijbewijs (het)	sürücülük vəsiqəsi	[syrydʒy'lyk væsigæ'si]
bijlage (de)	əlavə	[æla'væ]
formulier (het)	anket	[a'nkɛt]

identiteitskaart (de)	vəsiqə	[væsi'gæ]
aanvraag (de)	sorğu	[sor'ɣu]
uitnodigingskaart (de)	dəvətnamə	[dævætna'mæ]
factuur (de)	hesablama	[hɛsabla'ma]

wet (de)	qanun	[ga'nun]
brief (de)	məktub	[mæk'tup]
briefhoofd (het)	blank	['blank]
lijst (de)	siyahı	[sija'hı]
manuscript (het)	əlyazma	[æljaz'ma]
nieuwsbrief (de)	bülleten	[byllɛ'tɛn]
briefje (het)	kağız	[ka'ɣız]

pasje (voor personeel, enz.)	buraxılış vərəqəsi	[buraχı'lıʃ værægæ'si]
paspoort (het)	pasport	['pasport]
vergunning (de)	icazənamə	[idʒ'azæna'mæ]
CV, curriculum vitae (het)	CV	[si'vi]
schuldbekentenis (de)	qeyd etmə	['gɛjd æt'mæ]
kwitantie (de)	qəbz	['gæbz]
bon (kassabon)	çek	['tʃɛk]
rapport (het)	raport	['raport]

tonen (paspoort, enz.)	təqdim etmək	[tæg'dim ɛt'mæk]
ondertekenen (ww)	imzalamaq	[imzala'mah]
handtekening (de)	imza	[im'za]
stempel (de)	möhür	[mø'hyr]
tekst (de)	mətn	['mætn]
biljet (het)	bilet	[bi'lɛt]

doorhalen (doorstrepen)	üstündən xətt çəkmək	[ystyn'dæn 'χætt tʃæk'mæk]
invullen (een formulier ~)	doldurmaq	[doldur'mah]

vrachtbrief (de)	faktura	[fak'tura]
testament (het)	vəsiyyətnamə	[væsiætna'mæ]

117. Soorten bedrijven

uitzendbureau (het)	kadrlar agentliyi	['kadrlar agɛntli'jı]
bewakingsfirma (de)	mühafizə agentliyi	[myhafi'zæ agɛntli'jı]
persbureau (het)	məlumat agentliyi	[mælʲu'mat agɛntli'jı]
reclamebureau (het)	reklam agentliyi	[rɛk'lam agɛntli'jı]

antiek (het)	qədimi əşyalar	[gædi'mi æʃʃa'lar]
verzekering (de)	sığorta	[sɪɣor'ta]
naaiatelier (het)	atelye	[atɛ'ljɛ]

banken (mv.)	bank biznesi	['bank 'biznɛsi]
bar (de)	bar	['bar]
bouwbedrijven (mv.)	inşaat	[inʃa'at]
juwelen (mv.)	zərgərlik məmulatı	[zærgær'lik mæmula'tı]
juwelier (de)	zərgər	[zær'gær]

wasserette (de)	camaşırxana	[dʒ'amaʃɪrχa'na]
alcoholische dranken (mv.)	spirtli içkilər	[spirt'li itʃki'lær]
nachtclub (de)	gecə klubu	[gɛ'dʒ'æ kl'u'bu]
handelsbeurs (de)	birja	['birʒa]
bierbrouwerij (de)	pivə zavodu	[pi'væ zavo'du]
uitvaartcentrum (het)	dəfn etmə bürosu	['dæfn ɛt'mæ byro'su]

casino (het)	kazino	[kazi'no]
zakencentrum (het)	biznes mərkəzi	['biznɛs mærkæ'zi]
bioscoop (de)	kinoteatr	[kinotɛ'atr]
airconditioning (de)	kondisionerlər	[kondisionɛr'lær]

handel (de)	ticarət	[tidʒ'a'ræt]
luchtvaartmaatschappij (de)	hava yolu şirkəti	[ha'va jo'l'u ʃirkæ'ti]
adviesbureau (het)	konsaltinq	[kon'saltinh]
koerierdienst (de)	kuryer xidməti	[ku'rjɛr χidmætlæ'ri]

tandheelkunde (de)	stomatologiya	[stomato'logija]
design (het)	dizayn	[di'zajn]
business school (de)	biznes məktəbi	['biznɛs mæktæ'bi]
magazijn (het)	anbar	[an'bar]
kunstgalerie (de)	qalereya	[galɛ'rɛja]
IJsje (het)	dondurma	[dondur'ma]
hotel (het)	mehmanxana	[mɛhmanχa'na]

vastgoed (het)	mülk	['myl'k]
drukkerij (de)	mətbəə işləri	[mætbæ'æ iʃlæ'ri]
industrie (de)	sənaye	[sæna'jɛ]
Internet (het)	internet	[intɛr'nɛt]
investeringen (mv.)	investisiyalar	[invɛs'tisijalar]

krant (de)	qəzet	[gæ'zɛt]
boekhandel (de)	kitab mağazası	[ki'tap ma'ɣazasɪ]
lichte industrie (de)	yüngül sənaye	[jyn'gyl sæna'jɛ]

winkel (de)	mağaza	[ma'ɣaza]
uitgeverij (de)	nəşriyyat	[næʃri'at]
medicijnen (mv.)	təbabət	[tæba'bæt]
meubilair (het)	mebel	['mɛbɛl]
museum (het)	muzey	[mu'zɛj]

olie (aardolie)	neft	['nɛft]
apotheek (de)	aptek	[ap'tɛk]
geneesmiddelen (mv.)	əczaçılıq	[ædʒ'zatʃı'lıh]
zwembad (het)	hovuz	[ho'vuz]
stomerij (de)	kimyavi təmizləmə	[kimjæ'vi tæmizlæ'mæ]

| voedingswaren (mv.) | ərzaq məhsulları | [ær'zah mæhsulla'rı] |
| reclame (de) | reklam | [rɛk'lam] |

radio (de)	radio	['radio]
afvalinzameling (de)	zibilin daşınması	[zibi'lin daʃınma'sı]
restaurant (het)	restoran	[rɛsto'ran]
tijdschrift (het)	jurnal	[ʒur'nal]

schoonheidssalon (de/het)	gözəllik salonu	[gøzæl'lik salo'nu]
financiële diensten (mv.)	maliyyə xidmətləri	[mali'æ χidmætlæ'ri]
juridische diensten (mv.)	hüquqi xidmətlər	[hygu'gi χidmæt'lær]
boekhouddiensten (mv.)	mühasibat xidmətləri	[myhasi'bat χidmætlæ'ri]
audit diensten (mv.)	auditor xidmətləri	[au'ditor χidmætlæ'ri]
sport (de)	idman	[id'man]
supermarkt (de)	supermarket	[supɛr'markɛt]

televisie (de)	televiziya	[tɛlɛ'vizija]
theater (het)	teatr	[tɛ'atr]
toerisme (het)	turizm	[tu'rizm]
transport (het)	daşımalar	[daʃıma'lar]

postorderbedrijven (mv.)	kataloq üzrə ticarət	[ka'taloh juz'ræ tidʒa'ræt]
kleding (de)	geyim	[gɛ'jım]
dierenarts (de)	baytar	[baj'tar]

Baan. Business. Deel 2

118. Show. Tentoonstelling

| beurs (de) | sərgi | [sær'gi] |
| vakbeurs, handelsbeurs (de) | ticarət sərgisi | [tidʒ'a'ræt særgi'si] |

deelneming (de)	iştirak	[iʃti'rak]
deelnemen (ww)	iştirak etmək	[iʃti'rak ɛt'mæk]
deelnemer (de)	iştirakçı	[iʃtirak'ʧı]

directeur (de)	direktor	[di'rɛktor]
organisatiecomité (het)	müdiriyyət, təşkilat komitəsi	[mydiri'æt], [tæʃki'lat komitæ'si]
organisator (de)	təşkilatçı	[tæʃkila'ʧı]
organiseren (ww)	təşkil etmək	[tæʃ'kil ɛt'mæk]

deelnemingsaanvraag (de)	iştirak etmək istəyi	[iʃti'rak ɛt'mæk istæ'jı]
invullen (een formulier ~)	doldurmaq	[doldur'mah]
details (mv.)	təfərrüatlar	[tæfærryat'lar]
informatie (de)	məlumat	[mælʲu'mat]

prijs (de)	qiymət	[gij'mæt]
inclusief (bijv. ~ BTW)	daxil olmaqla	[da'χil ol'magla]
inbegrepen (alles ~)	daxil olmaq	[da'χil ol'mah]
betalen (ww)	pulunu ödəmək	[pulʲu'nu ødæ'mæk]
registratietarief (het)	qeydiyyat haqqı	[gɛjdi'at hak'kı]

ingang (de)	giriş	[gi'riʃ]
paviljoen (het), hal (de)	pavilyon	[pavi'ljon]
registreren (ww)	qeyd etmək	['gɛjd æt'mæk]
badge, kaart (de)	bec	['bɛdʒ']

| beursstand (de) | sərgi | [sær'gi] |
| reserveren (een stand ~) | sifariş etmək | [sifa'riʃ ɛt'mæk] |

vitrine (de)	vitrin	[vit'rin]
licht (het)	çıraq	[ʧı'rah]
design (het)	dizayn	[di'zajn]
plaatsen (ww)	yerləşdirmək	[ɛrlæʃdir'mæk]

| distributeur (de) | distribütor | [distri'bytor] |
| leverancier (de) | tədarükçü | [tædaryk'ʧu] |

land (het)	ölkə	[øl'kæ]
buitenlands (bn)	xarici	[χari'dʒʲi]
product (het)	məhsul	[mæh'sul]

| associatie (de) | birlik | [bir'lik] |
| conferentiezaal (de) | konfrans zalı | [kon'frans za'lı] |

| congres (het) | konqress | [kon'grɛss] |
| wedstrijd (de) | müsabiqǝ | [mysabi'gæ] |

bezoeker (de)	ziyarǝtçi	[zijaræ'ʧi]
bezoeken (ww)	ziyarǝt etmǝk	[zija'ræt ɛt'mæk]
afnemer (de)	sifarişçi	[sifariʃ'ʧi]

119. Massamedia

krant (de)	qǝzet	[gæ'zɛt]
tijdschrift (het)	jurnal	[ʒur'nal]
pers (gedrukte media)	mǝtbuat	[mætbu'at]
radio (de)	radio	['radio]
radiostation (het)	radio stansiyası	['radio 'stansijası]
televisie (de)	televiziya	[tɛlɛ'vizija]

presentator (de)	aparıcı	[aparı'dʒıı]
nieuwslezer (de)	diktor	['diktor]
commentator (de)	şǝrhçi	[ʃærh'ʧi]

journalist (de)	jurnalist	[ʒurna'list]
correspondent (de)	müxbir	[myχ'bir]
fotocorrespondent (de)	foto müxbir	['foto myχ'bir]
reporter (de)	reportyor	[rɛpor'tʲor]

| redacteur (de) | redaktor | [rɛ'daktor] |
| chef-redacteur (de) | baş redaktor | ['baʃ rɛ'daktor] |

zich abonneren op	abunǝ olmaq	[abu'næ ol'mah]
abonnement (het)	abunǝ	[abu'næ]
abonnee (de)	abunǝçi	[abunæ'ʧi]
lezen (ww)	oxumaq	[oχu'mah]
lezer (de)	oxucu	[oχu'dʒʲu]

oplage (de)	tiraj	[ti'raʒ]
maand-, maandelijks (bn)	aylıq	[aj'lıh]
wekelijks (bn)	hǝftǝlik	[hæftæ'lik]
nummer (het)	nömrǝ	[nøm'ræ]
vers (~ van de pers)	tǝzǝ	[tæ'zæ]

kop (de)	başlıq	[baʃ'lıh]
korte artikel (het)	kiçik mǝqalǝ	[ki'ʧik mæga'læ]
rubriek (de)	rubrika	['rubrika]
artikel (het)	mǝqalǝ	[mæga'læ]
pagina (de)	sǝhifǝ	[sæhi'fæ]

reportage (de)	reportaj	[rɛpor'taʒ]
gebeurtenis (de)	hadisǝ	[hadi'sæ]
sensatie (de)	sensasiya	[sɛn'sasija]
schandaal (het)	qalmaqal	[galma'gal]
schandalig (bn)	qalmaqallı	[galmagal'lı]
groot (~ schandaal, enz.)	böyük	[bø'juk]
programma (het)	veriliş	[vɛri'liʃ]
interview (het)	müsahibǝ	[mysahi'bæ]

| live uitzending (de) | birbaşa translyasiya | [birba'ʃa trans'lʲasija] |
| kanaal (het) | kanal | [ka'nal] |

120. Landbouw

landbouw (de)	kənd təsərrüfatı	['kænd tæsærryfa'tɪ]
boer (de)	kəndli	[kænd'li]
boerin (de)	kəndli qadın	[kænd'li ga'dɪn]
landbouwer (de)	fermer	['fɛrmɛr]

| tractor (de) | traktor | ['traktor] |
| maaidorser (de) | kombayn | [kom'bajn] |

ploeg (de)	kotan	[ko'tan]
ploegen (ww)	şumlamaq	[ʃumla'mah]
akkerland (het)	şum	['ʃum]
voor (de)	şırım	[ʃɪ'rɪm]

zaaien (ww)	əkmək	[æk'mæk]
zaaimachine (de)	toxumsəpən maşın	[toχumsæ'pæn ma'ʃɪn]
zaaien (het)	əkin	[æ'kin]

| zeis (de) | dəryaz | [dær'jaz] |
| maaien (ww) | ot biçmək | ['ot bitʃ'mæk] |

| schop (de) | bel | ['bɛl] |
| spitten (ww) | belləmək | [bɛllæ'mæk] |

schoffel (de)	çapacaq	[tʃapa'dʒʲah]
wieden (ww)	alaq vurmaq	[a'lah vur'mah]
onkruid (het)	alaq otu	[a'lah oty]

gieter (de)	susəpələyən	[susæpælæ'jæn]
begieten (water geven)	suvarmaq	[suvar'mah]
bewatering (de)	suvarma	[suvar'ma]

| riek, hooivork (de) | yaba | [ja'ba] |
| hark (de) | dırmıq | [dɪr'mɪh] |

meststof (de)	gübrə	[gyb'ræ]
bemesten (ww)	gübrələmək	[gybrælæ'mæk]
mest (de)	peyin	[pɛ'jɪn]

veld (het)	tarla	[tar'la]
wei (de)	çəmən	[tʃæ'mæn]
moestuin (de)	bostan	[bos'tan]
boomgaard (de)	bağ	['baɣ]

weiden (ww)	otarmaq	[otar'mah]
herder (de)	çoban	[tʃo'ban]
weiland (de)	otlaq	[ot'lah]

| veehouderij (de) | heyvandarlıq | [hɛjvandar'lɪh] |
| schapenteelt (de) | qoyunçuluq | [gojuntʃu'lʲuh] |

plantage (de)	tarla	[tar'la]
rijtje (het)	lək	['læk]
broeikas (de)	parnik	[par'nik]

| droogte (de) | quraqlıq | [gurag'lıh] |
| droog (bn) | quraqlı | [gurag'lı] |

| graangewassen (mv.) | dənli | [dæn'li] |
| oogsten (ww) | yığmaq | [jı'ɣmah] |

molenaar (de)	dəyirmançı	[dæjırman'ʧı]
molen (de)	dəyirman	[dæjır'man]
malen (graan ~)	dən üyütmək	['dæn yjut'mæk]
bloem (bijv. tarwebloem)	un	['un]
stro (het)	saman	[sa'man]

121. Gebouw. Bouwproces

bouwplaats (de)	inşaat yeri	[inʃa'at ɛ'ri]
bouwen (ww)	inşa etmək	[in'ʃa ɛt'mæk]
bouwvakker (de)	inşaatçı	[inʃaa'ʧı]

project (het)	layihə	[lai'hæ]
architect (de)	memar	[mɛ'mar]
arbeider (de)	fəhlə	[fæh'læ]

fundering (de)	bünövrə	[bynøv'ræ]
dak (het)	dam	['dam]
heipaal (de)	dirək	[di'ræk]
muur (de)	divar	[di'var]

| betonstaal (het) | armatura | [arma'tura] |
| steigers (mv.) | taxtabənd | [taχta'bænd] |

beton (het)	beton	[bɛ'ton]
graniet (het)	qranit	[gra'nit]
steen (de)	daş	['daʃ]
baksteen (de)	kərpic	[kær'piʤ]

zand (het)	qum	['gum]
cement (de/het)	sement	[sɛ'mɛnt]
pleister (het)	suvaq	[su'vah]
pleisteren (ww)	suvaqlamaq	[suvagla'mah]

verf (de)	boya	[bo'ja]
verven (muur ~)	boyamaq	[boja'mah]
ton (de)	çəllək	[ʧæl'læk]

kraan (de)	kran	['kran]
heffen, hijsen (ww)	qaldırmaq	[galdır'mah]
neerlaten (ww)	endirmək	[ɛndir'mæk]

| bulldozer (de) | buldozer | [bulʲ'dozɛr] |
| graafmachine (de) | ekskavator | [ɛkska'vator] |

graafbak (de)	təknə	[tæk'næ]
graven (tunnel, enz.)	qazmaq	[gaz'mah]
helm (de)	kaska	[kas'ka]

122. Wetenschap. Onderzoek. Wetenschappers

wetenschap (de)	elm	['ɛlm]
wetenschappelijk (bn)	elmi	[ɛl'mi]
wetenschapper (de)	alim	[a'lim]
theorie (de)	nəzəriyyə	[næzæ'riæ]

axioma (het)	aksioma	[aksi'oma]
analyse (de)	təhlil	[tæh'lil]
analyseren (ww)	təhlil etmək	[tæh'lil ɛt'mæk]
argument (het)	dəlil	[dæ'lil]
substantie (de)	maddə	[mad'dæ]

hypothese (de)	fərziyyə	[færzi'æ]
dilemma (het)	dilemma	[di'lɛmma]
dissertatie (de)	dissertasiya	[dissɛr'tasija]
dogma (het)	doqma	['dogma]

doctrine (de)	doktrina	[dokt'rina]
onderzoek (het)	araşdırma	[araʃdɪr'ma]
onderzoeken (ww)	araşdırmaq	[araʃdɪr'mah]
toetsing (de)	yoxlama	[joxla'ma]
laboratorium (het)	laboratoriya	[labora'torija]

methode (de)	metod	['mɛtod]
molecule (de/het)	molekula	[mo'lɛkula]
monitoring (de)	monitoring	[moni'torinh]
ontdekking (de)	kəşf	['kæʃf]

postulaat (het)	postulat	[postu'lat]
principe (het)	prinsip	['prinsip]
voorspelling (de)	proqnoz	[prog'noz]
een prognose maken	proqnozlaşdırmaq	[prognozlaʃdɪr'mah]

synthese (de)	sintez	['sintɛz]
tendentie (de)	təmayül	[tæma'jul]
theorema (het)	teorema	[tɛo'rɛma]

| leerstellingen (mv.) | nəzəriyyə | [næzæ'riæ] |
| feit (het) | fakt | ['fakt] |

| expeditie (de) | ekspedisiya | [ɛkspɛ'disija] |
| experiment (het) | eksperiment | [ɛkspɛri'mɛnt] |

academicus (de)	akademik	[aka'dɛmik]
bachelor (bijv. BA, LLB)	bakalavr	[baka'lavr]
doctor (de)	doktor	['doktor]
universitair docent (de)	dosent	[do'sɛnt]
master, magister (de)	magistr	[ma'gistr]
professor (de)	professor	[pro'fɛssor]

Beroepen en ambachten

123. Zoeken naar werk. Ontslag

baan (de)	iş	['iʃ]
werknemers (mv.)	ştat	['ʃtat]

carrière (de)	karyera	[kar'jɛra]
vooruitzichten (mv.)	perspektiv	[pɛrspɛk'tiv]
meesterschap (het)	ustalıq	[usta'lıh]

keuze (de)	seçmə	[sɛtʃ'mæ]
uitzendbureau (het)	kadrlar agentliyi	['kadrlar agɛntli'jı]
CV, curriculum vitae (het)	CV	[si'vi]
sollicitatiegesprek (het)	müsahibə	[mysahi'bæ]
vacature (de)	vakansiya	[va'kansija]

salaris (het)	əmək haqqı	[æ'mæk hak'kı]
vaste salaris (het)	maaş	[ma'aʃ]
loon (het)	haqq	['hagh]

betrekking (de)	vəzifə	[væzi'fæ]
taak, plicht (de)	vəzifə	[væzi'fæ]
takenpakket (het)	dairə	[dai'ræ]
bezig (~ zijn)	məşğul	[mæʃ'ɣul]

ontslagen (ww)	azad etmək	[a'zad ɛt'mæk]
ontslag (het)	azad edilmə	[a'zad ɛdil'mæ]

werkloosheid (de)	işsizlik	[iʃsiz'lik]
werkloze (de)	işsiz	[iʃ'siz]
pensioen (het)	təqaüd	[tæga'jud]
met pensioen gaan	təqaüdə çıxmaq	[tægay'dæ tʃıx'mah]

124. Zakenmensen

directeur (de)	direktor	[di'rɛktor]
beheerder (de)	idarə başçısı	[ida'ræ baʃtʃı'sı]
hoofd (het)	rəhbər	[ræh'bær]

baas (de)	müdir	[my'dir]
superieuren (mv.)	rəhbərlik	[ræhbær'lik]
president (de)	prezident	[prɛzi'dɛnt]
voorzitter (de)	sədr	['sædr]

adjunct (de)	müavin	[mya'vin]
assistent (de)	köməkçi	[kømæk'tʃi]
secretaris (de)	katibə	[kʲati'bæ]

persoonlijke assistent (de)	şəxsi katib	[ʃæχ'si ka'tip]
zakenman (de)	biznesmen	['biznɛsmɛn]
ondernemer (de)	sahibkar	[sahib'kˈar]
oprichter (de)	təsisçi	[tæsis'ʧi]
oprichten	təsis etmək	[tæ'sis ɛt'mæk]
(een nieuw bedrijf ~)		

stichter (de)	təsisçi	[tæsis'ʧi]
partner (de)	partnyor	[part'nˈor]
aandeelhouder (de)	səhmdar	[sæhm'dar]

miljonair (de)	milyoner	[miljo'nɛr]
miljardair (de)	milyarder	[miljar'dɛr]
eigenaar (de)	sahib	[sa'hip]
landeigenaar (de)	torpaq sahibi	[tor'pah sahi'bi]

klant (de)	müştəri	[myʃtæ'ri]
vaste klant (de)	daimi müştəri	[dai'mi myʃtæ'ri]
koper (de)	alıcı	[alı'ʤˈı]
bezoeker (de)	ziyarətçi	[zijaræ'ʧi]

professioneel (de)	peşəkar	[pɛʃæ'kar]
expert (de)	ekspert	[ɛks'pɛrt]
specialist (de)	mütəxəssis	[mytæχæs'sis]

| bankier (de) | bank sahibi | ['bank sahi'bi] |
| makelaar (de) | broker | ['brokɛr] |

kassier (de)	kassir	[kas'sir]
boekhouder (de)	mühasib	[myha'sip]
bewaker (de)	mühafizəçi	[myhafizæ'ʧi]

investeerder (de)	investor	[in'vɛstor]
schuldenaar (de)	borclu	[borʤ'ˈlˈu]
crediteur (de)	kreditor	[krɛdi'tor]
lener (de)	borc alan	['borʤ' a'lan]

| importeur (de) | idxalatçı | [idχala'ʧı] |
| exporteur (de) | ixracatçı | [iχradʒˈa'ʧı] |

producent (de)	istehsalçı	[istɛhsal'ʧı]
distributeur (de)	distribütor	[distri'bytor]
bemiddelaar (de)	vasitəçi	[vasitæ'ʧi]

adviseur, consulent (de)	məsləhətçi	[mæslæhæ'ʧi]
vertegenwoordiger (de)	təmsilçi	[tæmsil'ʧi]
agent (de)	agent	[a'gɛnt]
verzekeringsagent (de)	sığorta agenti	[sıɣor'ta agɛn'ti]

125. Dienstverlenende beroepen

kok (de)	aşpaz	[aʃ'paz]
chef-kok (de)	baş aşpaz	['baʃ aʃ'paz]
bakker (de)	çörəkçi	['ʧœræk'ʧi]

barman (de)	barmen	['barmɛn]
kelner, ober (de)	ofisiant	[ofisi'ant]
serveerster (de)	ofisiant qız	[ofisi'ant 'gız]
advocaat (de)	vəkil	[væ'kil]
jurist (de)	hüquqşünas	[hygukʃy'nas]
notaris (de)	notarius	[no'tarius]
elektricien (de)	montyor	[mon'tʲor]
loodgieter (de)	santexnik	[san'tɛχnik]
timmerman (de)	dülgər	[dylʲ'gær]
masseur (de)	masajçı	[masaʒ'ʧı]
masseuse (de)	masajçı qadın	[masaʒ'ʧı ga'dın]
dokter, arts (de)	həkim	[hæ'kim]
taxichauffeur (de)	taksi sürücüsü	[tak'si syryʤy'sy]
chauffeur (de)	sürücü	[syry'ʤy]
koerier (de)	kuryer	[ku'rjɛr]
kamermeisje (het)	otaq qulluqçusu	[o'tah gullʲugʧu'su]
bewaker (de)	mühafizəçi	[myhafizæ'ʧi]
stewardess (de)	stüardessa	[styar'dɛssa]
meester (de)	müəllim	[myæl'lim]
bibliothecaris (de)	kitabxanaçı	[kitapχana'ʧı]
vertaler (de)	tərcüməçi	[tærʤymæ'ʧi]
tolk (de)	tərcüməçi	[tærʤymæ'ʧi]
gids (de)	bələdçi	[bælæd'ʧi]
kapper (de)	bərbər	[bær'bær]
postbode (de)	poçtalyon	[poʧta'lʲon]
verkoper (de)	satıcı	[satı'ʤı]
tuinman (de)	bağban	[ba'ɣban]
huisbediende (de)	nökər	[nø'kær]
dienstmeisje (het)	ev qulluqçusu	['ɛv qullʲugʧu'su]
schoonmaakster (de)	xadimə	[χadi'mæ]

126. Militaire beroepen en rangen

soldaat (rang)	sıravi	[sıra'vi]
sergeant (de)	çavuş	[ʧa'vuʃ]
luitenant (de)	leytenant	[lɛjtɛ'nant]
kapitein (de)	kapitan	[kapi'tan]
majoor (de)	mayor	[ma'jor]
kolonel (de)	polkovnik	[pol'kovnik]
generaal (de)	general	[gɛnɛ'ral]
maarschalk (de)	marşal	['marʃal]
admiraal (de)	admiral	[admi'ral]
militair (de)	hərbiçi	[hærbi'ʧi]
soldaat (de)	əsgər	[æs'gær]

| officier (de) | zabit | [za'bit] |
| commandant (de) | komandir | [koman'dir] |

grenswachter (de)	sərhəd keşikçisi	[sær'hæd kɛʃiktʃi'si]
marconist (de)	radist	[ra'dist]
verkenner (de)	kəşfiyyatçı	[kæʃfia'tʃɪ]
sappeur (de)	istehkamçı	[istɛhkam'tʃɪ]
schutter (de)	atıcı	[atɪ'dʒɪ]
stuurman (de)	şturman	['ʃturman]

127. Ambtenaren. Priesters

| koning (de) | kral | ['kral] |
| koningin (de) | kraliçə | [kra'litʃæ] |

| prins (de) | şahzadə | [ʃahza'dæ] |
| prinses (de) | şahzadə xanım | [ʃahza'dæ χa'nɪm] |

| tsaar (de) | çar | ['tʃar] |
| tsarina (de) | çariçə | [tʃa'ritʃæ] |

president (de)	prezident	[prɛzi'dɛnt]
minister (de)	nazir	[na'zir]
eerste minister (de)	baş nazir	['baʃ na'zir]
senator (de)	senator	[sɛ'nator]

diplomaat (de)	diplomat	[diplo'mat]
consul (de)	konsul	['konsul]
ambassadeur (de)	səfir	[sæ'fir]
adviseur (de)	müşavir	[myʃa'vir]

ambtenaar (de)	məmur	[mæ'mur]
prefect (de)	prefekt	[prɛ'fɛkt]
burgemeester (de)	şəhər icra hakimiyyətinin başçısı	[ʃæ'hær idʒ'ra hakimiæti'nin baʃtʃɪ'sɪ]

| rechter (de) | hakim | [ha'kim] |
| aanklager (de) | prokuror | [proku'ror] |

missionaris (de)	missioner	[missio'nɛr]
monnik (de)	rahib	[ra'hip]
abt (de)	abbat	[ab'bat]
rabbi, rabbijn (de)	ravvin	['ravvin]

vizier (de)	vəzir	[væ'zir]
sjah (de)	şax	['ʃaχ]
sjeik (de)	şeyx	['ʃɛjχ]

128. Agrarische beroepen

| imker (de) | arıçı | [arɪ'tʃɪ] |
| herder (de) | çoban | [tʃo'ban] |

landbouwkundige (de)	aqronom	[agro'nom]
veehouder (de)	heyvandar	[hɛjvan'dar]
dierenarts (de)	baytar	[baj'tar]

landbouwer (de)	fermer	['fɛrmɛr]
wijnmaker (de)	şərabçı	[ʃærap'ʧı]
zoöloog (de)	zooloq	[zo'oloh]
cowboy (de)	kovboy	[kov'boj]

129. Kunst beroepen

| acteur (de) | aktyor | [ak'tʲor] |
| actrice (de) | aktrisa | [akt'risa] |

| zanger (de) | müğənni | [myɣæn'ni] |
| zangeres (de) | müğənni qadın | [myɣæn'ni ga'dın] |

| danser (de) | rəqqas | [ræk'kas] |
| danseres (de) | rəqqasə | [rækka'sæ] |

| artiest (mann.) | artist | [ar'tist] |
| artiest (vrouw.) | artist qadın | [ar'tist ga'dın] |

muzikant (de)	musiqiçi	[musigi'ʧi]
pianist (de)	pianoçu	[pi'anoʧu]
gitarist (de)	qitara çalan	[gi'tara ʧa'lan]

orkestdirigent (de)	dirijor	[diri'ʒor]
componist (de)	bəstəkar	[bæstæ'kar]
impresario (de)	impresario	[imprɛ'sario]

filmregisseur (de)	rejissor	[rɛʒis'sor]
filmproducent (de)	prodüser	[pro'dysɛr]
scenarioschrijver (de)	ssenarist	[ssɛna'rist]
criticus (de)	tənqidçi	[tængid'ʧi]

schrijver (de)	yazıçı	[jazı'ʧı]
dichter (de)	şair	[ʃa'ir]
beeldhouwer (de)	heykəltəraş	[hɛjkæltæ'raʃ]
kunstenaar (de)	rəssam	[ræs'sam]

jongleur (de)	jonqlyor	[ʒong'lʲor]
clown (de)	təlxək	[tæl'χæk]
acrobaat (de)	canbaz	[dʒʲan'baz]
goochelaar (de)	fokus göstərən	['fokus gøstæ'ræn]

130. Verschillende beroepen

dokter, arts (de)	həkim	[hæ'kim]
ziekenzuster (de)	tibb bacısı	['tibp badʒʲı'sı]
psychiater (de)	psixiatr	[psiχi'atr]
tandarts (de)	stomatoloq	[stoma'toloh]

chirurg (de)	cərrah	[dʒ'ær'rah]
astronaut (de)	astronavt	[astro'navt]
astronoom (de)	astronom	[astro'nom]

chauffeur (de)	sürücü	[syry'dʒy]
machinist (de)	maşınsürən	[maʃınsy'ræn]
mecanicien (de)	mexanik	[mɛ'χanik]

mijnwerker (de)	qazmaçı	[gazma'tʃı]
arbeider (de)	fəhlə	[fæh'læ]
bankwerker (de)	çilingər	[tʃilin'ɣær]
houtbewerker (de)	xarrat	[χar'rat]
draaier (de)	tornaçı	[torna'tʃı]
bouwvakker (de)	inşaatçı	[inʃaa'tʃı]
lasser (de)	qaynaqçı	[gajnag'tʃı]

professor (de)	professor	[pro'fɛssor]
architect (de)	memar	[mɛ'mar]
historicus (de)	tarixçi	[tariχ'tʃi]
wetenschapper (de)	alim	[a'lim]
fysicus (de)	fizik	['fizik]
scheikundige (de)	kimyaçı	[kimja'tʃı]

archeoloog (de)	arxeoloq	[arχɛ'oloh]
geoloog (de)	qeoloq	[gɛ'oloh]
onderzoeker (de)	tədqiqatçı	[tædgiga'tʃı]

| babysitter (de) | dayə | [da'jæ] |
| leraar, pedagoog (de) | pedaqoq | [pɛda'goh] |

redacteur (de)	redaktor	[rɛ'daktor]
chef-redacteur (de)	baş redaktor	['baʃ rɛ'daktor]
correspondent (de)	müxbir	[myχ'bir]
typiste (de)	makinaçı	[ma'kinatʃı]

designer (de)	dizayner	[di'zajnɛr]
computerexpert (de)	bilgisayar ustası	[bilgisa'jar usta'sı]
programmeur (de)	proqramçı	[program'tʃı]
ingenieur (de)	mühəndis	[myhɛn'dis]

matroos (de)	dənizçi	[dæniz'tʃi]
zeeman (de)	matros	[mat'ros]
redder (de)	xilas edən	[χi'las ɛ'dæn]

brandweerman (de)	yanğınsöndürən	[janɣınsøndy'ræn]
politieagent (de)	polis	[po'lis]
nachtwaker (de)	gözətçi	[gøzæ'tʃi]
detective (de)	xəfiyyə	[χæfi'æ]

douanier (de)	gömrük işçisi	[gøm'ryk iʃtʃi'si]
lijfwacht (de)	şəxsi mühafizəçi	[ʃæχ'si myhafizæ'tʃi]
gevangenisbewaker (de)	nəzarətçi	[næzaræ'tʃi]
inspecteur (de)	inspektor	[in'spɛktor]

| sportman (de) | idmançı | [idman'tʃı] |
| trainer (de) | məşqçi | [mæʃg'tʃi] |

slager, beenhouwer (de)	qəssab	[gæs'sap]
schoenlapper (de)	çəkməçi	[tʃækmæ'tʃi]
handelaar (de)	ticarətçi	[tidʒˈaræ'tʃi]
lader (de)	malyükləyən	[malʲyklæ'jæn]

| kledingstilist (de) | modelçi | [modɛl'tʃi] |
| model (het) | model | [mo'dɛl] |

131. Beroepen. Sociale status

| scholier (de) | məktəbli | [mæktæb'li] |
| student (de) | tələbə | [tælæ'bæ] |

filosoof (de)	fəlsəfəçi	[fælsæfæ'tʃi]
econoom (de)	iqdisadçı	[igtisad'tʃı]
uitvinder (de)	ixtiraçı	[iχtira'tʃı]

werkloze (de)	işsiz	[iʃ'siz]
gepensioneerde (de)	təqaüdçü	[tægayd'tʃu]
spion (de)	casus	[dʒˈa'sus]

gedetineerde (de)	dustaq	[dus'tah]
staker (de)	tətilçi	[tætil'tʃi]
bureaucraat (de)	bürokrat	[byrok'rat]
reiziger (de)	səyahətçi	[sæjahæ'tʃi]

| homoseksueel (de) | homoseksualist | [homosɛksua'list] |
| hacker (computerkraker) | xaker | ['χakɛr] |

bandiet (de)	quldur	[gul'dur]
huurmoordenaar (de)	muzdlu qatil	[muzd'lʲu 'gatil]
drugsverslaafde (de)	narkoman	[narko'man]
drugshandelaar (de)	narkotik alverçisi	[narko'tik alvɛrtʃi'si]
prostituee (de)	fahişə	[fahi'ʃæ]
pooier (de)	qadın alverçisi	[ga'dın alvɛrtʃi'si]

tovenaar (de)	cadugər	[dʒˈadu'gær]
tovenares (de)	cadugər qadın	[dʒˈadu'gær ga'dın]
piraat (de)	dəniz qulduru	[dæ'niz guldu'ru]
slaaf (de)	kölə	[kø'læ]
samoerai (de)	samuray	[samu'raj]
wilde (de)	vəhşi adam	[væh'ʃi a'dam]

Sport

132. Soorten sporten. Sporters

sportman (de)	idmançı	[idman'tʃɪ]
soort sport (de/het)	idman növü	[id'man nø'vy]
basketbal (het)	basketbol	[baskɛt'bol]
basketbalspeler (de)	basketbolçu	[baskɛtbol'tʃu]
baseball (het)	beysbol	[bɛjs'bol]
baseballspeler (de)	beysbolçu	[bɛjsbol'tʃu]
voetbal (het)	futbol	[fut'bol]
voetballer (de)	futbolçu	[futbol'tʃu]
doelman (de)	qapıçı	[gapɪ'tʃɪ]
hockey (het)	xokkey	[χok'kɛj]
hockeyspeler (de)	xokkeyçi	[χokkɛj'tʃi]
volleybal (het)	voleybol	[volɛj'bol]
volleybalspeler (de)	voleybolçu	[volɛjbol'tʃu]
boksen (het)	boks	['boks]
bokser (de)	boksçu	[boks'tʃu]
worstelen (het)	güləş	[gy'læʃ]
worstelaar (de)	güləşçi	[gylæʃ'tʃi]
karate (de)	karate	[kara'tɛ]
karateka (de)	karateçi	[karatɛ'tʃi]
judo (de)	dzyudo	[dʑy'do]
judoka (de)	dzyudoçu	[dʑydo'tʃu]
tennis (het)	tennis	['tɛnnis]
tennisspeler (de)	tennisçi	[tɛnnis'tʃi]
zwemmen (het)	üzmə	[yz'mæ]
zwemmer (de)	üzgüçü	[yzgy'tʃu]
schermen (het)	qılınc oynatma	[gɪ'lɪndʒⁱ ojnat'ma]
schermer (de)	qılınc oynadan	[gɪ'lɪndʒⁱ ojna'dan]
schaak (het)	şaxmat	['ʃaχmat]
schaker (de)	şaxmatçı	['ʃaχmatʃɪ]
alpinisme (het)	alpinizm	[alpi'nizm]
alpinist (de)	alpinist	[alpi'nist]
hardlopen (het)	qaçış	[ga'tʃɪʃ]

renner (de)	qaçıcı	[gatʃı'dʒʲı]
atletiek (de)	yüngül atletika	[jyn'gyl at'lɛtika]
atleet (de)	atlet	[at'lɛt]

| paardensport (de) | atçılıq idmanı | [atʃı'lıh idma'nı] |
| ruiter (de) | at sürən | ['at sy'ræn] |

kunstschaatsen (het)	fiqurlu konki sürmə	[figur'lʲu kon'ki syr'mæ]
kunstschaatser (de)	fiqurist	[figu'rist]
kunstschaatsster (de)	fiqurist qadın	[figu'rist ga'dın]

gewichtheffen (het)	ağır atletika	[a'ɣır at'lɛtika]
autoraces (mv.)	avtomobil yarışları	[avtomo'bil jarıʃla'rı]
coureur (de)	avtomobil yarışçısı	[avtomo'bil jarıʃʧı'sı]

| wielersport (de) | velosiped idmanı | [vɛlosi'pɛd idma'nı] |
| wielrenner (de) | velosiped sürən | [vɛlosi'pɛd sy'ræn] |

verspringen (het)	uzunluğa tullanma	[uzunlʲu'ɣa tullan'ma]
polsstokspringen (het)	çubuqla yüksəyə tullanma	[ʧu'bugla juksæ'jæ tullan'ma]
verspringer (de)	tullanma üzrə idmanşı	[tullan'ma juz'ræ idman'ʧı]

133. Soorten sporten. Diversen

Amerikaans voetbal (het)	Amerika futbolu	[a'mɛrika futbo'lʲu]
badminton (het)	badminton	[badmin'ton]
biatlon (de)	biatlon	[biat'lon]
biljart (het)	bilyard	[bi'ljard]

bobsleeën (het)	bobsley	[bobs'lɛj]
bodybuilding (de)	bodibildinq	[bodi'bildinh]
waterpolo (het)	su polosu	['su 'polosu]
handbal (de)	həndbol	[hænd'bol]
golf (het)	qolf	['golf]

roeisport (de)	avar çəkmə	[a'var ʧæk'mæ]
duiken (het)	dayvinq	['dajvinh]
langlaufen (het)	xizək yarışması	[xi'zæk jarıʃma'sı]
tafeltennis (het)	stolüstü tennis	[stolys'ty 'tɛnnis]

zeilen (het)	yelkənli qayıq idmanı	[ɛlkæn'li ga'jıh idma'nı]
rally (de)	ralli	['ralli]
rugby (het)	reqbi	['rɛgbi]
snowboarden (het)	snoubord	['snoubord]
boogschieten (het)	kamandan oxatma	[kaman'dan oxat'ma]

134. Fitnessruimte

lange halter (de)	ştanq	['ʃtanh]
halters (mv.)	hantel	[han'tɛl]
training machine (de)	trenajor	[trɛna'ʒor]
hometrainer (de)	velotrenajor	[vɛlotrɛna'ʒor]

loopband (de)	qaçış zolağı	[ga'ʧıʃ zola'ɣı]
rekstok (de)	köndələn tir	[køndæ'læn 'tir]
brug (de) gelijke leggers	paralel tirlər	[para'lɛl tir'lær]
paardsprong (de)	at	['at]
mat (de)	həsir	[hæ'sir]

aerobics (de)	aerobika	[aɛ'robika]
yoga (de)	yoqa	['joga]

135. Hockey

hockey (het)	xokkey	[χok'kɛj]
hockeyspeler (de)	xokkeyçi	[χokkɛj'ʧi]
hockey spelen	xokkey oynamaq	[χok'kɛj ojna'mah]
IJs (het)	buz	['buz]

puck (de)	xokkey şaybası	[χok'kɛj ʃajba'sı]
hockeystick (de)	xokkey çubuğu	[χok'kɛj ʧubu'ɣu]
schaatsen (mv.)	konki	[kon'ki]

boarding (de)	kənar	[kæ'nar]
schot (het)	atış	[a'tıʃ]

doelman (de)	qapıçı	[gapı'ʧı]
goal (de)	qol	['gol]
een goal scoren	qol vurmaq	['gol vur'mah]

periode (de)	hissə	[his'sæ]
reservebank (de)	ehtiyat skamyası	[ɛhti'jat skamja'sı]

136. Voetbal

voetbal (het)	futbol	[fut'bol]
voetballer (de)	futbolçu	[futbol'ʧu]
voetbal spelen	futbol oynamaq	[fut'bol ojna'mah]

eredivisie (de)	yüksək liqa	[jyk'sæk 'liga]
voetbalclub (de)	futbol klubu	[fut'bol klʲu'bu]
trainer (de)	məşqçi	[mæʃg'ʧi]
eigenaar (de)	sahib	[sa'hip]

team (het)	komanda	[ko'manda]
aanvoerder (de)	komanda kapitanı	[ko'manda kapita'nı]
speler (de)	oyunçu	[ojun'ʧu]
reservespeler (de)	ehtiyat oyunçusu	[ɛhti'jat ojunʧu'su]

aanvaller (de)	hücumçu	[hyʤ'um'ʧu]
centrale aanvaller (de)	mərkəz hücumçusu	[mær'kæz hyʤʲumʧu'su]
doelpuntmaker (de)	bombardir	[bombar'dir]
verdediger (de)	müdafiəçi	[mydafiæ'ʧi]
middenvelder (de)	yarım müdafiəçi	[ja'rım mydafiæ'ʧi]
match, wedstrijd (de)	matç	['maʧ]

elkaar ontmoeten (ww)	görüşmək	[gøryʃ'mæk]
finale (de)	final	[fi'nal]
halve finale (de)	yarım final	[ja'rım fi'nal]
kampioenschap (het)	çempionat	[tʃɛmpio'nat]

helft (de)	taym	['tajm]
eerste helft (de)	birinci taym	[birin'dʒi 'tajm]
pauze (de)	fasilə	[fasi'læ]

doel (het)	qapı	[ga'pı]
doelman (de)	qapıçı	[gapı'tʃı]
doelpaal (de)	ştanqa	['ʃtanga]
lat (de)	köndələn tir	[køndæ'læn 'tir]
doelnet (het)	tor	['tor]
een goal incasseren	qol buraxmaq	['gol buraχ'mah]

bal (de)	top	['top]
pass (de)	pas	['pas]
schot (het), schop (de)	zərbə	[zær'bæ]
schieten (de bal ~)	zərbə vurmaq	[zær'bæ vur'mah]
vrije schop (directe ~)	cərimə zərbəsi	[dʒæri'mæ zærbæ'si]
hoekschop, corner (de)	küncdən zərbə	[kyndʒ'dæn zær'bæ]

aanval (de)	hücum	[hy'dʒum]
tegenaanval (de)	əks hücum	['æks hy'dʒym]
combinatie (de)	kombinasiya	[kombi'nasija]

scheidsrechter (de)	arbitr	[ar'bitr]
fluiten (ww)	fit vermək	['fit vɛr'mæk]
fluitsignaal (het)	fit	['fit]
overtreding (de)	pozma	[poz'ma]
een overtreding maken	pozmaq	[poz'mah]
uit het veld te sturen	meydançadan xaric etmək	[mɛjdantʃa'dan χa'ridʒ æt'mæk]

gele kaart (de)	sarı kart	[sa'rı 'kart]
rode kaart (de)	qırmızı kart	[gırmı'zı 'kart]
diskwalificatie (de)	iştirakdan məhrum etmə	[iʃtirak'dan mæh'rum ɛt'mæ]
diskwalificeren (ww)	iştirakdan məhrum etmək	[iʃtirak'dan mæh'rum ɛt'mæk]

strafschop, penalty (de)	penalti	[pɛ'nalti]
muur (de)	divar	[di'var]
scoren (ww)	vurmaq	[vur'mah]
goal (de), doelpunt (het)	qol	['gol]
een goal scoren	qol vurmaq	['gol vur'mah]

vervanging (de)	dəyişmə	[dæjiʃ'mæ]
vervangen (ov.ww.)	dəyişmək	[dæiʃ'mæk]
regels (mv.)	qaydalar	[gajda'lar]
tactiek (de)	taktika	['taktika]

stadion (het)	stadion	[stadi'on]
tribune (de)	tribuna	[tri'buna]
fan, supporter (de)	azarkeş	[azar'kɛʃ]
schreeuwen (ww)	çığırmaq	[tʃıγır'mah]
scorebord (het)	lövhə	[løv'hæ]

stand (~ is 3-1)	hesab	[hɛ'sap]
nederlaag (de)	məğlubiyyət	[mæɣlʲubi'æt]
verliezen (ww)	məğlubiyyətə uğramaq	[mæɣlʲubiæ'tæ uɣra'mah]
gelijkspel (het)	heç-heçə oyun	['hɛtʃ hɛ'tʃæ o'jun]
in gelijk spel eindigen	heç-heçə oynamaq	['hɛtʃ hɛ'tʃæ ojna'mah]

overwinning (de)	qələbə	[gælæ'bæ]
overwinnen (ww)	qalib gəlmək	[ga'lip gæl'mæk]
kampioen (de)	çempion	[tʃɛmpi'on]
best (bn)	ən yaxşı	['æn jaχ'ʃı]
feliciteren (ww)	təbrik etmək	[tæb'rik ɛt'mæk]

commentator (de)	şərhçi	[ʃærh'tʃi]
becommentariëren (ww)	şərh etmək	['ʃærh ɛt'mæk]
uitzending (de)	translyasiya	[trans'lʲasija]

137. Alpine skiën

ski's (mv.)	xizək	[χi'zæk]
skiën (ww)	xizək sürmək	[χi'zæk syr'mæk]
skigebied (het)	dağ xizəyi kurortu	[daɣ χizæ'ji kuror'tu]
skilift (de)	qaldırıcı mexanizm	[galdırı'dʒʲı mɛχa'nizm]

skistokken (mv.)	çubuqlar	[tʃubug'lar]
helling (de)	yamac	[ja'madʒʲ]
slalom (de)	slalom	['slalom]

138. Tennis. Golf

golf (het)	qolf	['golf]
golfclub (de)	qolf klubu	['golf klʲu'bu]
golfer (de)	qolf oyunçusu	['golf ojuntʃu'su]

hole (de)	çuxur	[tʃu'χur]
golfclub (de)	qolf çubuğu	['golf tʃubu'ɣu]
trolley (de)	çubuqlar üçün araba	[tʃubug'lar ju'tʃun ara'ba]

tennis (het)	tennis	['tɛnnis]
tennisveld (het)	tennis meydançası	['tɛnnis mɛjdantʃa'sı]
opslag (de)	ötürülmə	[øtyryl'mæ]
serveren, opslaan (ww)	ötürmək	[øtyr'mæk]
racket (het)	raketka	[rakɛt'ka]
net (het)	tor	['tor]
bal (de)	top	['top]

139. Schaken

schaak (het)	şahmat	['ʃahmat]
schaakstukken (mv.)	figurlar	[figur'lar]
schaker (de)	şahmatçı	['ʃahmatʃı]

| schaakbord (het) | şahmat taxtası | ['ʃahmat taχta'sı] |
| schaakstuk (het) | figur | [fi'gur] |

| witte stukken (mv.) | ağlar | [a'ɣlar] |
| zwarte stukken (mv.) | qaralar | [gara'lar] |

pion (de)	piyada	[pija'da]
loper (de)	fil	['fil]
paard (het)	at	['at]
toren (de)	top	['top]
koningin (de)	vəzir	[væ'zir]
koning (de)	kral	['kral]

zet (de)	oyun	[o'jun]
zetten (ww)	oynamaq	[ojna'mah]
opofferen (ww)	qurban vermək	[gur'ban vɛr'mæk]
rokade (de)	rokirovka	[roki'rovka]
schaak (het)	şah	['ʃah]
schaakmat (het)	mat	['mat]

schaakwedstrijd (de)	şahmat turniri	['ʃahmat turni'ri]
grootmeester (de)	qrossmeyster	[gros'mɛjstɛr]
combinatie (de)	kombinasiya	[kombi'nasija]
partij (de)	partiya	['partija]
dammen (de)	dama	[da'ma]

140. Boksen

boksen (het)	boks	['boks]
boksgevecht (het)	döyüş	[dø'juʃ]
bokswedstrijd (de)	döyüş	[dø'juʃ]
ronde (de)	raund	['raund]

| ring (de) | rinq | ['rinh] |
| gong (de) | qonq | ['gonh] |

stoot (de)	zərbə	[zær'bæ]
knock-down (de)	nokdaun	[nok'daun]
knock-out (de)	nokaut	[no'kaut]
knock-out slaan (ww)	nokaut etmək	[no'kaut ɛt'mæk]

| bokshandschoen (de) | boksçu əlcəyi | ['boks ældʒ'æ'jı] |
| referee (de) | referi | ['rɛfɛri] |

lichtgewicht (het)	yüngül çəki	[jyn'gyl tʃæ'ki]
middengewicht (het)	orta çəki	[or'ta tʃæ'ki]
zwaargewicht (het)	ağır çəki	[a'ɣır tʃæ'ki]

141. Sporten. Diversen

| Olympische Spelen (mv.) | **Olimpiya oyunları** | [o'limpija ojunla'rı] |
| winnaar (de) | qalib | [ga'lip] |

overwinnen (ww)	qalib gəlmək	[ga'lip gæl'mæk]
winnen (ww)	udmaq	[ud'mah]
leider (de)	lider	['lidɛr]
leiden (ww)	irəlidə getmək	[iræli'dæ gɛt'mæk]
eerste plaats (de)	birinci yer	[birin'dʒʲi 'ɛr]
tweede plaats (de)	ikinci yer	[ikin'dʒʲi 'ɛr]
derde plaats (de)	üçüncü yer	[ytʃʲun'dʒʲu 'ɛr]
medaille (de)	medal	[mɛ'dal]
trofee (de)	trofey	[tro'fɛj]
beker (de)	kubok	['kubok]
prijs (de)	mükafat	[myka'fat]
hoofdprijs (de)	baş mükafat	['baʃ myka'fat]
record (het)	rekord	[rɛ'kord]
een record breken	rekord qazanmaq	[rɛ'kord gazan'mah]
finale (de)	final	[fi'nal]
finale (bn)	final	[fi'nal]
kampioen (de)	çempion	[tʃɛmpi'on]
kampioenschap (het)	çempionat	[tʃɛmpio'nat]
stadion (het)	stadion	[stadi'on]
tribune (de)	tribuna	[tri'buna]
fan, supporter (de)	azarkeş	[azar'kɛʃ]
tegenstander (de)	rəqib	[ræ'gip]
start (de)	start	['start]
finish (de)	finiş	['finiʃ]
nederlaag (de)	məğlubiyyət	[mæɣlʲubi'æt]
verliezen (ww)	məğlubiyyətə uğramaq	[mæɣlʲubiæ'tæ uɣra'mah]
rechter (de)	hakim	[ha'kim]
jury (de)	jüri	[ʒy'ri]
stand (~ is 3-1)	hesab	[hɛ'sap]
gelijkspel (het)	heç-heçə oyun	['hɛtʃ hɛ'tʃæ o'jun]
in gelijk spel eindigen	heç-heçə oynamaq	['hɛtʃ hɛ'tʃæ ojna'mah]
punt (het)	xal	['χal]
uitslag (de)	nəticə	[næti'dʒʲæ]
pauze (de)	fasilə	[fasi'læ]
doping (de)	dopinq	['dopinh]
straffen (ww)	cərimə etmək	[dʒʲæri'mæ ɛt'mæk]
diskwalificeren (ww)	iştirakdan məhrum etmək	[iʃtirak'dan mæh'rum ɛt'mæk]
toestel (het)	alət	[a'læt]
speer (de)	nizə	[ni'zæ]
kogel (de)	qumbara	[gumba'ra]
bal (de)	şar	['ʃar]
doel (het)	hədəf	[hæ'dæf]
schietkaart (de)	nişan	[ni'ʃan]

| schieten (ww) | ateş açmaq | [a'tæʃ atʃ'mah] |
| precies (bijv. precieze schot) | sərrast | [sær'rast] |

trainer, coach (de)	məşqçi	[mæʃg'tʃi]
trainen (ww)	məşq keçmək	['mæʃh kɛtʃ'mæk]
zich trainen (ww)	məşq etmək	['mæʃh ɛt'mæk]
training (de)	məşq	['mæʃh]

gymnastiekzaal (de)	idman zalı	[id'man za'lı]
oefening (de)	məşğələ	[mæʃɣæ'læ]
opwarming (de)	isinmə hərəkətləri	[isin'mæ hærækætlæ'ri]

Onderwijs

142. School

school (de)	məktəb	[mæk'tæp]
schooldirecteur (de)	məktəb direktoru	[mæk'tæp di'rɛktoru]
leerling (de)	şagird	[ʃa'gird]
leerlinge (de)	şagird qız	[ʃa'gird 'gız]
scholier (de)	məktəbli	[mæktæb'li]
scholiere (de)	məktəbli qız	[mæktæb'li 'gız]
leren (lesgeven)	öyrətmək	[øjræt'mæk]
studeren (bijv. een taal ~)	öyrənmək	[øjræn'mæk]
van buiten leren	əzbər öyrənmək	[æz'bær øjræn'mæk]
leren (bijv. ~ tellen)	öyrənmək	[øjræn'mæk]
in school zijn	oxumaq	[oχu'mah]
(schooljongen zijn)		
naar school gaan	məktəbə getmək	[mæktæ'bæ gɛt'mæk]
alfabet (het)	əlifba	[ælif'ba]
vak (schoolvak)	fənn	['fænn]
klaslokaal (het)	sinif	[si'nif]
les (de)	dərs	['dærs]
pauze (de)	tənəffüs	[tænæf'fys]
bel (de)	zəng	['zænh]
schooltafel (de)	parta	['parta]
schoolbord (het)	yazı taxtası	[ja'zı taχta'sı]
cijfer (het)	qiymət	[gij'mæt]
goed cijfer (het)	yaxşı qiymət	[jaχ'ʃı gij'mæt]
slecht cijfer (het)	pis qiymət	['pis gij'mæt]
een cijfer geven	qiymət yazmaq	[gij'mæt jaz'mah]
fout (de)	səhv	['sæhv]
fouten maken	səhv etmək	['sæhv ɛt'mæk]
corrigeren (fouten ~)	düzəltmək	[dyzælt'mæk]
spiekbriefje (het)	şparqalka	[ʃpar'galka]
huiswerk (het)	ev tapşırığı	['ɛv tapʃırı'χı]
oefening (de)	məşğələ	[mæʃχæ'læ]
aanwezig zijn (ww)	iştirak etmək	[iʃti'rak ɛt'mæk]
absent zijn (ww)	iştirak etməmək	[iʃti'rak 'ɛtmæmæk]
bestraffen (een stout kind ~)	cəzalandırmaq	[dʒʲæzalandır'mah]
bestraffing (de)	cəza	[dʒʲæ'za]
gedrag (het)	əxlaq	[æχ'lah]

125

cijferlijst (de)	gündəlik	[gyndæ'lik]
potlood (het)	karandaş	[karan'daʃ]
gom (de)	pozan	[po'zan]
krijt (het)	təbaşir	[tæba'ʃir]
pennendoos (de)	qələmdan	[gælæm'dan]

boekentas (de)	portfel	[port'fɛl]
pen (de)	qələm	[gæ'læm]
schrift (de)	dəftər	[dæf'tær]
leerboek (het)	dərslik	[dærs'lik]
passer (de)	pərgar	[pær'gʲar]

technisch tekenen (ww)	cızmaq	[dʒʲɪz'mah]
technische tekening (de)	cizgi	[dʒʲiz'gi]

gedicht (het)	şer	['ʃɛr]
van buiten (bw)	əzbərdən	[æzbær'dæn]
van buiten leren	əzbər öyrənmək	[æz'bær øjræn'mæk]

vakantie (de)	tətil	[tæ'til]
met vakantie zijn	tətilə çıxmaq	[tæti'læ ʧɪχ'mah]

toets (schriftelijke ~)	yoxlama işi	[joχla'ma i'ʃi]
opstel (het)	inşa	[in'ʃa]
dictee (het)	imla	[im'la]

examen (het)	imtahan	[imta'han]
examen afleggen	imtahan vermək	[imta'han vɛr'mæk]
experiment (het)	təcrübə	[tædʒʲry'bæ]

143. Hogeschool. Universiteit

academie (de)	akademiya	[aka'dɛmija]
universiteit (de)	universitet	[univɛrsi'tɛt]
faculteit (de)	fakültə	[fakul'tæ]

student (de)	tələbə	[tælæ'bæ]
studente (de)	tələbə qız	[tælæ'bæ 'gɪz]
leraar (de)	müəllim	[myæl'lim]

collegezaal (de)	auditoriya	[audi'torija]
afgestudeerde (de)	məzun	[mæ'zun]

diploma (het)	diplom	[dip'lom]
dissertatie (de)	dissertasiya	[dissɛr'tasija]

onderzoek (het)	tədqiqat	[tædgi'gat]
laboratorium (het)	laboratoriya	[labora'torija]

college (het)	leksiya	['lɛksija]
medestudent (de)	kurs yoldaşı	['kurs jolda'ʃı]

studiebeurs (de)	təqaüd	[tæga'jud]
academische graad (de)	elmi dərəcə	[ɛl'mi dæræ'dʒʲæ]

144. Wetenschappen. Disciplines

wiskunde (de)	riyaziyyat	[riazi'at]
algebra (de)	cəbr	['dʒ'æbr]
meetkunde (de)	həndəsə	[hændæ'sæ]
astronomie (de)	astronomiya	[astro'nomija]
biologie (de)	biologiya	[bio'logija]
geografie (de)	coğrafiya	[dʒ'o'ɣrafija]
geologie (de)	qeoloqiya	[gɛo'logija]
geschiedenis (de)	tarix	[ta'riχ]
geneeskunde (de)	təbabət	[tæba'bæt]
pedagogiek (de)	pedaqoqika	[pɛda'gogika]
rechten (mv.)	hüquq	[hy'guh]
fysica, natuurkunde (de)	fizika	['fizika]
scheikunde (de)	kimya	['kimja]
filosofie (de)	fəlsəfə	[fælsæ'fæ]
psychologie (de)	psixoloqiya	[psiχo'logija]

145. Schrift. Spelling

grammatica (de)	qrammatika	[gram'matika]
vocabulaire (het)	leksika	['lɛksika]
fonetiek (de)	fonetika	[fo'nɛtika]
zelfstandig naamwoord (het)	isim	['isim]
bijvoeglijk naamwoord (het)	sifət	[si'fæt]
werkwoord (het)	fel	['fɛl]
bijwoord (het)	zərf	['zærf]
voornaamwoord (het)	əvəzlik	[ævæz'lik]
tussenwerpsel (het)	nida	[ni'da]
voorzetsel (het)	önlük	[øn'lyk]
stam (de)	sözün kökü	[sø'zyn kø'ky]
achtervoegsel (het)	sonluq	[son'lʲuh]
voorvoegsel (het)	önşəkilçi	[ønʃækil'tʃi]
lettergreep (de)	heca	[hɛ'dʒ'a]
achtervoegsel (het)	şəkilçi	[ʃækil'tʃi]
nadruk (de)	vurğu	[vur'ɣu]
afkappingsteken (het)	apostrof	[apost'rof]
punt (de)	nöqtə	[nøg'tæ]
komma (de/het)	verqül	[vɛr'gyl]
puntkomma (de)	nöqtəli verqül	[nøgtæ'li vɛr'gyl]
dubbelpunt (de)	iki nöqtə	[i'ki nøg'tæ]
beletselteken (het)	nöqtələr	[nøgtæ'lær]
vraagteken (het)	sual işarəsi	[su'al iʃaræ'si]
uitroepteken (het)	nida işarəsi	[ni'da iʃaræ'si]

Dutch	Azerbeidzjaans	Pronunciation
aanhalingstekens (mv.)	dırnaq	[dır'nah]
tussen aanhalingstekens (bw)	dırnaq arası	[dır'nah ara'sı]
haakjes (mv.)	mötərizə	[møtæri'zæ]
tussen haakjes (bw)	mötərizədə	[møtærizæ'dæ]
streepje (het)	defis	[dɛ'fis]
gedachtestreepje (het)	tire	[ti'rɛ]
spatie (~ tussen twee woorden)	ara	[a'ra]
letter (de)	hərf	['hærf]
hoofdletter (de)	böyük hərf	[bø'juk 'hærf]
klinker (de)	sait səs	[sa'it 'sæs]
medeklinker (de)	samit səs	[sa'mit 'sæs]
zin (de)	cümlə	[dʒym'læ]
onderwerp (het)	mübtəda	[myptæ'da]
gezegde (het)	xəbər	[χæ'bær]
regel (in een tekst)	sətir	[sæ'tir]
op een nieuwe regel (bw)	yeni sətirdən	[ɛ'ni sætir'dæn]
alinea (de)	abzas	['abzas]
woord (het)	söz	['søz]
woordgroep (de)	söz birləşməsi	[søz birlæʃmæ'si]
uitdrukking (de)	ifadə	[ifa'dæ]
synoniem (het)	sinonim	[si'nonim]
antoniem (het)	antonim	[an'tonim]
regel (de)	qayda	[gaj'da]
uitzondering (de)	istisna	[istis'na]
correct (bijv. ~e spelling)	düzgün	[dyz'gyn]
vervoeging, conjugatie (de)	təsrif	[tæs'rif]
verbuiging, declinatie (de)	hallanma	[hallan'ma]
naamval (de)	hal	['hal]
vraag (de)	sual	[su'al]
onderstrepen (ww)	altından xətt çəkmək	[altın'dan 'χætt tʃæk'mæk]
stippellijn (de)	punktir	[punk'tir]

146. Vreemde talen

Dutch	Azerbeidzjaans	Pronunciation
taal (de)	dil	['dil]
vreemde taal (de)	xarici dil	[χari'dʒi dil]
leren (bijv. van buiten ~)	öyrənmək	[øjræn'mæk]
studeren (Nederlands ~)	öyrənmək	[øjræn'mæk]
lezen (ww)	oxumaq	[oχu'mah]
spreken (ww)	danışmaq	[danıʃ'mah]
begrijpen (ww)	başa düşmək	[ba'ʃa dyʃ'mæk]
schrijven (ww)	yazmaq	[jaz'mah]
snel (bw)	cəld	['dʒæld]
langzaam (bw)	yavaş	[ja'vaʃ]

vloeiend (bw)	sərbəst	[sær'bæst]
regels (mv.)	qaydalar	[gajda'lar]
grammatica (de)	qrammatika	[gram'matika]
vocabulaire (het)	leksika	['lɛksika]
fonetiek (de)	fonetika	[fo'nɛtika]

leerboek (het)	dərslik	[dærs'lik]
woordenboek (het)	lüğət	[ly'ɣæt]
leerboek (het) voor zelfstudie	rəhbər	[ræh'bær]
taalgids (de)	danışıq kitabı	[danɪ'ʃɪh kita'bɪ]

cassette (de)	kasset	[kas'sɛt]
videocassette (de)	video kasset	['vidɛo kas'sɛt]
CD (de)	SD diski	[si'di dis'ki]
DVD (de)	DVD	[divi'di]

alfabet (het)	əlifba	[ælif'ba]
spellen (ww)	hərf-hərf danışmaq	['hærf 'hærf danɪʃ'mah]
uitspraak (de)	tələffüz	[tælæf'fyz]

accent (het)	aksent	[ak'sɛnt]
met een accent (bw)	aksentlə danışmaq	[ak'sɛntlæ danɪʃ'mah]
zonder accent (bw)	aksentsiz danışmaq	[aksɛn'tsiz danɪʃ'mah]

| woord (het) | söz | ['søz] |
| betekenis (de) | məna | [mæ'na] |

cursus (de)	kurslar	[kurs'lar]
zich inschrijven (ww)	yazılmaq	[jazɪl'mah]
leraar (de)	müəllim	[myæl'lim]

vertaling (een ~ maken)	tərcümə	[tærdʒy'mæ]
vertaling (tekst)	tərcümə	[tærdʒy'mæ]
vertaler (de)	tərcüməçi	[tærdʒymæ'tʃi]
tolk (de)	tərcüməçi	[tærdʒymæ'tʃi]

| polyglot (de) | poliqlot | [polig'lot] |
| geheugen (het) | yaddaş | [jad'daʃ] |

147. Sprookjesfiguren

| Sinterklaas (de) | Santa Klaus | ['santa 'klaus] |
| zeemeermin (de) | su pərisi | ['su pæri'si] |

magiër, tovenaar (de)	sehrbaz	[sɛhr'baz]
goede heks (de)	sehrbaz qadın	[sɛhr'baz ga'dın]
magisch (bn)	sehrli	[sɛhr'li]
toverstokje (het)	sehrli çubuq	[sɛhr'li tʃu'buh]

sprookje (het)	nağıl	[na'ɣıl]
wonder (het)	möcüzə	[mødʒy'zæ]
dwerg (de)	qnom	['gnom]
veranderen in ...	... dönmək	[... døn'mæk]
(anders worden)		

geest (de)	qarabasma	[garabas'ma]
spook (het)	kabus	[ka'bus]
monster (het)	div	['div]
draak (de)	əjdaha	[æʒda'ha]
reus (de)	nəhənk	[næ'hænk]

148. Dierenriem

Ram (de)	Qoç	['gotʃ]
Stier (de)	Buğa	[bu'ɣa]
Tweelingen (mv.)	Əkizlər	[ækiz'lær]
Kreeft (de)	Xərçənk	[χær'tʃænk]
Leeuw (de)	Şir	['ʃir]
Maagd (de)	Qız	['gɪz]

Weegschaal (de)	Tərəzi	[tæræ'zi]
Schorpioen (de)	Əqrəb	[æg'ræp]
Boogschutter (de)	Oxatan	[oχa'tan]
Steenbok (de)	Oğlağ	[o'ɣlaɣ]
Waterman (de)	Dolça	[dol'tʃa]
Vissen (mv.)	Balıqlar	[balɪg'lar]

karakter (het)	xasiyyət	[χasi'æt]
karaktertrekken (mv.)	xasiyyətin cizgiləri	[χasiæ'tin dʒⁱizgilæ'ri]
gedrag (het)	əxlaq	[æχ'lah]
waarzeggen (ww)	fala baxmaq	[fa'la baχ'mah]
waarzegster (de)	falçı	[fal'tʃɪ]
horoscoop (de)	ulduz falı	[ul'duz fa'lɪ]

Kunst

149. Theater

theater (het)	teatr	[tɛ'atr]
opera (de)	opera	['opɛra]
operette (de)	operetta	[opɛ'rɛtta]
ballet (het)	balet	[ba'lɛt]
affiche (de/het)	afişa	[a'fiʃa]
theatergezelschap (het)	truppa	['truppa]
tournee (de)	qastrol səfəri	[gast'rol sæfæ'ri]
op tournee zijn	qastrol səfərinə çıxmaq	[gast'rol sæfæri'næ ʧɪχ'mah]
repeteren (ww)	məşq etmək	['mæʃh ɛt'mæk]
repetitie (de)	məşq	['mæʃh]
repertoire (het)	repertuar	[rɛpɛrtu'ar]
voorstelling (de)	oyun	[o'jun]
spektakel (het)	teatr tamaşası	[tɛ'atr tamaʃa'sɪ]
toneelstuk (het)	pyes	['pjɛs]
biljet (het)	bilet	[bi'lɛt]
kassa (de)	bilet kassası	[bi'lɛt 'kassasɪ]
foyer (de)	xoll	['χoll]
garderobe (de)	qarderob	[gardɛ'rop]
garderobe nummer (het)	nömrə	[nøm'ræ]
verrekijker (de)	binokl	[bi'nokl]
plaatsaanwijzer (de)	nəzarətçi	[næzaræ'ʧi]
parterre (de)	parter	[par'tɛr]
balkon (het)	balkon	[bal'kon]
gouden rang (de)	beletaj	[bɛlæ'taʒ]
loge (de)	loja	['loʒa]
rij (de)	sıra	[sɪ'ra]
plaats (de)	yer	['ɛr]
publiek (het)	tamaşaçılar	[tamaʃaʧɪ'lar]
kijker (de)	tamaşaçı	[tamaʃa'ʧɪ]
klappen (ww)	əl çalmaq	['æl ʧal'mah]
applaus (het)	alqışlar	[algɪʃ'lar]
ovatie (de)	sürəkli alqışlar	[syrɛk'li algɪʃ'lar]
toneel (op het ~ staan)	səhnə	[sæh'næ]
gordijn, doek (het)	pərdə	[pær'dæ]
toneeldecor (het)	dekorasiya	[dɛko'rasija]
backstage (de)	səhnə arxası	[sæh'næ arχa'sɪ]
scène (de)	səhnə	[sæh'næ]
bedrijf (het)	akt	['akt]
pauze (de)	antrakt	[ant'rakt]

150. Bioscoop

acteur (de)	aktyor	[ak'tˈor]
actrice (de)	aktrisa	[akt'risa]
bioscoop (de)	kino	[ki'no]
speelfilm (de)	kino	[ki'no]
aflevering (de)	seriya	['sɛrija]
detectivefilm (de)	detektiv	[dɛtɛk'tiv]
actiefilm (de)	savaş filmi	[sa'vaʃ fil'mi]
avonturenfilm (de)	macəra filmi	[madʒʲæ'ra fil'mi]
sciencefictionfilm (de)	fantastik film	[fantas'tik 'film]
griezelfilm (de)	vahimə filmi	[vahi'mæ fil'mi]
komedie (de)	kino komediyası	[ki'no ko'mɛdijası]
melodrama (het)	melodram	[mɛlod'ram]
drama (het)	dram	['dram]
speelfilm (de)	bədii film	[bædi'i 'film]
documentaire (de)	sənədli film	[sænæd'li 'film]
tekenfilm (de)	cizgi filmi	[dʒiz'gi fil'mi]
stomme film (de)	səssiz film	[sæs'siz 'film]
rol (de)	rol	['rol]
hoofdrol (de)	baş rol	['baʃ 'rol]
spelen (ww)	oynamaq	[ojna'mah]
filmster (de)	kino ulduzu	[ki'no uldu'zu]
bekend (bn)	məşhur	[mæʃ'hur]
beroemd (bn)	məşhur	[mæʃ'hur]
populair (bn)	populyar	[popu'lʲar]
scenario (het)	ssenari	[ssɛ'nari]
scenarioschrijver (de)	ssenarist	[ssɛna'rist]
regisseur (de)	rejissor	[rɛʒis'sor]
filmproducent (de)	prodüser	[pro'dysɛr]
assistent (de)	köməkçi	[kømæk'ʧi]
cameraman (de)	operator	[opɛ'rator]
stuntman (de)	kaskadyor	[kaskad'jor]
een film maken	film çəkmək	['film ʧæk'mæk]
auditie (de)	sınaqlar	[sınag'lar]
opnamen (mv.)	çəkiliş	[ʧæki'liʃ]
filmploeg (de)	çəkiliş qrupu	[ʧæki'liʃ gru'pu]
filmset (de)	çəkiliş meydançası	[ʧæki'liʃ mɛjdanʧa'sı]
filmcamera (de)	kino kamerası	[ki'no 'kamɛrası]
bioscoop (de)	kinoteatr	[kinotɛ'atr]
scherm (het)	ekran	[ɛk'ran]
een film vertonen	film göstərmək	['film gøstær'mæk]
geluidsspoor (de)	səs zolağı	['sæs zola'ɣı]
speciale effecten (mv.)	xüsusi effektlər	[χysu'si ɛffɛkt'lær]
ondertiteling (de)	subtitrlər	[sub'titrlær]

| voortiteling, aftiteling (de) | titrlər | ['titrlær] |
| vertaling (de) | tərcümə | [tærdʒy'mæ] |

151. Schilderij

kunst (de)	incəsənət	[indʒ'æsæ'næt]
schone kunsten (mv.)	incə sənətlər	[in'dʒ'æ sænæt'lær]
kunstgalerie (de)	qalereya	[galɛ'rɛja]
kunsttentoonstelling (de)	rəsm sərgisi	['ræsm særgi'si]

schilderkunst (de)	rəssamlıq	[ræssam'lıh]
grafiek (de)	qrafika	['grafika]
abstracte kunst (de)	abstraksionizm	[abstraksio'nizm]
impressionisme (het)	impressionizm	[imprɛssio'nizm]

schilderij (het)	rəsm	['ræsm]
tekening (de)	şəkil	[ʃæ'kil]
poster (de)	plakat	[pla'kat]

illustratie (de)	şəkil	[ʃæ'kil]
miniatuur (de)	miniatür	[minia'tyr]
kopie (de)	surət	[su'ræt]
reproductie (de)	reproduksiya	[rɛpro'duksija]

mozaïek (het)	mozaika	[mo'zaika]
gebrandschilderd glas (het)	vitraj	[vit'raʒ]
fresco (het)	freska	['frɛska]
gravure (de)	qravüra	[gra'vyra]

buste (de)	büst	['byst]
beeldhouwwerk (het)	heykəl	[hɛj'kæl]
beeld (bronzen ~)	heykəl	[hɛj'kæl]
gips (het)	qips	['gips]
gipsen (bn)	qipsdən	[gips'dæn]

portret (het)	portret	[port'rɛt]
zelfportret (het)	avtoportret	[avtoport'rɛt]
landschap (het)	mənzərə	[mænzæ'ræ]
stilleven (het)	natürmort	[natyr'mort]
karikatuur (de)	karikatura	[karika'tura]
schets (de)	eskiz	[ɛs'kiz]

verf (de)	boya	[bo'ja]
aquarel (de)	akvarel	[akva'rɛl]
olieverf (de)	yağ	['jaɣ]
potlood (het)	karandaş	[karan'daʃ]
Oostindische inkt (de)	tuş	['tuʃ]
houtskool (de)	kömür	[kø'myr]

| tekenen (met krijt) | çəkmək | [tʃæk'mæk] |
| schilderen (ww) | çəkmək | [tʃæk'mæk] |

| poseren (ww) | poza almaq | ['poza al'mah] |
| naaktmodel (man) | canlı model | [dʒ'an'lı mo'dɛl] |

133

naaktmodel (vrouw)	canlı model olan qadın	[dʒan'lı mo'dɛl o'lan ga'dın]
kunstenaar (de)	ressam	[ræs'sam]
kunstwerk (het)	eser	[æ'sær]
meesterwerk (het)	şah eser	['ʃah æ'sær]
studio, werkruimte (de)	emalatxana	[ɛmalatχa'na]

schildersdoek (het)	qalın ketan	[ga'lın kæ'tan]
schildersezel (de)	molbert	[mol'bɛrt]
palet (het)	palitra	[pa'litra]

lijst (een vergulde ~)	çərçivə	[tʃærtʃi'væ]
restauratie (de)	berpa etme	[bær'pa ɛt'mæ]
restaureren (ww)	berpa etmek	[bær'pa ɛt'mæk]

152. Literatuur & Poëzie

literatuur (de)	edebiyyat	[ædæbi'at]
auteur (de)	müellif	[myæl'lif]
pseudoniem (het)	texellüs	[tæχæl'lys]

boek (het)	kitab	[ki'tap]
boekdeel (het)	cild	['dʒild]
inhoudsopgave (de)	münderıcat	[myndɛri'dʒæt]
pagina (de)	sehife	[sæhi'fæ]
hoofdpersoon (de)	baş qehreman	['baʃ gæhræ'man]
handtekening (de)	avtoqraf	[av'tograf]

verhaal (het)	hekaye	[hɛka'jæ]
novelle (de)	povest	['povɛst]
roman (de)	roman	[ro'man]
werk (literatuur)	eser	[æ'sær]
fabel (de)	temsil	[tæm'sil]
detectiveroman (de)	detektiv	[dɛtɛk'tiv]

gedicht (het)	şer	['ʃɛr]
poëzie (de)	poeziya	[po'ɛzija]
epos (het)	poema	[po'ɛma]
dichter (de)	şair	[ʃa'ir]

fictie (de)	belletristika	[bɛllɛt'ristika]
sciencefiction (de)	elmi fantastika	[ɛl'mi fan'tastika]
avonturenroman (de)	maceralar	[madʒæra'lar]
opvoedkundige literatuur (de)	ders edebiyyatı	['dærs ædæbia'tı]
kinderliteratuur (de)	uşaq edebiyyatı	[u'ʃah ædæbia'tı]

153. Circus

circus (de/het)	sirk	['sirk]
chapiteau circus (de/het)	seyyar sirk	[sæ'jar 'sirk]
programma (het)	proqram	[prog'ram]
voorstelling (de)	tamaşa	[tama'ʃa]
nummer (circus ~)	nömre	[nøm'ræ]

arena (de)	səhnə	[sæh'næ]
pantomime (de)	pantomima	[panto'mima]
clown (de)	təlxək	[tæl'χæk]

acrobaat (de)	canbaz	[dʒʲan'baz]
acrobatiek (de)	canbazlıq	[dʒʲanbaz'lıh]
gymnast (de)	gimnast	[gim'nast]
gymnastiek (de)	gimnastika	[gim'nastika]
salto (de)	salto	['salto]

sterke man (de)	atlet	[at'lɛt]
temmer (de)	heyvan təlimçisi	[hɛj'van tælimtʃi'si]
ruiter (de)	at sürən	['at sy'ræn]
assistent (de)	kömәkçi	[kømæk'tʃi]

stunt (de)	kəndirbaz hoqqası	[kændir'baz hokka'sı]
goocheltruc (de)	fokus	['fokus]
goochelaar (de)	fokus göstərən	['fokus gøstæ'ræn]

jongleur (de)	jonqlyor	[ʒong'lʲor]
jongleren (ww)	jonqlyorluq etmәk	[ʒonglʲor'lʲuh ɛt'mæk]
dierentrainer (de)	heyvan təlimçisi	[hɛj'van tælimtʃi'si]
dressuur (de)	heyvan təlimi	[hɛj'van tæli'mi]
dresseren (ww)	heyvanı təlim etmәk	[hɛjva'nı tæ'lim æt'mæk]

154. Muziek. Popmuziek

muziek (de)	musiqi	[musi'gi]
muzikant (de)	musiqiçi	[musigi'tʃi]
muziekinstrument (het)	musiqi aləti	[musi'gi alæ'ti]
spelen (bijv. gitaar ~)	... çalmaq	[... tʃal'mah]

gitaar (de)	qitara	[gita'ra]
viool (de)	skripka	[sk'ripka]
cello (de)	violonçel	[violon'tʃɛl]
contrabas (de)	kontrabas	[kontra'bas]
harp (de)	arfa	['arfa]

piano (de)	piano	[pi'ano]
vleugel (de)	royal	[ro'jal]
orgel (het)	orqan	[or'gan]

blaasinstrumenten (mv.)	nəfəs alətləri	[næ'fæs alætlæ'ri]
hobo (de)	qoboy	[go'boj]
saxofoon (de)	saksofon	[sakso'fon]
klarinet (de)	klarnet	[klar'nɛt]
fluit (de)	fleyta	['flɛjta]
trompet (de)	truba	[tru'ba]

| accordeon (de/het) | akkordeon | [akkordɛ'on] |
| trommel (de) | təbil | [tæ'bil] |

| duet (het) | duet | [du'ɛt] |
| trio (het) | trio | ['trio] |

kwartet (het)	**kvartet**	[kvar'tɛt]
koor (het)	**xor**	['xor]
orkest (het)	**orkestr**	[or'kɛstr]

popmuziek (de)	**pop musiqisi**	['pop musigi'si]
rockmuziek (de)	**rok musiqisi**	['rok musigi'si]
rockgroep (de)	**rok qrupu**	['rok gru'pu]
jazz (de)	**caz**	['dʒʲaz]

idool (het)	**büt**	['byt]
bewonderaar (de)	**pərəstişkar**	[pæræstiʃkʲar]

concert (het)	**konsert**	[kon'sɛrt]
symfonie (de)	**simfoniya**	[sim'fonija]
compositie (de)	**əsər**	[æ'sær]
componeren (muziek ~)	**yaratmaq**	[jarat'mah]

zang (de)	**oxuma**	[oxu'ma]
lied (het)	**mahnı**	[mah'nı]
melodie (de)	**melodiya**	[mɛ'lodija]
ritme (het)	**ritm**	['ritm]
blues (de)	**blüz**	['blyz]

bladmuziek (de)	**notlar**	[not'lar]
dirigeerstok (baton)	**çubuq**	[tʃu'buh]
strijkstok (de)	**kaman**	[ka'man]
snaar (de)	**sim**	['sim]
koffer (de)	**qab**	['gap]

Rusten. Entertainment. Reizen

155. Trip. Reizen

toerisme (het)	turizm	[tu'rizm]
toerist (de)	turist	[tu'rist]
reis (de)	səyahət	[sæja'hæt]
avontuur (het)	macəra	[madʒ'æ'ra]
tocht (de)	səfər	[sæ'fær]
vakantie (de)	məzuniyyət	[mæzuni'æt]
met vakantie zijn	məzuniyyətdə olmaq	[mæzuniæt'dæ ol'mah]
rust (de)	istirahət	[istira'hæt]
trein (de)	qatar	[ga'tar]
met de trein	qatarla	[ga'tarla]
vliegtuig (het)	təyyarə	[tæja'ræ]
met het vliegtuig	təyyarə ilə	[tæja'ræ i'læ]
met de auto	maşınla	[ma'ʃɪnla]
per schip (bw)	gəmidə	[gæmi'dæ]
bagage (de)	baqaj	[ba'gaʒ]
valies (de)	çamadan	[ʧama'dan]
bagagekarretje (het)	baqaj üçün araba	[ba'gaʒ ju'ʧun ara'ba]
paspoort (het)	pasport	['pasport]
visum (het)	viza	['viza]
kaartje (het)	bilet	[bi'lɛt]
vliegticket (het)	təyyarə bileti	[tæja'ræ bilɛ'ti]
reisgids (de)	soraq kitabçası	[so'rah kitabʧa'sɪ]
kaart (de)	xəritə	[χæri'tæ]
gebied (landelijk ~)	yer	['ɛr]
plaats (de)	yer	['ɛr]
exotische bestemming (de)	ekzotika	[ɛk'zotika]
exotisch (bn)	ekzotik	[ɛkzo'tik]
verwonderlijk (bn)	təəccüb doğuran	[taæ'dʒyp doɣu'ran]
groep (de)	qrup	['grup]
rondleiding (de)	ekskursiya	[ɛks'kursija]
gids (de)	ekskursiya rəhbəri	[ɛks'kursija ræhbæ'ri]

156. Hotel

hotel (het)	mehmanxana	[mɛhmanχa'na]
motel (het)	motel	[mo'tɛl]
3-sterren	3 ulduzlu	['juʧ ulduz'ɫu]

| 5-sterren | 5 ulduzlu | ['bɛʃ ulduz'lʲu] |
| overnachten (ww) | qalmaq | [gal'mah] |

kamer (de)	nömrə	[nøm'ræ]
eenpersoonskamer (de)	bir nəfərlik nömrə	['bir næfær'lik nøm'ræ]
tweepersoonskamer (de)	iki nəfərlik nömrə	[i'ki næfær'lik nøm'ræ]
een kamer reserveren	nömrə təxsis etmək	[nøm'ræ tæχ'sis ɛt'mæk]

| halfpension (het) | yarım pansion | [ja'rım pansi'on] |
| volpension (het) | tam pansion | ['tam pansi'on] |

met badkamer	vannası olan nömrə	[vanna'sı o'lan nøm'ræ]
met douche	duşu olan nömrə	[du'ʃu o'lan nøm'ræ]
satelliet-tv (de)	peyk televiziyası	['pɛjk tɛlɛ'vizijası]
airconditioner (de)	kondisioner	[kondisio'nɛr]
handdoek (de)	dəsmal	[dæs'mal]
sleutel (de)	açar	[a'ʧar]

administrateur (de)	müdir	[my'dir]
kamermeisje (het)	otaq qulluqçusu	[o'tah gullʲugʧu'su]
piccolo (de)	yükdaşıyan	[jykdaʃı'jan]
portier (de)	qapıçı	[gapı'ʧı]

restaurant (het)	restoran	[rɛsto'ran]
bar (de)	bar	['bar]
ontbijt (het)	səhər yeməyi	[sæ'hær ɛmɛ'jı]
avondeten (het)	axşam yeməyi	[aχ'ʃam ɛmɛ'jı]
buffet (het)	İsveç masası	[is'vɛʧ masa'sı]

| hal (de) | vestibül | [vɛsti'byl] |
| lift (de) | lift | ['lift] |

| NIET STOREN | NARAHAT ETMƏYİN! | [nara'hat 'ɛtmæjın] |
| VERBODEN TE ROKEN! | SİQARET ÇƏKMƏYİN! | [siga'rɛt 'ʧækmæjın] |

157. Boeken. Lezen

boek (het)	kitab	[ki'tap]
auteur (de)	müəllif	[myæl'lif]
schrijver (de)	yazıçı	[jazı'ʧı]
schrijven (een boek)	yazmaq	[jaz'mah]

lezer (de)	oxucu	[oχu'dʒʲu]
lezen (ww)	oxumaq	[oχu'mah]
lezen (het)	oxuma	[oχu'ma]

| stil (~ lezen) | ürəyində | [yræjın'dæ] |
| hardop (~ lezen) | ucadan | [udʒʲa'dan] |

uitgeven (boek ~)	nəşr etmək	['næʃr ɛt'mæk]
uitgeven (het)	nəşr	['næʃr]
uitgever (de)	naşir	[na'ʃir]
uitgeverij (de)	nəşriyyət	[næʃri'æt]
verschijnen (bijv. boek)	çıxmaq	[ʧıχ'mah]

| verschijnen (het) | kitabın çıxması | [kita'bın ʧıxma'sı] |
| oplage (de) | tiraj | [ti'raʒ] |

| boekhandel (de) | kitab mağazası | [ki'tap ma'ɣazası] |
| bibliotheek (de) | kitabxana | [kitapχa'na] |

novelle (de)	povest	['povɛst]
verhaal (het)	hekayə	[hɛka'jæ]
roman (de)	roman	[ro'man]
detectiveroman (de)	detektiv	[dɛtɛk'tiv]

memoires (mv.)	xatirələr	[χatiræ'lær]
legende (de)	əfsanə	[æfsa'næ]
mythe (de)	əsatir	[æsa'tir]

gedichten (mv.)	şer	['ʃɛr]
autobiografie (de)	tərcümeyi-hal	[tærdʒy'mɛi 'hal]
bloemlezing (de)	seçilmiş əsərlər	[sɛʧil'miʃ æsær'lær]
sciencefiction (de)	elmi fantastika	[ɛl'mi fan'tastika]

naam (de)	ad	['ad]
inleiding (de)	giriş	[gi'riʃ]
voorblad (het)	titul vərəqi	['titul væræ'gi]

hoofdstuk (het)	fəsil	[fæ'sil]
fragment (het)	parça	[par'ʧa]
episode (de)	epizod	[ɛpi'zod]

intrige (de)	süjet	[sy'ʒɛt]
inhoud (de)	mündəricat	[myndɛri'dʒiæt]
inhoudsopgave (de)	mündəricat	[myndɛri'dʒiæt]
hoofdpersonage (het)	baş qəhrəman	['baʃ gæhræ'man]

boekdeel (het)	cild	['dʒild]
omslag (de/het)	üz	['yz]
boekband (de)	cild	['dʒild]
bladwijzer (de)	əlfəcin	[ælfæ'dʒin]

pagina (de)	səhifə	[sæhi'fæ]
bladeren (ww)	vərəqləmək	[væræglæ'mæk]
marges (mv.)	kənarlar	[kænar'lar]
annotatie (de)	nişan	[ni'ʃan]
opmerking (de)	qeyd	['gɛjd]

tekst (de)	mətn	['mætn]
lettertype (het)	şrift	['ʃrift]
drukfout (de)	səhv	['sæhv]

vertaling (de)	tərcümə	[tærdʒy'mæ]
vertalen (ww)	tərcümə etmək	[tærdʒy'mæ ɛt'mæk]
origineel (het)	əsil	[æ'sil]

beroemd (bn)	məşhur	[mæʃ'hur]
onbekend (bn)	naməlum	[namæ'lʲum]
interessant (bn)	maraqlı	[marag'lı]
bestseller (de)	bestseller	[bɛs'tsɛlɛr]

139

woordenboek (het)	lüğet	[ly'ɣæt]
leerboek (het)	dərs kitabı	['dærs kita'bı]
encyclopedie (de)	ensiklopediya	[ɛnsiklo'pɛdija]

158. Jacht. Vissen

jacht (de)	ov	['ov]
jagen (ww)	ova çıxmaq	[o'va ʧɪχ'mah]
jager (de)	ovçu	[ov'ʧu]

schieten (ww)	atəş açmaq	[a'tæʃ aʧ'mah]
geweer (het)	tüfəng	[ty'fænh]
patroon (de)	patron	[pat'ron]
hagel (de)	qırma	[gır'ma]

val (de)	tələ	[tæ'læ]
valstrik (de)	tələ	[tæ'læ]
een val zetten	tələ qurmaq	[tæ'læ gur'mah]
stroper (de)	brakonyer	[brako'njɛr]
wild (het)	ov quşları və heyvanları	['ov guʃla'rı 'væ hɛjvanla'rı]
jachthond (de)	ov iti	['ov i'ti]
safari (de)	safari	[sa'fari]
opgezet dier (het)	müqəvva	[mygæv'va]

visser (de)	balıqçı	[balıg'ʧı]
visvangst (de)	balıq ovu	[ba'lıh o'vu]
vissen (ww)	balıq tutmaq	[ba'lıh tut'mah]
hengel (de)	tilov	[ti'lov]
vislijn (de)	tilov ipi	[ti'lov i'pi]
haak (de)	qarmaq	[gar'mah]
dobber (de)	qaravul	[gara'vul]
aas (het)	tələ yemi	[tæ'læ ɛ'mi]

de hengel uitwerpen	tilov atmaq	[ti'lov at'mah]
bijten (ov. de vissen)	tilova gəlmək	[tilo'va gæl'mæk]
vangst (de)	ovlanmış balıq	[ovlan'mıʃ ba'lıh]
wak (het)	buzda açılmış deşik	[buz'da aʧıl'mıʃ dɛ'ʃik]

net (het)	tor	['tor]
boot (de)	qayıq	[ga'jıh]
vissen met netten	torla balıq tutmaq	['torla ba'lıh tut'mak]
het net uitwerpen	toru suya atmaq	[to'ru su'ja at'mah]
het net binnenhalen	toru çıxarmaq	[to'ru ʧıxar'mah]

walvisvangst (de)	balina ovçusu	[ba'lina ovʧu'su]
walvisvaarder (de)	balina ovlayan gəmi	[ba'lina ovla'jan gæ'mi]
harpoen (de)	iri qarmaq	[i'ri gar'mah]

159. Spellen. Biljart

| biljart (het) | bilyard | [bi'ljard] |
| biljartzaal (de) | bilyard salonu | [bi'ljard salo'nu] |

biljartbal (de)	bilyard şarı	[bi'ljard ʃa'rı]
een bal in het gat jagen	şarı luzaya salmaq	[ʃa'rı 'lʲuzaja sal'mah]
keu (de)	kiy	['kij]
gat (het)	luza	['lʲuza]

160. Spellen. Speelkaarten

ruiten (mv.)	kərpicxallı kart	[kærpidʒʲχal'lı 'kart]
schoppen (mv.)	qaratoxmaq	[garatoχ'mah]
klaveren (mv.)	qırmızı toxmaq	[gırmı'zı toχ'mah]
harten (mv.)	xaç xallı	['χatʃ χal'lı]
aas (de)	tuz	['tuz]
koning (de)	kral	['kral]
dame (de)	xanım	[χa'nım]
boer (de)	valet	[va'lɛt]
speelkaart (de)	kart	['kart]
kaarten (mv.)	kart	['kart]
troef (de)	kozır	['kozır]
pak (het) kaarten	bir dəst kart	['bir 'dæst 'kart]
uitdelen (kaarten ~)	kart paylamaq	['kart pajla'mah]
schudden (de kaarten ~)	kart qarışdırmaq	['kart garıʃdır'mah]
beurt (de)	oyun	[o'jun]
valsspeler (de)	kart fırıldaqçısı	['kart fırıldagtʃı'sı]

161. Casino. Roulette

casino (het)	kazino	[kazi'no]
roulette (de)	ruletka	[ru'lɛtka]
inzet (de)	ortaya qoyulan pul	[orta'ja goju'lan 'pul]
een bod doen	ortaya pul qoymaq	[orta'ja 'pul goj'mah]
rood (de)	qırmızı	[gırmı'zı]
zwart (de)	qara	[ga'ra]
inzetten op rood	qırmızıya pul qoymaq	[gırmızı'ja 'pul goj'mah]
inzetten op zwart	qaraya pul qoymaq	[gara'ja 'pul goj'mah]
croupier (de)	krupye	[kru'pjɛ]
de cilinder draaien	barabanı fırlatmaq	[baraba'nı fırlat'mah]
spelregels (mv.)	oyun qaydaları	[o'jun gajdala'rı]
fiche (pokerfiche, etc.)	fişka	['fiʃka]
winnen (ww)	udmaq	[ud'mah]
winst (de)	uduş	[u'duʃ]
verliezen (ww)	məğlubiyyətə uğramaq	[mæɣlʲubiæ'tæ uɣra'mah]
verlies (het)	məğlubiyyət	[mæɣlʲubi'æt]
speler (de)	oyunçu	[ojun'tʃu]
blackjack (kaartspel)	blek cek	['blæk 'dʒʲɛk]

| dobbelspel (het) | zər oyunu | ['zær oju'nu] |
| speelautomaat (de) | oyun avtomatı | [o'jun avtoma'tı] |

162. Rusten. Spellen. Diversen

wandelen (on.ww.)	gəzmək	[gæz'mæk]
wandeling (de)	gəzinti	[gæzin'ti]
trip (per auto)	gəzinti	[gæzin'ti]
avontuur (het)	macəra	[madʒ'æ'ra]
picknick (de)	piknik	[pik'nik]

spel (het)	oyun	[o'jun]
speler (de)	oyunçu	[ojun'tʃu]
partij (de)	hissə	[his'sæ]

collectioneur (de)	kolleksiyaçı	[kol'lɛksijatʃı]
collectioneren (ww)	kolleksiya toplamaq	[kol'lɛksija toplamah]
collectie (de)	kolleksiya	[kol'lɛksija]

kruiswoordraadsel (het)	krossvord	[kross'vord]
hippodroom (de)	cıdır meydanı	[dʒı'dır mɛjda'nı]
discotheek (de)	diskoteka	[disko'tɛka]

| sauna (de) | sauna | ['sauna] |
| loterij (de) | lotereya | [lotɛ'rɛja] |

trektocht (kampeertocht)	yürüş	[jy'ryʃ]
kamp (het)	düşərgə	[dyʃær'gæ]
tent (de)	çadır	[tʃa'dır]
kompas (het)	kompas	['kompas]
rugzaktoerist (de)	turist	[tu'rist]

bekijken (een film ~)	baxmaq	[bax'mah]
kijker (televisie~)	televiziya tamaşaçısı	[tɛlɛ'vizija tamaʃatʃı'sı]
televisie-uitzending (de)	televiziya verilişi	[tɛlɛ'vizija vɛrili'ʃi]

163. Fotografie

| fotocamera (de) | fotoaparat | [fotoapa'rat] |
| foto (de) | fotoqrafiya | [foto'grafija] |

fotograaf (de)	fotoqrafçı	[fotograf'tʃı]
fotostudio (de)	fotostudiya	[foto'studija]
fotoalbum (het)	fotoalbom	[fotoal'bom]

lens (de), objectief (het)	obyektiv	[objɛk'tiv]
telelens (de)	teleobyektiv	[tɛlɛobjɛk'tiv]
filter (de/het)	filtr	['filtr]
lens (de)	linza	['linza]

| optiek (de) | optika | ['optika] |
| diafragma (het) | diafraqma | [diaf'ragma] |

belichtingstijd (de)	obyektivin açıq qalma müddəti	[objɛkti'vin a'tʃıh gal'ma myddæ'ti]
zoeker (de)	vizir	[vi'zir]

digitale camera (de)	rəqəm kamerası	[ræ'gæm 'kamɛrası]
statief (het)	üçayaq	[ytʃa'jah]
flits (de)	işartı	[iʃar'tı]

fotograferen (ww)	fotoşəkil çəkmək	[fotoʃæ'kil tʃæk'mæk]
kieken (foto's maken)	foto çəkmək	['foto tʃæk'mæk]
zich laten fotograferen	fotoşəkil çəkdirmək	[fotoʃæ'kil tʃækdir'mæk]

focus (de)	aydınlıq	[ajdın'lıh]
scherpstellen (ww)	aydınlığa yönəltmək	[ajdınlı'ɣa jonælt'mæk]
scherp (bn)	aydın	[aj'dın]
scherpte (de)	aydınlıq	[ajdın'lıh]

contrast (het)	təzad	[tæ'zad]
contrastrijk (bn)	təzadlı	[tæzad'lı]

kiekje (het)	fotoşəkil	[fotoʃæ'kil]
negatief (het)	neqativ	[nɛga'tiv]
filmpje (het)	fotolent	[foto'lɛnt]
beeld (frame)	kadr	['kadr]
afdrukken (foto's ~)	şəkil çıxartmaq	[ʃæ'kil tʃıχart'mah]

164. Strand. Zwemmen

strand (het)	plyaj	['plʲaʒ]
zand (het)	qum	['gum]
leeg (~ strand)	adamsız	[adam'sız]

bruine kleur (de)	gündən qaralma	[gyn'dæn garal'ma]
zonnebaden (ww)	qaralmaq	[garal'mah]
gebruind (bn)	gündən qaralmış	[gyn'dæn garal'mıʃ]
zonnecrème (de)	qaralma kremi	[garal'ma krɛ'mi]

bikini (de)	bikini	[bi'kini]
badpak (het)	çimmə paltarı	[tʃim'mæ palta'rı]
zwembroek (de)	üzgüçü tumanı	[yzgy'tʃu tuma'nı]

zwembad (het)	hovuz	[ho'vuz]
zwemmen (ww)	üzmək	[yz'mæk]
douche (de)	duş	['duʃ]
zich omkleden (ww)	əynini dəyişmək	[æjni'ni dæiʃ'mæk]
handdoek (de)	dəsmal	[dæs'mal]

boot (de)	qayıq	[ga'jıh]
motorboot (de)	kater	['katɛr]

waterski's (mv.)	su xizəyi	['su χizæ'jı]
waterfiets (de)	su velosipedi	['su vɛlosipɛ'di]
surfen (het)	serfinq	['sɛrfinh]
surfer (de)	serfinq idmançısı	['sɛrfinh idmantʃı'sı]

scuba, aqualong (de)	akvalanq	[akva'lanh]
zwemvliezen (mv.)	lastlar	[last'lar]
duikmasker (het)	maska	[mas'ka]
duiker (de)	dalğıc	[dal'ɣɪdʒi]
duiken (ww)	dalmaq	[dal'mah]
onder water (bw)	suyun altında	[su'jun altɪn'da]
parasol (de)	çətir	[tʃæ'tir]
ligstoel (de)	şezlonq	[ʃɛz'lonh]
zonnebril (de)	eynək	[ɛj'næk]
luchtmatras (de/het)	üzmək üçün döşək	[yz'mæk ju'tʃun dø'ʃæk]
spelen (ww)	oynamaq	[ojna'mah]
gaan zwemmen (ww)	çimmək	[tʃim'mæk]
bal (de)	top	['top]
opblazen (oppompen)	doldurmak	[doldur'mag]
lucht-, opblaasbare (bn)	hava ilə doldurulan	[ha'va i'læ dolduru'lan]
golf (hoge ~)	dalğa	[dal'ɣa]
boei (de)	siqnal üzgəci	[sig'nal juzgæ'dʒi]
verdrinken (ww)	boğulub batmaq	[boɣu'lʲup bat'mah]
redden (ww)	xilas etmək	[xi'las ɛt'mæk]
reddingsvest (de)	xilas edici jilet	[xi'las ædi'dʒi ʒi'lɛt]
waarnemen (ww)	müşaidə etmək	[myʃai'dæ ɛt'mæk]
redder (de)	xilas edən	[xi'las ɛ'dæn]

TECHNISCHE APPARATUUR. VERVOER

Technische apparatuur

165. Computer

computer (de)	bilgisayar	[bilgisa'jar]
laptop (de)	noutbuk	['noutbuk]
aanzetten (ww)	işə salmaq	[i'ʃæ sal'mah]
uitzetten (ww)	söndürmək	[søndyr'mæk]
toetsenbord (het)	klaviatura	[klavia'tura]
toets (enter~)	dil	['dil]
muis (de)	bilgisayar siçanı	[bilgisa'jar sitʃa'nı]
muismat (de)	altlıq	[alt'lıh]
knopje (het)	düymə	[dyj'mæ]
cursor (de)	kursor	[kur'sor]
monitor (de)	monitor	[moni'tor]
scherm (het)	ekran	[ɛk'ran]
harde schijf (de)	sərt disk	['sært 'disk]
volume (het)	sərt diskin həcmi	['sært dis'kin hædʒ'mi]
van de harde schijf		
geheugen (het)	yaddaş	[jad'daʃ]
RAM-geheugen (het)	operativ yaddaş	[opɛra'tiv jad'daʃ]
bestand (het)	fayl	['fajl]
folder (de)	qovluq	[gov'lʲuh]
openen (ww)	açmaq	[atʃ'mah]
sluiten (ww)	bağlamaq	[baɣla'mah]
opslaan (ww)	saxlamaq	[saχla'mah]
verwijderen (wissen)	silmək	[sil'mæk]
kopiëren (ww)	kopyalamaq	[kopjala'mah]
sorteren (ww)	çeşidləmək	[tʃɛʃidlæ'mæk]
overplaatsen (ww)	yenidən yazmaq	[ɛni'dæn jaz'mah]
programma (het)	proqram	[prog'ram]
software (de)	proqram təminatı	[prog'ram tæmina'tı]
programmeur (de)	proqramçı	[program'tʃı]
programmeren (ww)	proqramlaşdırmaq	[programlaʃdır'mah]
hacker (computerkraker)	xaker	['χakɛr]
wachtwoord (het)	parol	[pa'rol]
virus (het)	virus	['virus]
ontdekken (virus ~)	aşkar etmək	[aʃ'kʲar ɛt'mæk]

| byte (de) | bayt | ['bajt] |
| megabyte (de) | meqabayt | [mɛga'bajt] |

| data (de) | məlumatlar | [mælʲumat'lar] |
| databank (de) | məlumatlar bazası | [mælʲumat'lar 'bazası] |

kabel (USB-~, enz.)	kabel	['kabɛl]
afsluiten (ww)	ayırmaq	[ajır'mah]
aansluiten op (ww)	qoşmaq	[goʃ'mah]

166. Internet. E-mail

internet (het)	internet	[intɛr'nɛt]
browser (de)	brauzer	['brauzɛr]
zoekmachine (de)	axtarış mənbəyi	[axta'rıʃ mænbæ'i]
internetprovider (de)	provayder	[provaj'dɛr]

webmaster (de)	veb ustası	['vɛp usta'sı]
website (de)	veb-sayt	['vɛp 'sajt]
webpagina (de)	veb-səhifə	['vɛp sæi'fæ]

| adres (het) | ünvan | [yn'van] |
| adresboek (het) | ünvan kitabı | [yn'van kita'bı] |

| postvak (het) | poçt qutusu | ['poʧt gutu'su] |
| post (de) | poçt | ['poʧt] |

bericht (het)	ismarıc	[isma'rıʤʲ]
verzender (de)	göndərən	[gøndæ'ræn]
verzenden (ww)	göndərmək	[gøndær'mæk]
verzending (de)	göndərilmə	[gøndæril'mæ]

| ontvanger (de) | alan | [a'lan] |
| ontvangen (ww) | almaq | [al'mah] |

| correspondentie (de) | məktublaşma | [mæktublaʃ'ma] |
| corresponderen (met ...) | məktublaşmaq | [mæktublaʃ'mah] |

bestand (het)	fayl	['fajl]
downloaden (ww)	kopyalamaq	[kopjala'mah]
creëren (ww)	yaratmaq	[jarat'mah]
verwijderen (een bestand ~)	silmək	[sil'mæk]
verwijderd (bn)	silinmiş	[silin'miʃ]

verbinding (de)	bağlantı	[baɣlan'tı]
snelheid (de)	surət	[su'ræt]
modem (de)	modem	[mo'dɛm]
toegang (de)	yol	['jol]
poort (de)	giriş	[gi'riʃ]

aansluiting (de)	qoşulma	[goʃul'ma]
zich aansluiten (ww)	qoşulmaq	[goʃul'mah]
selecteren (ww)	seçmək	[sɛʧ'mæk]
zoeken (ww)	axtarmaq	[axtar'mah]

167. Elektriciteit

elektriciteit (de)	elektrik	[ɛlɛkt'rik]
elektrisch (bn)	elektrik	[ɛlɛkt'rik]
elektriciteitscentrale (de)	elektrik stansiyası	[ɛlɛkt'rik 'stansijası]
energie (de)	enerji	[ɛnɛr'ʒi]
elektrisch vermogen (het)	elektrik enerjisi	[ɛlɛkt'rik ɛnɛrʒi'si]
lamp (de)	lampa	[lam'pa]
zaklamp (de)	əl fənəri	['æl fænæ'ri]
straatlantaarn (de)	küçə fənəri	[ky'tʃæ fænæ'ri]
licht (elektriciteit)	işıq	[i'ʃıh]
aandoen (ww)	qoşmaq	[goʃ'mah]
uitdoen (ww)	söndürmək	[søndyr'mæk]
het licht uitdoen	işığı söndürmək	[iʃi'ɣı søndyr'mæk]
doorbranden (gloeilamp)	yanmaq	[jan'mah]
kortsluiting (de)	qısa qapanma	[gı'sa gapan'ma]
onderbreking (de)	qırılma	[gırıl'ma]
contact (het)	birləşmə	[birlæʃ'mæ]
schakelaar (de)	elektrik açarı	[ɛlɛkt'rik atʃa'rı]
stopcontact (het)	rozetka	[rozɛt'ka]
stekker (de)	ştepsel	[ʃ'tɛpsɛl]
verlengsnoer (de)	uzadıcı	[uzadı'dʒʲı]
zekering (de)	qoruyucu	[goruy'dʒy]
kabel (de)	məftil	[mæf'til]
bedrading (de)	şəbəkə	[ʃæbæ'kæ]
ampère (de)	amper	[am'pɛr]
stroomsterkte (de)	cərəyən gücü	[dʒʲæræ'jæn gy'dʒy]
volt (de)	volt	['volt]
spanning (de)	gərginlik	[gærgin'lik]
elektrisch toestel (het)	elektrik cihaz	[ɛlɛkt'rik dʒʲi'haz]
indicator (de)	indikator	[indi'kator]
elektricien (de)	elektrik	[ɛ'lɛktrik]
solderen (ww)	lehimləmək	[lɛhimlæ'mæk]
soldeerbout (de)	lehim aləti	[lɛ'him alæ'ti]
stroom (de)	cərəyan	[dʒʲæræ'jæn]

168. Gereedschappen

werktuig (stuk gereedschap)	alət	[a'læt]
gereedschap (het)	alətlər	[alæt'lær]
uitrusting (de)	avadanlıq	[avadan'lıh]
hamer (de)	çəkic	[tʃæ'kidʒʲ]
schroevendraaier (de)	vintaçan	[vinta'tʃan]
bijl (de)	balta	[bal'ta]

zaag (de)	mişar	[mi'ʃar]
zagen (ww)	mişarlamaq	[miʃarla'mah]
schaaf (de)	rəndə	[rən'dæ]
schaven (ww)	rəndələmək	[rændælæ'mæk]
soldeerbout (de)	lehim aləti	[lɛ'him alæ'ti]
solderen (ww)	lehimləmək	[lɛhimlæ'mæk]

vijl (de)	suvand	[su'vand]
nijptang (de)	kəlbətin	[kælbæ'tin]
combinatietang (de)	yastıağız kəlbətin	[jastıa'ɣız kælbæ'tin]
beitel (de)	iskənə	[iskæ'næ]

boorkop (de)	burğu	[bur'ɣu]
boormachine (de)	burğu	[bur'ɣu]
boren (ww)	deşmək	[dɛʃ'mæk]

mes (het)	bıçaq	[bı'tʃah]
lemmet (het)	uc	['udʒi]

scherp (bijv. ~ mes)	iti	[i'ti]
bot (bn)	küt	['kyt]
bot raken (ww)	kütləşmək	[kytlæʃ'mæk]
slijpen (een mes ~)	itiləmək	[itilæ'mæk]

bout (de)	bolt	['bolt]
moer (de)	qayka	[gaj'ka]
schroefdraad (de)	yiv	['jıv]
houtschroef (de)	şurup	[ʃu'rup]

nagel (de)	mismar	[mis'mar]
kop (de)	baş	['baʃ]

liniaal (de/het)	xətkeş	[χæt'kɛʃ]
rolmeter (de)	ölçü lenti	[øl'tʃu lɛn'ti]
waterpas (de/het)	səviyyə ölçən cihaz	[sævi'æ øl'tʃæn dʒi'haz]
loep (de)	zərrəbin	[zærræ'bin]

meetinstrument (het)	ölçü cihazı	[øl'tʃu dʒiiha'zı]
opmeten (ww)	ölçmək	[øltʃ'mæk]
schaal (meetschaal)	şkala	[ʃka'la]
gegevens (mv.)	göstərici	[gøstɛri'dʒi]

compressor (de)	kompressor	[kom'prɛssor]
microscoop (de)	mikroskop	[mikro'skop]

pomp (de)	nasos	[na'sos]
robot (de)	robot	[ro'bot]
laser (de)	lazer	['lazɛr]

moersleutel (de)	qayka açarı	[gaj'ka atʃa'rı]
plakband (de)	lent-skoç	['lɛnt 'skotʃ]
lijm (de)	yapışqan	[japıʃ'gan]

schuurpapier (het)	sumbata kağızı	[sumba'ta kaɣı'zı]
veer (de)	yay	['jaj]
magneet (de)	maqnit	[mag'nit]

handschoenen (mv.)	əlçək	[æl'dʒæk]
touw (bijv. henneptouw)	kəndir	[kæn'dir]
snoer (het)	ip	['ip]
draad (de)	məftil	[mæf'til]
kabel (de)	kabel	['kabɛl]
moker (de)	ağır çəkic	[a'ɣɪr t͡ʃæ'kidʒ]
breekijzer (het)	link	['link]
ladder (de)	nərdivan	[nærdi'van]
trapje (inklapbaar ~)	əl nərdivanı	['æl nærdiva'nɪ]
aanschroeven (ww)	bərkitmək	[bærkit'mæk]
losschroeven (ww)	açmaq	[atʃ'mah]
dichtpersen (ww)	sıxmaq	[sɪχ'mah]
vastlijmen (ww)	yapışdırmaq	[japɪʃdɪr'mah]
snijden (ww)	kəsmək	[kæs'mæk]
defect (het)	nasazlıq	[nasaz'lɪh]
reparatie (de)	təmir	[tæ'mir]
repareren (ww)	təmir etmək	[tæ'mir ɛt'mæk]
regelen (een machine ~)	sazlamaq	[sazla'mah]
nakijken (ww)	yoxlamaq	[joχla'mah]
controle (de)	yoxlanış	[joχla'nɪʃ]
gegevens (mv.)	saygac göstəricisi	[saj'ɣadʒ gøstɛridʒ'i'si]
degelijk (bijv. ~ machine)	etibarlı	[ɛtibar'lɪ]
ingewikkeld (bn)	mürəkkəb	[myræk'kæp]
roesten (ww)	paslanmaq	[paslan'mah]
roestig (bn)	paslı	[pas'lɪ]
roest (de/het)	pas	['pas]

Vervoer

169. Vliegtuig

vliegtuig (het)	təyyarə	[tæja'ræ]
vliegticket (het)	təyyarə bileti	[tæja'ræ bilɛ'ti]
luchtvaartmaatschappij (de)	hava yolu şirkəti	[ha'va joˈlʲu ʃirkæ'ti]
luchthaven (de)	hava limanı	[ha'va lima'nı]
supersonisch (bn)	səsdən sürətli	[sæs'dæn syræt'li]

gezagvoerder (de)	hava gəmisinin komandiri	[ha'va gæmisi'nin komandi'ri]
bemanning (de)	heyyət	[hɛ'jæt]
piloot (de)	pilot	[pi'lot]
stewardess (de)	stüardessa	[styar'dɛssa]
stuurman (de)	şturman	['ʃturman]

vleugels (mv.)	qanadlar	[ganad'lar]
staart (de)	arxa	[ar'χa]
cabine (de)	kabina	[ka'bina]
motor (de)	mühərrik	[myhær'rik]
landingsgestel (het)	şassi	[ʃas'si]
turbine (de)	turbina	[tur'bina]

propeller (de)	propeller	[pro'pɛllɛr]
zwarte doos (de)	qara qutu	[ga'ra gu'tu]
stuur (het)	sükan çarxı	[sy'kʲan ʧar'χı]
brandstof (de)	yanacaq	[jana'ʤʲah]

veiligheidskaart (de)	təlimat	[tæli'mat]
zuurstofmasker (het)	oksigen maskası	[oksi'gɛn maska'sı]
uniform (het)	rəsmi paltar	[ræs'mi pal'tar]

reddingsvest (de)	xilas edici jilet	[χi'las ædi'ʤʲi ʒi'lɛt]
parachute (de)	paraşüt	[para'ʃyt]

opstijgen (het)	havaya qalxma	[hava'ja galχ'ma]
opstijgen (ww)	havaya qalxmaq	[hava'ja galχ'mah]
startbaan (de)	qalxma-enmə zolağı	[galχ'ma ɛn'mæ zola'ɣı]

zicht (het)	görünmə dərəcəsi	[gøryn'mæ dæræʤʲæ'si]
vlucht (de)	uçuş	[u'ʧuʃ]

hoogte (de)	hündürlük	[hyndyr'lyk]
luchtzak (de)	hava boşluğu	[ha'va boʃlʲu'ɣu]

plaats (de)	yer	['ɛr]
koptelefoon (de)	qulaqlıqlar	[gulaglıg'lar]
tafeltje (het)	qatlanan masa	[gatla'nan ma'sa]
venster (het)	illüminator	[illymi'nator]
gangpad (het)	keçid	[kɛ'ʧid]

170. Trein

trein (de)	qatar	[ga'tar]
elektrische trein (de)	elektrik qatarı	[ɛlɛkt'rik gata'rı]
sneltrein (de)	sürət qatarı	[sy'ræt gata'rı]
diesellocomotief (de)	teplovoz	[tɛplo'voz]
locomotief (de)	parovoz	[paro'voz]

rijtuig (het)	vaqon	[va'gon]
restauratierijtuig (het)	vaqon-restoran	[va'gon rɛsto'ran]

rails (mv.)	relslər	[rɛls'lær]
spoorweg (de)	dəmiryolu	[dæmirjo'lʲu]
dwarsligger (de)	şpal	['ʃpal]

perron (het)	platforma	[plat'forma]
spoor (het)	yol	['jol]
semafoor (de)	semafor	[sɛma'for]
halte (bijv. kleine treinhalte)	stansiya	['stansija]

machinist (de)	maşınsürən	[maʃınsy'ræn]
kruier (de)	yükdaşıyan	[jykdaʃı'jan]
conducteur (de)	bələdçi	[bælæd'ʧi]
passagier (de)	sərnişin	[særni'ʃin]
controleur (de)	nəzarətçi	[næzaræ'ʧi]

gang (in een trein)	dəhliz	[dæh'liz]
noodrem (de)	stop-kran	['stop 'kran]

coupé (de)	kupe	[ku'pɛ]
bed (slaapplaats)	yataq yeri	[ja'tah ɛ'ri]
bovenste bed (het)	yuxarı yer	[juχa'rı 'ɛr]
onderste bed (het)	aşağı yer	[aʃa'ɣı 'ɛr]
beddengoed (het)	yataq dəyişəyi	[ja'tah dæiʃæ'ji]

kaartje (het)	bilet	[bi'lɛt]
dienstregeling (de)	cədvəl	[ʤʲæd'væl]
informatiebord (het)	lövhə	[løv'hæ]

vertrekken (De trein vertrekt ...)	yola düşmək	[jo'la dyʃ'mæk]
vertrek (ov. een trein)	yola düşmə	[jo'la dyʃ'mæ]

aankomen (ov. de treinen)	gəlmək	[gæl'mæk]
aankomst (de)	gəlmə	[gæl'mæ]

aankomen per trein	qatarla gəlmək	[ga'tarla gæl'mæk]
in de trein stappen	qatara minmək	[gata'ra min'mæk]
uit de trein stappen	qatardan düşmək	[gatar'dan dyʃ'mæk]

treinwrak (het)	qəza	[gæ'za]
locomotief (de)	parovoz	[paro'voz]
stoker (de)	ocaqçı	[odʒʲag'ʧı]
stookplaats (de)	odluq	[od'lʲuh]
steenkool (de)	kömür	[kø'myr]

171. Schip

schip (het)	gəmi	[gæ'mi]
vaartuig (het)	gəmi	[gæ'mi]
stoomboot (de)	paroxod	[paro'χod]
motorschip (het)	teploxod	[tɛplo'χod]
lijnschip (het)	layner	['lajnɛr]
kruiser (de)	kreyser	['krɛjsɛr]
jacht (het)	yaxta	['jaχta]
sleepboot (de)	yedək	[ɛ'dæk]
duwbak (de)	barja	['barʒa]
ferryboot (de)	bərə	[bæ'ræ]
zeilboot (de)	yelkənli qayıq	[ɛlkæn'li ga'jıh]
brigantijn (de)	briqantina	[brigan'tina]
IJsbreker (de)	buzqıran	[buzgı'ran]
duikboot (de)	sualtı qayıq	[sual'tı ga'jıh]
boot (de)	qayıq	[ga'jıh]
sloep (de)	şlyupka	['ʃlʲupka]
reddingssloep (de)	xilasetmə şlyupkası	[χilasɛt'mæ ʃlʲupka'sı]
motorboot (de)	kater	['katɛr]
kapitein (de)	kapitan	[kapi'tan]
zeeman (de)	matros	[mat'ros]
matroos (de)	dənizçi	[dæniz'tʃi]
bemanning (de)	heyyət	[hɛ'jæt]
bootsman (de)	bosman	['bosman]
scheepsjongen (de)	gəmi şagirdi	[gæ'mi ʃagir'di]
kok (de)	gəmi aşpazı	[gæ'mi aʃpa'zı]
scheepsarts (de)	gəmi həkimi	[gæ'mi hæki'mi]
dek (het)	göyərtə	[gøjær'tæ]
mast (de)	dirək	[di'ræk]
zeil (het)	yelkən	[ɛl'kæn]
ruim (het)	anbar	[an'bar]
voorsteven (de)	gəminin qabaq tərəfi	[gæmi'nin ga'bah tæræ'fi]
achtersteven (de)	gəminin arxa tərəfi	[gæmi'nin ar'χa tæræ'fi]
roeispaan (de)	avar	[a'var]
schroef (de)	pərvanə	[pærva'næ]
kajuit (de)	kayuta	[ka'juta]
officierskamer (de)	kayut-kompaniya	[ka'jut kom'panija]
machinekamer (de)	maşın bölməsi	[ma'ʃın bølmæ'si]
brug (de)	kapitan körpüsü	[kapi'tan kørpy'sy]
radiokamer (de)	radio-rubka	['radio 'rupka]
radiogolf (de)	radio dalğası	['radio dalγa'sı]
logboek (het)	gəmi jurnalı	[gæ'mi ʒurna'lı]
verrekijker (de)	müşahidə borusu	[myʃai'dæ boru'su]
klok (de)	zəng	['zænh]

vlag (de)	bayraq	[baj'rah]
kabel (de)	kanat	[ka'nat]
knoop (de)	dənizçi düyünü	[dæniz'tʃi dyju'ny]

| trapleuning (de) | məheccər | [mæhæ'dʒʲær] |
| trap (de) | pilləkən | [pillæ'kæn] |

anker (het)	lövbər	[løv'bær]
het anker lichten	lövbəri qaldırmaq	[løvbæ'ri galdır'mah]
het anker neerlaten	lövbər salmaq	[løv'bær sal'mah]
ankerketting (de)	lövbər zənciri	[løv'bær zændʒʲi'ri]

haven (bijv. containerhaven)	liman	[li'man]
kaai (de)	körpü	[kør'py]
aanleggen (ww)	sahilə yaxınlaşmaq	[sahi'læ jaχınlaʃ'mah]
wegvaren (ww)	sahildən ayrılmaq	[sahil'dæn ajrıl'mah]

reis (de)	səyahət	[sæja'hæt]
cruise (de)	kruiz	[kru'iz]
koers (de)	istiqamət	[istiga'mæt]
route (de)	marşrut	[marʃ'rut]

vaarwater (het)	farvater	[far'vatɛr]
zandbank (de)	say	['saj]
stranden (ww)	saya oturmaq	[sa'ja otur'mah]

storm (de)	fırtına	[fırtı'na]
signaal (het)	siqnal	[sig'nal]
zinken (ov. een boot)	batmaq	[bat'mah]
SOS (noodsignaal)	SOS	['sos]
reddingsboei (de)	xilas edici dairə	[χilas ɛdi'dʒʲi dai'ræ]

172. Vliegveld

luchthaven (de)	hava limanı	[ha'va lima'nı]
vliegtuig (het)	təyyarə	[tæja'ræ]
luchtvaartmaatschappij (de)	hava yolu şirkəti	[ha'va jo'lʲu ʃirkæ'ti]
luchtverkeersleider (de)	dispetçer	[dis'pɛtʃɛr]

vertrek (het)	uçub getmə	[u'tʃup gɛt'mæ]
aankomst (de)	uçub gəlmə	[u'tʃup gæl'mæ]
aankomen (per vliegtuig)	uçub gəlmək	[u'tʃup gæl'mæk]

| vertrektijd (de) | yola düşmə vaxtı | [jo'la dyʃ'mæ vaχ'tı] |
| aankomstuur (het) | gəlmə vaxtı | [gæl'mæ vaχ'tı] |

| vertraagd zijn (ww) | gecikmək | [gɛdʒʲik'mæk] |
| vluchtvertraging (de) | uçuşun gecikməsi | [utʃu'ʃun gɛdʒʲikmæ'si] |

informatiebord (het)	məlumat lövhəsi	[mælʲu'mat løvhæ'si]
informatie (de)	məlumat	[mælʲu'mat]
aankondigen (ww)	elan etmək	[ɛ'lan ɛt'mæk]
vlucht (bijv. KLM ~)	reys	['rɛjs]
douane (de)	gömrük	[gøm'ryk]

douanier (de)	gömrük işçisi	[gøm'ryk iʃʧi'si]
douaneaangifte (de)	bəyannamə	[bæjanna'mæ]
een douaneaangifte invullen	bəyannaməni doldurmaq	[bæjannamæ'ni doldur'mah]
paspoortcontrole (de)	pasport nəzarəti	['pasport næzaræ'ti]

bagage (de)	baqaj	[ba'gaʒ]
handbagage (de)	əl yükü	['æl ju'ky]
bagagekarretje (het)	araba	[ara'ba]

landing (de)	enmə	[ɛn'mæ]
landingsbaan (de)	enmə zolağı	[ɛn'mæ zola'ɣı]
landen (ww)	enmək	[ɛn'mæk]
vliegtuigtrap (de)	pilləkən	[pillæ'kæn]

inchecken (het)	qeydiyyat	[gɛjdi'at]
incheckbalie (de)	qeydiyyat yeri	[gɛjdi'at ɛ'ri]
inchecken (ww)	qeydiyyatdan keçmək	[gɛjdiat'dan kɛʧ'mæk]
instapkaart (de)	minik talonu	[mi'nik talo'nu]
gate (de)	çıxış	[ʧı'χıʃ]

transit (de)	tranzit	[tran'zit]
wachten (ww)	gözləmək	[gøzlæ'mæk]
wachtzaal (de)	gözləmə zalı	[gøzlæ'mæ za'lı]
begeleiden (uitwuiven)	yola salmaq	[jo'la sal'mah]
afscheid nemen (ww)	vidalaşmaq	[vidalaʃ'mah]

173. Fiets. Motorfiets

fiets (de)	velosiped	[vɛlosi'pɛd]
bromfiets (de)	motoroller	[moto'rollɛr]
motorfiets (de)	motosiklet	[motosik'lɛt]

met de fiets rijden	velosipedlə getmək	[vɛlosi'pɛdlæ gɛt'mæk]
stuur (het)	sükan	[sy'kan]
pedaal (de/het)	pedal	[pɛ'dal]
remmen (mv.)	tormoz	['tormoz]
fietszadel (de/het)	oturmaq yeri	[otur'mah ɛ'ri]

pomp (de)	nasos	[na'sos]
bagagedrager (de)	baqaj yeri	[ba'gaʒ ɛ'ri]
fietslicht (het)	fənər	[fæ'nær]
helm (de)	dəbilqə	[dæbil'gæ]

wiel (het)	təkər	[tæ'kær]
spatbord (het)	qanad	[ga'nad]
velg (de)	çənbər	[ʧæn'bær]
spaak (de)	mil	['mil]

Auto's

174. Soorten auto's

auto (de)	avtomobil	[avtomo'bil]
sportauto (de)	idman avtomobili	[id'man avtomobi'li]
limousine (de)	limuzin	[limu'zin]
cabriolet (de)	kabriolet	[kabrio'lɛt]
minibus (de)	mikroavtobus	[mikroav'tobus]
ambulance (de)	təcili yardım maşını	[tædʒ⁀i'li jar'dım maʃı'nı]
sneeuwruimer (de)	qar təmizləyən maşın	['gar tæmizlæ'jæn ma'ʃın]
vrachtwagen (de)	yük maşını	['juk maʃı'nı]
tankwagen (de)	benzin daşıyan maşın	[bɛn'zin daʃı'jan ma'ʃın]
bestelwagen (de)	furqon	[fur'gon]
trekker (de)	yedəkçi	[ɛdæk'tʃi]
aanhangwagen (de)	qoşulma araba	[goʃul'ma ara'ba]
comfortabel (bn)	komfortlu	[komfort'lʲu]
tweedehands (bn)	işlənmiş	[iʃlæn'miʃ]

175. Auto's. Carrosserie

motorkap (de)	kapot	[ka'pot]
spatbord (het)	qanad	[ga'nad]
dak (het)	üst	['yst]
voorruit (de)	qabaq şüşəsi	[ga'bah ʃyʃæ'si]
achterruit (de)	arxa görünüş güzgüsü	[ar'χa gøry'nyʃ gyzgy'sy]
ruitensproeier (de)	şüşəyuyanlar	[ʃyʃæyjan'lar]
wisserbladen (mv.)	şüşə silgəcləri	[ʃy'ʃæ silgædʒ⁀læ'ri]
zijruit (de)	yan şüşə	['jan ʃy'ʃæ]
raamlift (de)	şüşə qaldırıcı mexanizm	[ʃy'ʃæ galdırı'dʒ⁀ı mɛχa'nizm]
antenne (de)	antenna	[an'tɛnna]
zonnedak (het)	lyuk	['lʲuk]
bumper (de)	bamper	['bampɛr]
koffer (de)	baqaj yeri	[ba'gaʒ ɛ'ri]
portier (het)	qapı	[ga'pı]
handvat (het)	qapı dəstəyi	[ga'pı dæstæ'jı]
slot (het)	qıfıl	[gı'fıl]
nummerplaat (de)	nömrə	[nøm'ræ]
knalpot (de)	səsboğan	[sæsbo'ɣan]

benzinetank (de)	benzin bakı	[bɛn'zin ba'kı]
uitlaatpijp (de)	işlənmiş qaz borusu	[iʃlæn'miʃ 'gaz boru'su]

gas (het)	qaz	['gaz]
pedaal (de/het)	pedal	[pɛ'dal]
gaspedaal (de/het)	qaz pedalı	['gaz pɛda'lı]

rem (de)	tormoz	['tormoz]
rempedaal (de/het)	tormoz pedalı	['tormoz pɛda'lı]
remmen (ww)	tormozlamaq	[tormozla'mah]
handrem (de)	dayanacaq tormozu	[dajana'dʒʲah 'tormozu]

koppeling (de)	ilişmə	[iliʃ'mæ]
koppelingspedaal (de/het)	ilişmə pedalı	[iliʃ'mæ pɛda'lı]
koppelingsschijf (de)	ilişmə diski	[iliʃ'mæ dis'ki]
schokdemper (de)	amortizator	[amorti'zator]

wiel (het)	təkər	[tæ'kær]
reservewiel (het)	ehtiyat təkəri	[ɛhti'jat tækæ'ri]
band (de)	şin	['ʃin]
wieldop (de)	qapaq	[ga'pah]

aandrijfwielen (mv.)	aparıcı təkərlər	[aparı'dʒʲı tækær'lær]
met voorwielaandrijving	qabaq ötürücü	[ga'bah øtyry'dʒy]
met achterwielaandrijving	arxa ötürücü	[ar'χa øtyry'dʒy]
met vierwielaandrijving	tam ötürücü	['tam øtyry'dʒy]

versnellingsbak (de)	ötürücü qutusu	[øtyry'dʒy gutu'su]
automatisch (bn)	avtomat	[avto'mat]
mechanisch (bn)	mexaniki	[mɛχani'ki]
versnellingspook (de)	ötürücü qutusunun qolu	[øtyry'dʒy gutusu'nun go'lʲu]

voorlicht (het)	fara	['fara]
voorlichten (mv.)	faralar	['faralar]

dimlicht (het)	faranın yaxın işığı	['faranın ja'χın iʃ'ɣı]
grootlicht (het)	faranın uzaq işığı	['faranın u'zah iʃ'ɣı]
stoplicht (het)	stop-siqnal	['stop sig'nal]

standlichten (mv.)	qabarit işıqları	[gaba'rit iʃıgla'rı]
noodverlichting (de)	qəza işıq siqnalı	[gæ'za i'ʃih signa'lı]
mistlichten (mv.)	dumana qarşı faralar	[duma'na gar'ʃı 'faralar]
pinker (de)	dönmə işığı	[døn'mæ iʃ'ɣı]
achteruitrijdlicht (het)	arxaya hərəkət	[arχa'ja hæræ'kæt]

176. Auto's. Passagiersruimte

interieur (het)	salon	[sa'lon]
leren (van leer gemaak)	dəri	[dæ'ri]
fluwelen (abn)	velyur	[vɛ'lʲur]
bekleding (de)	üz	['yz]

toestel (het)	cihaz	[dʒʲi'haz]
instrumentenbord (het)	cizaz lövhəciyi	[dʒʲi'haz løvhædʒʲi'jı]

| snelheidsmeter (de) | spidometr | [spi'dɔmɛtr] |
| pijltje (het) | ox işarəsi | ['ɔχ iʃaræ'si] |

kilometerteller (de)	sayğac	[saj'ɣadʒ⁾]
sensor (de)	göstərici	[gøstɛri'dʒ⁾i]
niveau (het)	səviyyə	[sævi'æ]
controlelampje (het)	lampa	[lam'pa]

stuur (het)	sükan	[sy'kan]
toeter (de)	siqnal	[sig'nal]
knopje (het)	düymə	[dyj'mæ]
schakelaar (de)	sürətləri dəyişən mexanizm	[syrætlæ'ri dæi'ʃæn mɛχa'nizm]

stoel (bestuurders~)	oturacaq	[otura'dʒ⁾ah]
rugleuning (de)	söykənəcək	['søjkænæ'dʒ⁾æk]
hoofdsteun (de)	başaltı	[baʃal'tı]
veiligheidsgordel (de)	təhlükəsizlik kəməri	[tæhlykæsiz'lik kæmæ'ri]
de gordel aandoen	kəməri bağlamaq	[kæmæ'ri baɣla'mah]
regeling (de)	sazlama	[sazla'ma]

| airbag (de) | təhlükəsizlik yastığı | [tæhlykæsiz'lik jastı'ɣı] |
| airconditioner (de) | kondisioner | [kondisio'nɛr] |

radio (de)	radio	['radio]
CD-speler (de)	CD səsləndiricisi	[si'di sæslændiridʒ⁾i'si]
aanzetten (bijv. radio ~)	qoşmaq	[goʃ'mah]
antenne (de)	antenna	[an'tɛnna]
handschoenenkastje (het)	qutu	[gu'tu]
asbak (de)	külqabı	['kyl⁾gabı]

177. Auto's. Motor

| diesel- (abn) | dizel | ['dizɛl] |
| benzine- (~motor) | benzin | [bɛn'zin] |

motorinhoud (de)	mühərriyin həcmi	[myhærrl'jın hædʒ⁾'mi]
vermogen (het)	güc	['gydʒ⁾]
paardenkracht (de)	at gücü	['at gy'dʒy]
zuiger (de)	porşen	['porʃɛn]
cilinder (de)	silindr	[si'lindr]
klep (de)	qapaq	[ga'pah]

injectie (de)	injektor	[in'ʒɛktor]
generator (de)	generator	[gɛnɛ'rator]
carburator (de)	karbyurator	[karby'rator]
motorolie (de)	motor yağı	[mo'tor ja'ɣı]

radiator (de)	radiator	[radi'ator]
koelvloeistof (de)	soyuducu maye	[sojudu'dʒy ma'jɛ]
ventilator (de)	ventilyator	[vɛnti'l⁾ator]

| accu (de) | akkumulyator | [akkumu'l⁾ator] |
| starter (de) | starter düyməsi | ['startɛr dyjmæ'si] |

| contact (ontsteking) | yanma | [jan'ma] |
| bougie (de) | yanma şamı | [jan'ma ʃa'mı] |

pool (de)	klemma	['klɛmma]
positieve pool (de)	plyus	['plʲus]
negatieve pool (de)	minus	['minus]
zekering (de)	qoruyucu	[goruy'dʒy]

luchtfilter (de)	hava filtri	[ha'va filt'ri]
oliefilter (de)	yağ filtri	['jaɣ filt'ri]
benzinefilter (de)	yanacaq filtri	[jana'dʒʲah filt'ri]

178. Auto's. Botsing. Reparatie

auto-ongeval (het)	qəza	[gæ'za]
verkeersongeluk (het)	yol qəzası	['jol gæza'sı]
aanrijden	toqquşmaq	[tokkuʃ'mah]
(tegen een boom, enz.)		
verongelukken (ww)	əzilmək	[æzil'mæk]
beschadiging (de)	xarab etmə	[ҳa'rap ɛt'mæ]
heelhuids (bn)	salamat	[sala'mat]

| kapot gaan (zijn gebroken) | qırılmaq | [gırıl'mah] |
| sleeptouw (het) | yedək ipi | [ɛ'dæk i'pi] |

lek (het)	deşilmə	[dɛʃil'mæ]
lekke krijgen (band)	buraxmaq	[buraҳ'mah]
oppompen (ww)	doldurmaq	[doldur'mah]
druk (de)	təzyiq	[tæz'jıh]
checken (controleren)	yoxlamaq	[joҳla'mah]

reparatie (de)	təmir	[tæ'mir]
garage (de)	təmir emalatxanası	[tæ'mir ɛmalatҳana'sı]
wisselstuk (het)	ehtiyat hissəsi	[ɛhti'jat hissæ'si]
onderdeel (het)	detal	[dɛ'tal]

bout (de)	bolt	['bolt]
schroef (de)	vint	['vint]
moer (de)	qayka	[gaj'ka]
sluitring (de)	şayba	['ʃajba]
kogellager (de/het)	podşipnik	[pod'ʃipnik]

pijp (de)	borucuq	[boru'dʒyh]
pakking (de)	aralıq qat	[ara'lıh 'gat]
kabel (de)	məftil	[mæf'til]

dommekracht (de)	domkrat	[domk'rat]
moersleutel (de)	qayka açarı	[gaj'ka atʃa'rı]
hamer (de)	çəkic	[tʃæ'kidʒʲ]
pomp (de)	nasos	[na'sos]
schroevendraaier (de)	vintaçan	[vinta'tʃan]

| brandblusser (de) | odsöndürən | [odsøndy'ræn] |
| gevarendriehoek (de) | Qəza üçbucağı nişanı | [gæ'za jutʃbudʒʲa'ɣı niʃa'nı] |

afslaan (ophouden te werken)	yatmaq	[jat'mah]
uitvallen (het)	dayanma	[dajan'ma]
zijn gebroken	qırılmaq	[gırıl'mah]

oververhitten (ww)	həddindən artıq qızmaq	[hæddin'dæn ar'tıh gız'mah]
verstopt raken (ww)	yolu tutulmaq	[jo'lu tutul'mah]
bevriezen (autodeur, enz.)	donmaq	[don'mah]
barsten (leidingen, enz.)	partlamaq	[partla'mah]

druk (de)	təzyiq	[tæz'jıh]
niveau (bijv. olieniveau)	səviyyə	[sævi'æ]
slap (de drijfriem is ~)	zəif	[zæ'if]

deuk (de)	batıq	[ba'tıh]
geklop (vreemde geluiden)	səs	['sæs]
barst (de)	çat	['tʃat]
kras (de)	cızıq	[dʒı'zıh]

179. Auto's. Weg

weg (de)	yol	['jol]
snelweg (de)	avtomobil magistralı	[avtomo'bil magistra'lı]
autoweg (de)	şose	[ʃo'sɛ]
richting (de)	istiqamət	[istiga'mæt]
afstand (de)	məsafə	[mæsa'fæ]

brug (de)	körpü	[kør'py]
parking (de)	park yeri	['park ɛ'ri]
plein (het)	meydan	[mɛj'dan]
verkeersknooppunt (het)	qovşaq	[gov'ʃah]
tunnel (de)	tunel	[tu'nɛl]

benzinestation (het)	yanacaq doldurma məntəqəsi	[jana'dʒah doldur'ma mæntægæ'si]
parking (de)	avtomobil duracağı	[avtomo'bil duradʒa'ɣı]
benzinepomp (de)	benzin kolonkası	[bɛn'zin kolonka'sı]
garage (de)	maşın təmiri	[ma'ʃın tæmi'ri]
tanken (ww)	yanacaq doldurmaq	[jana'dʒah doldur'mah]
brandstof (de)	yanacaq	[jana'dʒah]
jerrycan (de)	kanistr	[ka'nistr]

asfalt (het)	asfalt	[as'falt]
markering (de)	nişan vurma	[ni'ʃan vur'ma]
trottoirband (de)	haşiyə	[haʃi'jæ]
geleiderail (de)	hasarlama	[hasarla'ma]
greppel (de)	küvet	[ky'vɛt]
vluchtstrook (de)	yolun qırağı	[jo'lun gıra'ɣı]
lichtmast (de)	dirək	[di'ræk]

besturen (een auto ~)	sürmək	[syr'mæk]
afslaan (naar rechts ~)	döndərmək	[døndær'mæk]
U-bocht maken (ww)	dönmək	[døn'mæk]
achteruit (de)	arxaya hərəkət	[arxa'ja hæræ'kæt]

toeteren (ww)	siqnal vermək	[sig'nal vɛr'mæk]
toeter (de)	səs siqnalı	['sæs signa'lı]
vastzitten (in modder)	ilişib qalmaq	[ili'ʃip gal'mah]
spinnen (wielen gaan ~)	yerində fırlanmaq	[ɛrin'dæ fırlan'mah]
uitzetten (ww)	söndürmək	[søndyr'mæk]

snelheid (de)	sürət	[sy'ræt]
een snelheidsovertreding maken	sürəti aşmaq	[syræ'ti aʃ'mah]
bekeuren (ww)	cərimə etmək	[dʒ'æri'mæ ɛt'mæk]
verkeerslicht (het)	svetofor	[svɛto'for]
rijbewijs (het)	sürücülük vəsiqəsi	[syrydʒy'lyk væsigæ'si]

overgang (de)	keçid	[kɛ'tʃid]
kruispunt (het)	dörd yol ağzı	[dørd 'jol a'ɣzı]
zebrapad (oversteekplaats)	piyadalar üçün keçid	[pijada'lar ju'tʃun kɛ'tʃid]
bocht (de)	dönmə yeri	[døn'mæ ɛ'ri]
voetgangerszone (de)	piyadalar zonası	[pijada'lar 'zonası]

180. Verkeersborden

verkeersregels (mv.)	yol hərəkət qaydaları	['jol hæræ'kæt gajdala'rı]
verkeersbord (het)	işarə	[iʃa'ræ]
inhalen (het)	ötüb keçmə	[ø'typ kɛtʃ'mæ]
bocht (de)	dönmə	[døn'mæ]
U-bocht, kering (de)	döndərmə	[døndær'mæ]
Rotonde (de)	dairəvi hərəkət	[dairæ'vi hæræ'kæt]

Verboden richting	giriş qadağandır	[gi'riʃ gada'ɣandır]
Verboden toegang	hərəkət qadağandır	[hæræ'kæt gada'ɣandır]
Inhalen verboden	ötüb keçmə qadağandır	[ø'typ kɛtʃ'mæ gada'ɣandır]
Parkeerverbod	durmaq qadağandır	[dur'mah gada'ɣandır]
Verbod stil te staan	dayanmaq qadağandır	[dajan'mah gada'ɣandır]

Gevaarlijke bocht	sərt dönmə	['sært døn'mæ]
Gevaarlijke daling	sərt eniş	['sært ɛ'niʃ]
Eenrichtingsweg	birtərəfli yol	[birtæræf'li 'jol]
Voetgangers	piyadalar üçün keçid	[pijada'lar ju'tʃun kɛ'tʃid]
Slipgevaar	sürüşkən yol	[syryʃ'kæn 'jol]
Voorrang verlenen	başqasına yol ver	[baʃgası'na 'jol 'vɛr]

MENSEN. GEBEURTENISSEN IN HET LEVEN

Gebeurtenissen in het leven

181. Vakanties. Evenement

feest (het)	bayram	[baj'ram]
nationale feestdag (de)	milli bayram	[mil'li baj'ram]
feestdag (de)	bayram günü	[baj'ram gy'ny]
herdenken (ww)	bayram etmək	[baj'ram ɛt'mæk]
gebeurtenis (de)	hadisə	[hadi'sæ]
evenement (het)	tədbir	[tæd'bir]
banket (het)	banket	[ban'kɛt]
receptie (de)	ziyafət	[zija'fæt]
feestmaal (het)	böyük qonaqlıq	[bø'juk gonag'lıh]
verjaardag (de)	ildönümü	[ildøny'my]
jubileum (het)	yubiley	[ybi'lɛj]
vieren (ww)	qeyd etmək	['gɛjd æt'mæk]
Nieuwjaar (het)	Yeni il	[ɛ'ni 'il]
Gelukkig Nieuwjaar!	Yeni iliniz mübarək!	[ɛ'ni ili'niz myba'ræk]
Kerstfeest (het)	Milad	[mi'lad]
Vrolijk kerstfeest!	Milad bayramınız şən keçsin!	[mi'lad bajramı'nız 'ʃæn kɛtʃ'sin]
kerstboom (de)	Yeni il yolkası	[ɛ'ni 'il jolka'sı]
vuurwerk (het)	salam atəşi	[sa'lam atæ'ʃi]
bruiloft (de)	toy	['toj]
bruidegom (de)	bəy	['bæj]
bruid (de)	nişanlı	[niʃan'lı]
uitnodigen (ww)	dəvət etmək	[dæ'væt ɛt'mæk]
uitnodiging (de)	dəvətnamə	[dævætna'mæ]
gast (de)	qonaq	[go'nah]
op bezoek gaan	qonaq getmək	[go'nah gɛt'mæk]
gasten verwelkomen	qonaq qarşılamaq	[go'nah garʃıla'mah]
geschenk, cadeau (het)	hədiyyə	[hædi'æ]
geven (iets cadeau ~)	hədiyyə vermək	[hædi'æ vɛr'mæk]
geschenken ontvangen	hədiyyə almaq	[hædi'æ al'mah]
boeket (het)	gül dəstəsi	['gylʲ dæstæ'si]
felicitaties (mv.)	təbrik	[tæb'rik]
feliciteren (ww)	təbrik etmək	[tæb'rik ɛt'mæk]
wenskaart (de)	təbrik açıqçası	[tæb'rik atʃıgtʃa'sı]

een kaartje versturen	açıqça göndərmək	[atʃıg'tʃa gøndær'mæk]
een kaartje ontvangen	açıqça almaq	[atʃıg'tʃa al'mah]

toast (de)	tost	['tost]
aanbieden (een drankje ~)	qonaq etmək	[go'nah ɛt'mæk]
champagne (de)	şampan şərabı	[ʃam'pan ʃæra'bı]

plezier hebben (ww)	şənlənmək	[ʃænlæn'mæk]
plezier (het)	şənlik	[ʃæn'lik]
vreugde (de)	sevinc	[sɛ'vindʒ]

dans (de)	rəqs	['rægs]
dansen (ww)	rəqs etmək	['rægs ɛt'mæk]

wals (de)	vals	['vals]
tango (de)	tanqo	['tango]

182. Begrafenissen. Begrafenis

kerkhof (het)	qəbristanlıq	[gæbristan'lıh]
graf (het)	qəbir	[gæ'bir]
grafsteen (de)	qəbir daşı	[gæ'bir da'ʃı]
omheining (de)	hasar	[ha'sar]
kapel (de)	kiçik kilsə	[ki'tʃik kil'sæ]

dood (de)	ölüm	[ø'lym]
sterven (ww)	ölmək	[øl'mæk]
overledene (de)	ölü	[ø'ly]
rouw (de)	matəm	[ma'tæm]

begraven (ww)	dəfn etmək	['dæfn ɛt'mæk]
begrafenisonderneming (de)	dəfn etmə bürosu	['dæfn ɛt'mæ byro'su]
begrafenis (de)	dəfn etmə mərasimi	['dæfn ɛt'mæ mærasi'mi]

krans (de)	əklil	[æk'lil]
doodskist (de)	tabut	[ta'but]
lijkwagen (de)	cənazə arabası	[dʒæna'zæ araba'sı]
lijkkleed (de)	kəfən	[kæ'fæn]

urn (de)	urna	['urna]
crematorium (het)	meyit yandırılan bina	[mɛ'it jandırı'lan bi'na]

overlijdensbericht (het)	nekroloq	[nɛkro'loh]
huilen (wenen)	ağlamaq	[aɣla'mah]
snikken (huilen)	hönkür-hönkür ağlamaq	[hø'nkyr hø'nkyr aɣla'mah]

183. Oorlog. Soldaten

peloton (het)	vzvod	['vzvod]
compagnie (de)	rota	['rota]
regiment (het)	alay	[a'laj]
leger (armee)	ordu	[or'du]

divisie (de)	diviziya	[di'vizija]
sectie (de)	dəstə	[dæs'tæ]
troep (de)	qoşun	[go'ʃun]

| soldaat (militair) | əsgər | [æs'gær] |
| officier (de) | zabit | [za'bit] |

soldaat (rang)	sıravi	[sıra'vi]
sergeant (de)	çavuş	[ʧa'vuʃ]
luitenant (de)	leytenant	[lɛjtɛ'nant]
kapitein (de)	kapitan	[kapi'tan]
majoor (de)	mayor	[ma'jor]
kolonel (de)	polkovnik	[pol'kovnik]
generaal (de)	general	[gɛnɛ'ral]

matroos (de)	dənizçi	[dæniz'ʧi]
kapitein (de)	kapitan	[kapi'tan]
bootsman (de)	bosman	['bosman]

artillerist (de)	topçu	[top'ʧu]
valschermjager (de)	desantçı	[dɛsan'ʧı]
piloot (de)	təyyarəçi	[tæjaræ'ʧi]
stuurman (de)	şturman	['ʃturman]
mecanicien (de)	mexanik	[mɛ'xanik]

sappeur (de)	istehkamçı	[istɛhkam'ʧı]
parachutist (de)	paraşütçü	[paraʃy'ʧy]
verkenner (de)	kəşfiyyatçı	[kæʃfia'ʧı]
scherpschutter (de)	snayper	['snajpɛr]
patrouille (de)	patrul	[pat'rul]
patrouilleren (ww)	patrul çəkmək	[pat'rul ʧæk'mæk]
wacht (de)	keşikçi	[kɛʃik'ʧi]

krijger (de)	döyüşçü	[døyʃ'ʧu]
patriot (de)	vətənpərvər	[vætænpær'vær]
held (de)	qəhrəman	[gæhræ'man]
heldin (de)	qəhrəman qadın	[gæhræ'man ga'dın]

verrader (de)	satqın	[sat'gın]
deserteur (de)	fərari	[færa'ri]
deserteren (ww)	fərarilik etmək	[færaɾi'lik ɛt'mæk]

huurling (de)	muzdla tutulan əsgər	['muzdla tutu'lan æs'gær]
rekruut (de)	yeni əsgər	[ɛ'ni æs'gær]
vrijwilliger (de)	könüllü	[kønyl'ly]

gedode (de)	öldürülən	[øldyry'læn]
gewonde (de)	yaralı	[jara'lı]
krijgsgevangene (de)	əsir	[æ'sir]

184. Oorlog. Militaire acties. Deel 1

| oorlog (de) | müharibə | [myhari'bæ] |
| oorlog voeren (ww) | müharibə etmək | [myhari'bæ ɛt'mæk] |

burgeroorlog (de)	vetendaş müharibesi	[vætæn'daʃ myharibæ'si]
achterbaks (bw)	xaincəsinə	[χa'indʒ⁀æsinæ]
oorlogsverklaring (de)	elan edilmə	[ε'lan εdil'mæ]
verklaren (de oorlog ~)	elan etmək	[ε'lan εt'mæk]
agressie (de)	tecavüz	[tædʒ⁀a'vyz]
aanvallen (binnenvallen)	hücum etmək	[hy'dʒ⁀um εt'mæk]

binnenvallen (ww)	işğal etmək	[iʃ'ɣal εt'mæk]
invaller (de)	işğalçı	[iʃɣal'tʃɪ]
veroveraar (de)	istilaçı	[istila'tʃɪ]

verdediging (de)	müdafiyə	[mydafi'jæ]
verdedigen (je land ~)	müdafiyə etmək	[mydafi'jæ εt'mæk]
zich verdedigen (ww)	müdafiyə olunmaq	[mydafi'jæ olʲun'mah]

vijand (de)	düşmən	[dyʃ'mæn]
tegenstander (de)	eleyhdar	[ælεjh'dar]
vijandelijk (bn)	düşmən	[dyʃ'mæn]

strategie (de)	strategiya	[stra'tεgija]
tactiek (de)	taktika	['taktika]

order (de)	emr	['æmr]
bevel (het)	emr	['æmr]
bevelen (ww)	emr etmək	['æmr εt'mæk]
opdracht (de)	tapşırıq	[tapʃɪ'rɪh]
geheim (bn)	məxfi	[mæχ'fi]

veldslag (de)	vuruşma	[vuruʃ'ma]
strijd (de)	döyüş	[dø'juʃ]

aanval (de)	hücum	[hy'dʒ⁀um]
bestorming (de)	hücum	[hy'dʒ⁀um]
bestormen (ww)	hücum etmək	[hy'dʒ⁀um εt'mæk]
bezetting (de)	mühasirə	[myhasi'ræ]

aanval (de)	hücum	[hy'dʒ⁀um]
in het offensief te gaan	hücum etmək	[hy'dʒ⁀um εt'mæk]

terugtrekking (de)	geri çəkilmə	[gε'ri tʃækil'mæ]
zich terugtrekken (ww)	geri çəkilmək	[gε'ri tʃækil'mæk]

omsingeling (de)	mühasirə	[myhasi'ræ]
omsingelen (ww)	mühasirəyə almaq	[myhasiræ'jæ al'mah]

bombardement (het)	bombalama	[bombala'ma]
een bom gooien	bomba atmaq	[bom'ba at'mah]
bombarderen (ww)	bombalamaq	[bombala'mah]
ontploffing (de)	partlayış	[partla'jɪʃ]

schot (het)	atəş	[a'tæʃ]
een schot lossen	güllə atmaq	[gyl'læ at'mah]
schieten (het)	atəş	[a'tæʃ]

mikken op (ww)	nişan almaq	[ni'ʃan al'mah]
aanleggen (een wapen ~)	tuşlamaq	[tuʃla'mah]

treffen (doelwit ~)	sərrast vurmaq	[sær'rast vur'mah]
zinken (tot zinken brengen)	batırmaq	[batır'mah]
kogelgat (het)	deşik	[dɛ'ʃik]
zinken (gezonken zijn)	batmaq	[bat'mah]

front (het)	cəbhə	[dʒ'æb'hæ]
evacuatie (de)	təxliyə	[tæχli'jæ]
evacueren (ww)	təxliyə etmək	[tæχli'jæ ɛt'mæk]

loopgraaf (de)	səngər	[sæ'ngær]
prikkeldraad (de)	tikanlı məftil	[tik'an'lı mæf'til]
verdedigingsobstakel (het)	çəpərləmə	[tʃæpærlæ'mæ]
wachttoren (de)	qüllə	[gyl'læ]

hospitaal (het)	hospital	['hospital]
verwonden (ww)	yaralamaq	[jarala'mah]
wond (de)	yara	[ja'ra]
gewonde (de)	yaralı	[jara'lı]
gewond raken (ww)	yara almaq	[ja'ra al'mah]
ernstig (~e wond)	ağır	[a'ɣır]

185. Oorlog. Militaire acties. Deel 2

krijgsgevangenschap (de)	əsirlik	[æsir'lik]
krijgsgevangen nemen	əsir almaq	[æ'sir al'mah]
krijgsgevangene zijn	əsirlikdə olmaq	[æsirlik'dæ ol'mah]
krijgsgevangen genomen worden	əsir düşmək	[æ'sir dyʃ'mæk]

concentratiekamp (het)	həbs düşərgəsi	['hæbs dyʃærgæ'si]
krijgsgevangene (de)	əsir	[æ'sir]
vluchten (ww)	qaçmaq	[gatʃ'mah]

verraden (ww)	satmaq	[sat'mah]
verrader (de)	satqın	[sat'gın]
verraad (het)	satqınlıq	[satgın'lıh]

| fusilleren (executeren) | güllələmək | [gyllælæ'mæk] |
| executie (de) | güllə cəzası | [gyl'læ dʒ'æza'sı] |

uitrusting (de)	rəsmi geyim	[ræs'mi gɛ'jım]
schouderstuk (het)	poqon	[po'gon]
gasmasker (het)	əleyhqaz	[ælɛjh'gaz]

portofoon (de)	ratsiya	['ratsija]
geheime code (de)	şifr	['ʃifr]
samenzwering (de)	konspirasiya	[konspi'rasija]
wachtwoord (het)	parol	[pa'rol]

mijn (landmijn)	mina	['mina]
ondermijnen (legden mijnen)	minalamaq	['minalamah]
mijnenveld (het)	minalanmış sahə	['minalanmıʃ sa'hæ]
luchtalarm (het)	hava həyacanı	[ha'va hæjadʒ'a'nı]
alarm (het)	həyacan	[hæja'dʒ'an]

signaal (het)	signal	[sig'nal]
vuurpijl (de)	signal raketi	[sig'nal rakɛ'ti]
staf (generale ~)	qərargah	[gærar'gah]
verkenningstocht (de)	kəsfiyyat	[kæʃfi'at]
toestand (de)	şərait	[ʃæra'it]
rapport (het)	raport	['raport]
hinderlaag (de)	pusqu	[pus'gu]
versterking (de)	yardım	[jar'dım]
doel (bewegend ~)	hədəf	[hæ'dæf]
proefterrein (het)	poliqon	[poli'gon]
manoeuvres (mv.)	manevrlər	[ma'nɛvrlær]
paniek (de)	panika	['panika]
verwoesting (de)	xarabalıq	[χaraba'lıh]
verwoestingen (mv.)	dağıntı	[daɣın'tı]
verwoesten (ww)	dağıtmaq	[daɣıt'mah]
overleven (ww)	sağ qalmaq	['saɣ gal'mah]
ontwapenen (ww)	tərksilah etmək	[tærksi'lah ɛt'mæk]
behandelen (een pistool ~)	işlətmək	[iʃlæt'mæk]
Geeft acht!	Farağat!	[fara'ɣat]
Op de plaats rust!	Azad!	[a'zad]
heldendaad (de)	hünər	[hy'nær]
eed (de)	and	['and]
zweren (een eed doen)	and içmək	['and itʃ'mæk]
decoratie (de)	mükafat	[myka'fat]
onderscheiden (een ereteken geven)	təltif etmək	[tæl'tif ɛt'mæk]
medaille (de)	medal	[mɛ'dal]
orde (de)	orden	['ordɛn]
overwinning (de)	qələbə	[gælæ'bæ]
verlies (het)	məğlubiyyət	[mæɣlʲubi'æt]
wapenstilstand (de)	atəşkəs	[atæʃ'kæs]
wimpel (vaandel)	bayraq	[baj'rah]
roem (de)	şərəf	[ʃæ'ræf]
parade (de)	parad	[pa'rad]
marcheren (ww)	addımlamaq	[addımla'mah]

186. Wapens

wapens (mv.)	silah	[si'lah]
vuurwapens (mv.)	odlu silah	[od'lʲu si'lah]
koude wapens (mv.)	soyuq silah	[so'juh si'lah]
chemische wapens (mv.)	kimyəvi silah	[kimjæ'vi si'lah]
kern-, nucleair (bn)	nüvə	[ny'væ]
kernwapens (mv.)	nüvə silahı	[ny'væ sila'hı]

bom (de)	bomba	[bom'ba]
atoombom (de)	atom bombası	['atom bomba'sı]

pistool (het)	tapança	[tapan'tʃa]
geweer (het)	tüfəng	[ty'fænh]
machinepistool (het)	avtomat	[avto'mat]
machinegeweer (het)	pulemyot	[pulɛ'mʲot]

loop (schietbuis)	ağız	[a'ɣız]
loop (bijv. geweer met kortere ~)	lülə	[ly'læ]
kaliber (het)	kalibr	[ka'libr]

trekker (de)	çaxmaq	[tʃax'mah]
korrel (de)	nişangah	[niʃan'gʲah]
magazijn (het)	sandıq	[san'dıh]
geweerkolf (de)	qundaq	[gun'dah]

granaat (handgranaat)	qumbara	[gumba'ra]
explosieven (mv.)	partlayıcı maddə	[partlajı'dʒʲı mad'dæ]

kogel (de)	güllə	[gyl'læ]
patroon (de)	patron	[pat'ron]
lading (de)	güllə	[gyl'læ]
ammunitie (de)	döyüş sursatı	[dø'juʃ sursa'tı]

bommenwerper (de)	bombardmançı təyyarə	[bombardman'tʃı tæja'ræ]
straaljager (de)	qırıcı təyyarə	[gırı'dʒʲı tæja'ræ]
helikopter (de)	vertolyot	[vɛrto'lʲot]

afweergeschut (het)	zenit topu	[zɛ'nit to'pu]
tank (de)	tank	['tank]
kanon (tank met een ~ van 76 mm)	top	['top]

artillerie (de)	top	['top]
aanleggen (een wapen ~)	tuşlamaq	[tuʃla'mah]

projectiel (het)	mərmi	[mær'mi]
mortiergranaat (de)	mina	['mina]
mortier (de)	minaatan	['minaatan]
granaatscherf (de)	qəlpə	[gæl'pæ]

duikboot (de)	sualtı qayıq	[sual'tı ga'jıh]
torpedo (de)	torpeda	[tor'pɛda]
raket (de)	raket	[ra'kɛt]

laden (geweer, kanon)	doldurmaq	[doldur'mah]
schieten (ww)	atəş açmaq	[a'tæʃ atʃ'mah]
richten op (mikken)	nişan almaq	[ni'ʃan al'mah]
bajonet (de)	süngü	[sy'ngy]

degen (de)	qılınc	[gı'lındʒʲ]
sabel (de)	qılınc	[gı'lındʒʲ]
speer (de)	nizə	[ni'zæ]
boog (de)	yay	['jaj]

pijl (de)	ox	['oχ]
musket (de)	muşket	[muʃ'kɛt]
kruisboog (de)	arbalet	[arba'lɛt]

187. Oude mensen

primitief (bn)	ibtidai	[iptida'i]
voorhistorisch (bn)	tarixdən əvvəlki	[tariχ'dæn ævvæl'ki]
eeuwenoude (~ beschaving)	qədim	[gæ'dim]

Steentijd (de)	Daş dövrü	['daʃ døv'ry]
Bronstijd (de)	Tunc dövrü	['tundʒʲ døv'ry]
IJstijd (de)	buz dövrü	['buz døv'ry]

stam (de)	tayfa	[taj'fa]
menseneter (de)	adamyeyən	[adamjɛ'jæn]
jager (de)	ovçu	[ov'tʃu]
jagen (ww)	ova çıxmaq	[o'va tʃɪχ'mah]
mammoet (de)	mamont	['mamont]

grot (de)	mağara	[maɣa'ra]
vuur (het)	od	['od]
kampvuur (het)	tonqal	[ton'gal]
rotstekening (de)	qayaüstü rəsmlər	[gajays'ty ræsm'lær]

werkinstrument (het)	iş aləti	['iʃ alæ'ti]
speer (de)	nizə	[ni'zæ]
stenen bijl (de)	daş baltası	['daʃ balta'sɪ]
oorlog voeren (ww)	müharibə etmək	[myhari'bæ ɛt'mæk]
temmen (bijv. wolf ~)	əhliləşdirmək	[æhlilæʃdir'mæk]
idool (het)	büt	['byt]
aanbidden (ww)	pərəstiş etmək	[pæræs'tiʃ ɛt'mæk]
bijgeloof (het)	xurafat	[χura'fat]

evolutie (de)	təkamül	[tæka'myl]
ontwikkeling (de)	inkişaf	[inki'ʃaf]
verdwijning (de)	yox olma	['joχ ol'ma]
zich aanpassen (ww)	uyğunlaşmaq	[ujɣunlaʃ'mah]

archeologie (de)	arxeoloqiya	[arχeo'logija]
archeoloog (de)	arxeoloq	[arχɛ'oloh]
archeologisch (bn)	arxeoloji	[arχɛolo'ʒi]

opgravingsplaats (de)	qazıntı	[gazɪn'tɪ]
opgravingen (mv.)	qazıntılar	[gazɪntɪ'lar]
vondst (de)	tapıntı	[tapɪn'tɪ]
fragment (het)	parça	[par'tʃa]

188. Middeleeuwen

volk (het)	xalq	['χalh]
volkeren (mv.)	xalqlar	[χalg'lar]

| stam (de) | tayfa | [taj'fa] |
| stammen (mv.) | tayfalar | [tajfa'lar] |

barbaren (mv.)	barbarlar	[barbar'lar]
Galliërs (mv.)	qallar	[gal'lar]
Goten (mv.)	qotlar	[got'lar]
Slaven (mv.)	slavyanlar	[slavʲan'lar]
Vikings (mv.)	vikinqlər	['vikinglær]

| Romeinen (mv.) | romalılar | ['romalılar] |
| Romeins (bn) | Roma | ['roma] |

Byzantijnen (mv.)	bizanslılar	[bizanslı'lar]
Byzantium (het)	Bizans	[bi'zans]
Byzantijns (bn)	Bizans	[bi'zans]

keizer (bijv. Romeinse ~)	imperator	[impɛ'rator]
opperhoofd (het)	rəhbər	[ræh'bær]
machtig (bn)	qüdrətli	[gydræt'li]
koning (de)	kral	['kral]
heerser (de)	hökmdar	[høkm'dar]

ridder (de)	rıtsar	['rıtsar]
feodaal (de)	mülkədar	[mylʲkæ'dar]
feodaal (bn)	mülkədar	[mylʲkæ'dar]
vazal (de)	vassal	[vas'sal]

hertog (de)	hersoq	['hɛrsoh]
graaf (de)	qraf	['graf]
baron (de)	baron	[ba'ron]
bisschop (de)	yepiskop	[ɛ'piskop]

harnas (het)	yaraq-əsləhə	[ja'rah æslæ'hæ]
schild (het)	qalxan	[gal'χan]
zwaard (het)	qılınc	[gı'lındʒʲ]
vizier (het)	dəbilqə üzlüyü	[dæbil'gæ juzly'ju]
maliënkolder (de)	dəmir geyim	[dæ'mir gɛ'jım]

| kruistocht (de) | xaç yürüşü | ['χatʃ jury'ʃy] |
| kruisvaarder (de) | əhl-səlib | ['æhl sæ'lip] |

gebied (bijv. bezette ~en)	ərazi	[æra'zi]
aanvallen (binnenvallen)	hücum etmək	[hy'dʒʲum ɛt'mæk]
veroveren (ww)	istila etmək	[isti'la ɛt'mæk]
innemen (binnenvallen)	işğal etmək	[iʃ'ɣal ɛt'mæk]

bezetting (de)	mühasirə	[myhasi'ræ]
bezet (bn)	mühasirə olunmuş	[myhasi'ræ olʲun'muʃ]
belegeren (ww)	mühasirə etmək	[myhasi'ræ ɛt'mæk]

inquisitie (de)	inkvizisiya	[inkvi'zisija]
inquisiteur (de)	inkvizitor	[inkvi'zitor]
foltering (de)	işgəncə	[iʃgæn'dʒʲæ]
wreed (bn)	qəddar	[gæd'dar]
ketter (de)	kafir	[ka'fir]
ketterij (de)	küfr	['kyfr]

169

zeevaart (de)	gəmiçilik	[gæmitʃi'lik]
piraat (de)	dəniz qulduru	[dæ'niz guldu'ru]
piraterij (de)	dəniz quldurluğu	[dæ'niz guldurlʲu'ɣu]
enteren (het)	abordaj	[abor'daʒ]
buit (de)	qənimət	[gæni'mæt]
schatten (mv.)	xəzinə	[χæzi'næ]

ontdekking (de)	kəşf etmə	['kæʃf ɛt'mæ]
ontdekken (bijv. nieuw land)	kəşf etmək	['kæʃf ɛt'mæk]
expeditie (de)	ekspedisiya	[ɛkspɛ'disija]

musketier (de)	muşketyor	[muʃkɛ'tʲor]
kardinaal (de)	kardinal	[kardi'nal]
heraldiek (de)	heraldika	[hɛ'raldika]
heraldisch (bn)	heraldik	[hɛral'dik]

189. Leider. Baas. Autoriteiten

koning (de)	kral	['kral]
koningin (de)	kraliçə	[kra'litʃæ]
koninklijk (bn)	kral	['kral]
koninkrijk (het)	krallıq	[kral'lıh]

| prins (de) | şahzadə | [ʃahza'dæ] |
| prinses (de) | şahzadə xanım | [ʃahza'dæ χa'nım] |

president (de)	prezident	[prɛzi'dɛnt]
vicepresident (de)	vitse-prezident	['vitsɛ prɛzi'dɛnt]
senator (de)	senator	[sɛ'nator]

monarch (de)	padşah	[pad'ʃah]
heerser (de)	hökmdar	[høkm'dar]
dictator (de)	diktator	[dik'tator]
tiran (de)	zülmkar	[zylʲm'kar]
magnaat (de)	maqnat	[mag'nat]

directeur (de)	direktor	[di'rɛktor]
chef (de)	rəis	[ræ'is]
beheerder (de)	idarə başçısı	[ida'ræ baʃtʃı'sı]
baas (de)	boss	['boss]
eigenaar (de)	sahib	[sa'hip]

hoofd (bijv. ~ van de delegatie)	başçı	[baʃ'tʃı]
autoriteiten (mv.)	hakimiyyət	[hakimi'æt]
superieuren (mv.)	rəhbərlik	[ræhbær'lik]

gouverneur (de)	qubernator	[gubɛr'nator]
consul (de)	konsul	['konsul]
diplomaat (de)	diplomat	[diplo'mat]
burgemeester (de)	şəhər icra hakimiyyətinin başçısı	[ʃæ'hær idʒ'ra hakimiæti'nin baʃtʃı'sı]

| sheriff (de) | şerif | [ʃɛ'rif] |
| keizer (bijv. Romeinse ~) | imperator | [impɛ'rator] |

tsaar (de)	çar	['ʧar]
farao (de)	firon	[fi'ron]
kan (de)	xan	['χan]

190. Weg. Weg. Routebeschrijving

| weg (de) | yol | ['jol] |
| route (de kortste ~) | yol | ['jol] |

autoweg (de)	şose	[ʃo'sɛ]
snelweg (de)	avtomobil maqistralı	[avtomo'bil magistra'lı]
rijksweg (de)	milli yol	[mil'li 'jol]

| hoofdweg (de) | əsas yol | [æ'sas 'jol] |
| landweg (de) | kəndarası yol | [kændara'sı 'jol] |

| pad (het) | cığır | [ʤɨ'ɣır] |
| paadje (het) | cığır | [ʤɨ'ɣır] |

Waar?	Harada?	['harada]
Waarheen?	Haraya?	['haraja]
Waaruit?	Haradan?	['haradan]

| richting (de) | istiqamət | [istiga'mæt] |
| aanwijzen (de weg ~) | göstərmək | [gøstær'mæk] |

naar links (bw)	sola	[so'la]
naar rechts (bw)	sağa	[sa'ɣa]
rechtdoor (bw)	irəli	[iræ'li]
terug (bijv. ~ keren)	geri	[gɛ'ri]

bocht (de)	dönmə yeri	[døn'mæ ɛ'ri]
afslaan (naar rechts ~)	döndərmək	[døndær'mæk]
U-bocht maken (ww)	dönmək	[døn'mæk]

| zichtbaar worden (ww) | görünmək | [gøryn'mæk] |
| verschijnen (in zicht komen) | görünmək | [gøryn'mæk] |

stop (korte onderbreking)	dayanma	[dajan'ma]
zich verpozen (uitrusten)	dincəlmək	[dinʤæl'mæk]
rust (de)	dincəlmə	[dinʤæl'mæ]

verdwalen (de weg kwijt zijn)	yolu azmaq	[jo'ɫu az'mah]
leiden naar … (de weg)	aparmaq	[apar'mah]
bereiken (ergens aankomen)	… çıxmaq	[… ʧıχ'mah]
deel (~ van de weg)	parça	[par'ʧa]

asfalt (het)	asfalt	[as'falt]
trottoirband (de)	haşiyə	[haʃi'jæ]
greppel (de)	arx	['arχ]
putdeksel (het)	lyuk	['ɫuk]
vluchtstrook (de)	yolun qırağı	[jo'ɫun gıra'ɣı]
kuil (de)	çuxur	[ʧu'χur]
gaan (te voet)	getmək	[gɛt'mæk]

171

inhalen (voorbijgaan)	ötüb keçmək	[ø'typ kɛtʃ'mæk]
stap (de)	addım	[ad'dım]
te voet (bw)	piyada	[pija'da]

blokkeren (de weg ~)	kəsmək	[kæs'mæk]
slagboom (de)	şlaqbaum	[ʃlag'baum]
doodlopende straat (de)	dalan	[da'lan]

191. De wet overtreden. Criminelen. Deel 1

bandiet (de)	quldur	[gul'dur]
misdaad (de)	cinayət	[dʒiina'jæt]
misdadiger (de)	cinayətkar	[dʒiinajæt'kar]

dief (de)	oğru	[o'ɣru]
stelen (ww)	oğurlamaq	[oɣurla'mah]
stelen, diefstal (de)	oğurluq	[oɣur'lʲuh]

kidnappen (ww)	qaçırtmaq	[gatʃırt'mah]
kidnapping (de)	qaçırtma	[gatʃırt'ma]
kidnapper (de)	adam oğrusu	[a'dam oɣru'su]

| losgeld (het) | fidiyə | [fidi'ja] |
| eisen losgeld (ww) | fidiyə tələb etmək | [fidi'ja tæ'læp ɛt'mæk] |

| overvallen (ww) | adam soymaq | [a'dam soj'mah] |
| overvaller (de) | soyğunçu | [sojɣun'tʃu] |

afpersen (ww)	zorla pul qoparmaq	['zorla 'pul gopar'mah]
afperser (de)	zorla pul qoparan	['zorla 'pul gopa'ran]
afpersing (de)	zorla pul qoparma	['zorla 'pul gopar'ma]

vermoorden (ww)	öldürmək	[øldyr'mæk]
moord (de)	qətl	['gætl]
moordenaar (de)	qatil	[ga'til]

schot (het)	atəş	[a'tæʃ]
een schot lossen	güllə atmaq	[gyl'læ at'mah]
neerschieten (ww)	güllə ilə vurmaq	[gyl'læ i'læ vur'mah]
schieten (ww)	atəş açmaq	[a'tæʃ atʃ'mah]
schieten (het)	atəş	[a'tæʃ]

ongeluk (gevecht, enz.)	hadisə	[hadi'sæ]
gevecht (het)	dava-dalaş	[da'va da'laʃ]
slachtoffer (het)	qurban	[gur'ban]

beschadigen (ww)	xarab etmək	[χa'rap ɛt'mæk]
schade (de)	ziyan	[zi'jan]
lijk (het)	meyit	[mɛ'it]
zwaar (~ misdrijf)	ağır	[a'ɣır]

aanvallen (ww)	hücum etmək	[hy'dʒium ɛt'mæk]
slaan (iemand ~)	vurmaq	[vur'mah]
in elkaar slaan (toetakelen)	döymək	[døj'mæk]

ontnemen (beroven)	əlindən almaq	[ælin'dæn al'mah]
steken (met een mes)	bıçaqlamaq	[bɪtʃagla'mah]
verminken (ww)	şikəst etmək	[ʃi'kæst ɛt'mæk]
verwonden (ww)	yaralamaq	[jarala'mah]

chantage (de)	şantaj	[ʃan'taʒ]
chanteren (ww)	şantaj etmək	[ʃan'taʒ ɛt'mæk]
chanteur (de)	şantajçı	[ʃantaʒ'tʃı]

afpersing (de)	reket	['rɛkɛt]
afperser (de)	reketçi	['rɛkɛtʃi]
gangster (de)	qanqster	['gangstɛr]
maffia (de)	mafiya	['mafija]

kruimeldief (de)	cibgir	[dʒib'gir]
inbreker (de)	ev yaran	['ɛv ja'ran]
smokkelen (het)	qaçaqçılıq	[gatʃagtʃı'lıh]
smokkelaar (de)	qaçaqçı	[gatʃag'tʃı]

namaak (de)	saxtalaşdırma	[saχtalaʃdır'ma]
namaken (ww)	saxtalaşdırmaq	[saχtalaʃdır'mah]
namaak-, vals (bn)	saxta	[saχ'ta]

192. De wet overtreden. Criminelen. Deel 2

verkrachting (de)	zorlama	[zorla'ma]
verkrachten (ww)	zorlamaq	[zorla'mah]
verkrachter (de)	qadın zorlayan	[ga'dın zorla'jan]
maniak (de)	manyak	[ma'njak]

prostituee (de)	fahişə	[fahi'ʃæ]
prostitutie (de)	fahişəlik	[fahiʃæ'lik]
pooier (de)	qadın alverçisi	[ga'dın alvɛrtʃi'si]

drugsverslaafde (de)	narkoman	[narko'man]
drugshandelaar (de)	narkotik alverçisi	[narko'tik alvɛrtʃi'si]

opblazen (ww)	partlatmaq	[partlat'mah]
explosie (de)	partlayış	[partla'jıʃ]
in brand steken (ww)	yandırmaq	[jandır'mah]
brandstichter (de)	qəsdən yandıran	['gæsdæn jandı'ran]

terrorisme (het)	terrorizm	[tɛrro'rizm]
terrorist (de)	terrorçu	[tɛrror'tʃu]
gijzelaar (de)	girov götürülən adam	[gi'rov gøtyry'læn a'dam]

bedriegen (ww)	yalan satmaq	[ja'lan sat'mah]
bedrog (het)	yalan	[ja'lan]
oplichter (de)	fırıldaqçı	[fırıldag'tʃı]

omkopen (ww)	pulla ələ almaq	['pulla æ'læ al'mah]
omkoperij (de)	pulla ələ alma	['pulla æ'læ al'ma]
smeergeld (het)	rüşvət	[ryʃ'væt]
vergif (het)	zəhər	[zæ'hær]

173

| vergiftigen (ww) | zəhərləmək | [zæhærlæ'mæk] |
| vergif innemen (ww) | özünü zəhərləmək | [øzy'ny zæhærlæ'mæk] |

| zelfmoord (de) | intihar | [inti'har] |
| zelfmoordenaar (de) | intihar edən adam | [inti'har ε'dæn a'dam] |

bedreigen (bijv. met een pistool)	hədələmək	[hædælæ'mæk]
bedreiging (de)	hədə	[hæ'dæ]
een aanslag plegen	birinin canına qəsd etmək	[biri'nin dʒʲanı'na 'gæsd εt'mæk]
aanslag (de)	qəsd etmə	['gæsd εt'mæ]

| stelen (een auto) | qaçırmaq | [gatʃır'mah] |
| kapen (een vliegtuig) | qaçırmaq | [gatʃır'mah] |

| wraak (de) | intiqam | [inti'gam] |
| wreken (ww) | intiqam almaq | [inti'gam al'mah] |

martelen (gevangenen)	işgəncə vermək	[iʃgæn'dʒʲæ vεr'mæk]
foltering (de)	işgəncə	[iʃgæn'dʒʲæ]
folteren (ww)	əzab vermək	[æ'zab vεr'mæk]

piraat (de)	dəniz qulduru	[dæ'niz guldu'ru]
straatschender (de)	xuliqan	[χuli'gan]
gewapend (bn)	silahlı	[silah'lı]
geweld (het)	zorakılıq	[zorakı'lıh]

| spionage (de) | casusluq | [dʒʲasus'lʲuh] |
| spioneren (ww) | casusluq etmək | [dʒʲasus'lʲuh εt'mæk] |

193. Politie. Wet. Deel 1

| gerecht (het) | ədalət | [æda'læt] |
| gerechtshof (het) | məhkəmə | [mæhkæ'mæ] |

rechter (de)	hakim	[ha'kim]
jury (de)	prisyajnı içlasçıları	[pri'sʲaʒnı idʒʲlastʃıla'rı]
juryrechtspraak (de)	prisyajnılar məhkəməsi	[pri'sʲaʒnılar mæhkæmæ'si]
berechten (ww)	mühakimə etmək	[myhaki'mæ εt'mæk]

advocaat (de)	vəkil	[væ'kil]
beklaagde (de)	müqəssir	[mygæs'sir]
beklaagdenbank (de)	müqəssirlər kürsüsü	[mygæssir'lær kyrsy'sy]

| beschuldiging (de) | ittiham | [itti'ham] |
| beschuldigde (de) | müttəhim | [myttæ'him] |

| vonnis (het) | hökm | ['høkm] |
| veroordelen (in een rechtszaak) | məhkum etmək | [mæh'kum εt'mæk] |

| schuldige (de) | təqsirkar | [tægsir'kar] |
| straffen (ww) | cəzalandırmaq | [dʒʲæzalandır'mah] |

bestraffing (de)	cəza	[dʒ'æ'za]
boete (de)	cərimə	[dʒ'æri'mæ]
levenslange opsluiting (de)	ömürlük həbs cəzası	[ømyr'lyk 'hæbs dʒ'æza'sı]
doodstraf (de)	ölüm cəzası	[ø'lym dʒ'æza'sı]
elektrische stoel (de)	elektrik stul	[ɛlɛkt'rik 'stul]
schavot (het)	dar ağacı	['dar aɣa'dʒ'ı]

| executeren (ww) | edam etmək | [ɛ'dam ɛt'mæk] |
| executie (de) | edam | [ɛ'dam] |

| gevangenis (de) | həbsxana | [hæbsχa'na] |
| cel (de) | kamera | ['kamɛra] |

konvooi (het)	mühafizə dəstəsi	[myhafi'zæ dæstæ'si]
gevangenisbewaker (de)	gözətçi	[gøzæ'ʧi]
gedetineerde (de)	dustaq	[dus'tah]

| handboeien (mv.) | əl qandalları | ['æl gandalla'rı] |
| handboeien omdoen | əl qandalları vurmaq | ['æl gandalla'rı vur'mah] |

ontsnapping (de)	qaçış	[ga'ʧıʃ]
ontsnappen (ww)	qaçmaq	[gaʧ'mah]
verdwijnen (ww)	yox olmaq	['joχ ol'mah]
vrijlaten (uit de gevangenis)	azad etmək	[a'zad ɛt'mæk]
amnestie (de)	əhf	['æhf]

politie (de)	polis	[po'lis]
politieagent (de)	polis	[po'lis]
politiebureau (het)	polis idarəsi	[po'lis idaræ'si]
knuppel (de)	rezin dəyənək	[rɛ'zin dæjæ'næk]
megafoon (de)	rupor	['rupor]

patrouilleerwagen (de)	patrul maşını	[pat'rul maʃı'nı]
sirene (de)	sirena	[si'rɛna]
de sirene aansteken	sirenanı qoşmaq	[si'rɛnanı goʃ'mah]
geloei (het) van de sirene	sirena səsi	[si'rɛna sæ'si]

plaats delict (de)	hadisə yeri	[hadi'sæ ɛ'ri]
getuige (de)	şahid	[ʃa'hid]
vrijheid (de)	azadlıq	[azad'lıh]
handlanger (de)	cinayət ortağı	[dʒ'ina'jæt orta'ɣı]
ontvluchten (ww)	gözdən itmək	[gøz'dæn it'mæk]
spoor (het)	iz	['iz]

194. Politie. Wet. Deel 2

opsporing (de)	axtarış	[aχta'rıʃ]
opsporen (ww)	axtarmaq	[aχtar'mah]
verdenking (de)	şübhə	[ʃyb'hæ]
verdacht (bn)	şübhəli	[ʃybhæ'li]
aanhouden (stoppen)	dayandırmaq	[dajandır'mah]
tegenhouden (ww)	saxlamaq	[saχla'mah]
strafzaak (de)	iş	['iʃ]
onderzoek (het)	istintaq	[istin'tah]

detective (de)	detektiv	[dɛtɛk'tiv]
onderzoeksrechter (de)	müstəntiq	[mystæn'tih]
versie (de)	versiya	['vɛrsija]
motief (het)	əsas	[æ'sas]
verhoor (het)	dindirilmə	[dindiril'mæ]
ondervragen (door de politie)	dindirmək	[dindir'mæk]
ondervragen (omstanders ~)	sorğulamaq	[sorɣula'mah]
controle (de)	yoxlama	[joχla'ma]
razzia (de)	basqın	[bas'gın]
huiszoeking (de)	axtarış	[aχta'rıʃ]
achtervolging (de)	təqib etmə	[tæ'gip ɛt'mæ]
achtervolgen (ww)	təqib etmək	[tæ'gip ɛt'mæk]
opsporen (ww)	izləmək	[izlæ'mæk]
arrest (het)	həbs	['hæbs]
arresteren (ww)	həbs etmək	['hæbs ɛt'mæk]
vangen, aanhouden (een dief, enz.)	tutmaq	[tut'mah]
aanhouding (de)	tutma	[tut'ma]
document (het)	sənəd	[sæ'næd]
bewijs (het)	sübut	[sy'but]
bewijzen (ww)	sübut etmək	[sy'but ɛt'mæk]
voetspoor (het)	iz	['iz]
vingerafdrukken (mv.)	barmaq izləri	[bar'mah izlæ'ri]
bewijs (het)	dəlil	[dæ'lil]
alibi (het)	alibi	['alibi]
onschuldig (bn)	günahsız	[gynah'sız]
onrecht (het)	ədalətsizlik	[ædalætsiz'lik]
onrechtvaardig (bn)	ədalətsiz	[ædalæ'tsiz]
crimineel (bn)	kriminal	[krimi'nal]
confisqueren (in beslag nemen)	müsadirə etmək	[mysadi'ræ ɛt'mæk]
drug (de)	narkotik maddə	[narko'tik mad'dæ]
wapen (het)	silah	[si'lah]
ontwapenen (ww)	tərksilah etmək	[tærksi'lah ɛt'mæk]
bevelen (ww)	əmr etmək	['æmr ɛt'mæk]
verdwijnen (ww)	yox olmaq	['joχ ol'mah]
wet (de)	qanun	[ga'nun]
wettelijk (bn)	qanuni	[ganu'ni]
onwettelijk (bn)	qanunsuz	[ganun'suz]
verantwoordelijkheid (de)	məsuliyyət	[mæsuli'æt]
verantwoordelijk (bn)	məsul	[mæ'sul]

NATUUR

De Aarde. Deel 1

195. De kosmische ruimte

kosmos (de)	kosmos	['kosmos]
kosmisch (bn)	kosmik	[kos'mik]
kosmische ruimte (de)	kosmik fəza	[kos'mik fæ'za]

wereld (de)	dünya	[dy'nja]
heelal (het)	kainat	[kai'nat]
sterrenstelsel (het)	qalaktika	[ga'laktika]

ster (de)	ulduz	[ul'duz]
sterrenbeeld (het)	bürc	['byrdʒ']
planeet (de)	planet	[pla'nɛt]
satelliet (de)	peyk	['pɛjk]

meteoriet (de)	meteorit	[mɛtɛo'rit]
komeet (de)	kometa	[ko'mɛta]
asteroïde (de)	asteroid	[astɛ'roid]

baan (de)	orbita	[or'bita]
draaien (om de zon, enz.)	fırlanmaq	[fırlan'mah]
atmosfeer (de)	atmosfer	[atmos'fɛr]

Zon (de)	Günəş	[gy'næʃ]
zonnestelsel (het)	Günəş sistemi	[gy'næʃ sistɛ'mi]
zonsverduistering (de)	günəşin tutulması	[gynæ'ʃin tutulma'sı]

| Aarde (de) | Yer | ['ɛr] |
| Maan (de) | Ay | ['aj] |

Mars (de)	Mars	['mars]
Venus (de)	Venera	[vɛ'nɛra]
Jupiter (de)	Yupiter	[ju'pitɛr]
Saturnus (de)	Saturn	[sa'turn]

Mercurius (de)	Merkuri	[mɛr'kurij]
Uranus (de)	Uran	[u'ran]
Neptunus (de)	Neptun	[nɛp'tun]
Pluto (de)	Pluton	[plʲu'ton]

Melkweg (de)	Ağ Yol	['aɣ 'jol]
Grote Beer (de)	Böyük ayı bürcü	[bø'juk a'jı byr'dʒy]
Poolster (de)	Qütb ulduzu	['gytp uldu'zu]
marsmannetje (het)	marslı	[mars'lı]
buitenaards wezen (het)	başqa planetdən gələn	[baʃga planɛt'dæn gæ'læn]

bovenaards (het)	gəlmə	[gæl'mæ]
vliegende schotel (de)	uçan boşqab	[u'ʧan boʃ'gap]
ruimtevaartuig (het)	kosmik gəmi	[kos'mik gæ'mi]
ruimtestation (het)	orbital stansiya	[orbi'tal 'stansija]
start (de)	start	['start]
motor (de)	mühərrik	[myhær'rik]
straalpijp (de)	ucluq	[udʒ'lʲuh]
brandstof (de)	yanacaq	[jana'dʒʲah]
cabine (de)	kabina	[ka'bina]
antenne (de)	antenna	[an'tɛnna]
patrijspoort (de)	illüminator	[illymi'nator]
zonnebatterij (de)	günəş batareyası	[gy'næʃ bata'rɛjasɪ]
ruimtepak (het)	skafandr	[ska'fandr]
gewichtloosheid (de)	çəkisizlik	[ʧækisiz'lik]
zuurstof (de)	oksigen	[oksi'gɛn]
koppeling (de)	uc-uca calama	['udʒʲ u'dʒʲa dʒʲala'ma]
koppeling maken	uc-uca calamaq	['udʒʲ u'dʒʲa dʒʲala'mah]
observatorium (het)	observatoriya	[obsɛrva'torija]
telescoop (de)	teleskop	[tɛlɛs'kop]
waarnemen (ww)	müşaidə etmək	[myʃai'dæ ɛt'mæk]
exploreren (ww)	araşdırmaq	[araʃdɪr'mah]

196. De Aarde

Aarde (de)	Yer	['ɛr]
aardbol (de)	yer kürəsi	['ɛr kyræ'si]
planeet (de)	planet	[pla'nɛt]
atmosfeer (de)	atmosfer	[atmos'fɛr]
aardrijkskunde (de)	coğrafiya	[dʒʲo'ɣrafija]
natuur (de)	təbiət	[tæbi'æt]
wereldbol (de)	qlobus	['globus]
kaart (de)	xəritə	[xæri'tæ]
atlas (de)	atlas	['atlas]
Europa (het)	Avropa	[av'ropa]
Azië (het)	Asiya	['asija]
Afrika (het)	Afrika	['afrika]
Australië (het)	Avstraliya	[av'stralija]
Amerika (het)	Amerika	[a'mɛrika]
Noord-Amerika (het)	Şimali Amerika	[ʃima'li a'mɛrika]
Zuid-Amerika (het)	Cənubi Amerika	[dʒʲænu'bi a'mɛrika]
Antarctica (het)	Antarktida	[antark'tida]
Arctis (de)	Arktika	['arktika]

197. Windrichtingen

noorden (het)	şimal	[ʃi'mal]
naar het noorden	şimala	[ʃima'la]
in het noorden	şimalda	[ʃimal'da]
noordelijk (bn)	şimali	[ʃima'li]

zuiden (het)	cənub	[dʒʲæ'nup]
naar het zuiden	cənuba	[dʒʲænu'ba]
in het zuiden	cənubda	[dʒʲænub'da]
zuidelijk (bn)	cənubi	[dʒʲænu'bi]

westen (het)	qərb	['gærp]
naar het westen	qərbə	[gær'bæ]
in het westen	qərbdə	[gærb'dæ]
westelijk (bn)	qərb	['gærp]

oosten (het)	şərq	['ʃærh]
naar het oosten	şərqə	[ʃær'gæ]
in het oosten	şərqdə	[ʃærg'dæ]
oostelijk (bn)	şərq	['ʃærh]

198. Zee. Oceaan

zee (de)	dəniz	[dæ'niz]
oceaan (de)	okean	[okɛ'an]
golf (baai)	körfəz	[kør'fæz]
straat (de)	boğaz	[bo'gaz]

grond (vaste grond)	quru	[gu'ru]
continent (het)	materik	[matɛ'rik]
eiland (het)	ada	[a'da]
schiereiland (het)	yarımada	[jarıma'da]
archipel (de)	arxipelaq	[arχipɛ'lah]

baai, bocht (de)	buxta	['buχta]
haven (de)	liman	[li'man]
lagune (de)	laquna	[la'guna]
kaap (de)	burun	[bu'run]

atol (de)	mərcan adası	[mær'dʒʲan ada'sı]
rif (het)	rif	['rif]
koraal (het)	mərcan	[mær'dʒʲan]
koraalrif (het)	mərcan rifi	[mær'dʒʲan ri'fi]

diep (bn)	dərin	[dæ'rin]
diepte (de)	dərinlik	[dærin'lik]
diepzee (de)	dərinlik	[dærin'lik]
trog (bijv. Marianentrog)	çuxur	[tʃu'χur]

stroming (de)	axın	[a'χın]
omspoelen (ww)	əhatə etmək	[æha'tæ ɛt'mæk]
oever (de)	sahil	[sa'hil]

kust (de)	sahilboyu	[sahilbo'ju]
vloed (de)	yükselme	[jyksæl'mæ]
eb (de)	çekilme	[ʧækil'mæ]
ondiepte (ondiep water)	dayaz yer	[da'jaz 'ɛr]
bodem (de)	dib	['dip]

golf (hoge ~)	dalğa	[dal'ɣa]
golfkam (de)	lepe beli	[læ'pæ bɛ'li]
schuim (het)	köpük	[kø'pyk]

orkaan (de)	qasırğa	[gasır'ɣa]
tsunami (de)	tsunami	[ʦu'nami]
windstilte (de)	tam sakitlik	['tam sakit'lik]
kalm (bijv. ~e zee)	sakit	[sa'kit]

| pool (de) | polyus | ['polʲus] |
| polair (bn) | qütbi | [gyt'bi] |

breedtegraad (de)	en dairesi	['ɛn dairæ'si]
lengtegraad (de)	uzunluq dairesi	[uzun'lʲuh dairæ'si]
parallel (de)	paralel	[para'lɛl]
evenaar (de)	ekvator	[ɛk'vator]

hemel (de)	sema	[sæ'ma]
horizon (de)	üfüq	[y'fyh]
lucht (de)	hava	[ha'va]

vuurtoren (de)	mayak	[ma'jak]
duiken (ww)	dalmaq	[dal'mah]
zinken (ov. een boot)	batmaq	[bat'mah]
schatten (mv.)	xezine	[χæzi'næ]

199. Namen van zeeën en oceanen

Atlantische Oceaan (de)	Atlantik okean	[atlan'tik okɛ'an]
Indische Oceaan (de)	Hind okeanı	['hind okɛa'nı]
Stille Oceaan (de)	Sakit okean	[sa'kit okɛ'an]
Noordelijke IJszee (de)	Şimal buzlu okeanı	[ʃi'mal buz'lʲu okɛ'an]

Zwarte Zee (de)	Qara deniz	[ga'ra dæ'niz]
Rode Zee (de)	Qırmızı deniz	[gırmı'zı dæ'niz]
Gele Zee (de)	Sarı deniz	[sa'rı dæ'niz]
Witte Zee (de)	Ağ deniz	['aɣ dæ'niz]

Kaspische Zee (de)	Xezer denizi	[χæ'zær dæni'zi]
Dode Zee (de)	Ölü denizi	[ø'ly dæni'zi]
Middellandse Zee (de)	Aralıq denizi	[ara'lıh dæni'zi]

| Egeïsche Zee (de) | Egey denizi | [æ'gɛj dæni'zi] |
| Adriatische Zee (de) | Adriatik denizi | [adria'tik dæni'zi] |

Arabische Zee (de)	Ereb denizi	[æ'ræp dæni'zi]
Japanse Zee (de)	Yapon denizi	[ja'pon dæni'zi]
Beringzee (de)	Berinq denizi	['bɛrinh dæni'zi]

Zuid-Chinese Zee (de)	Cənubi Çin dənizi	[dʒ'ænu'bi 'tʃin dæni'zi]
Koraalzee (de)	Mərcan dənizi	[mær'dʒ'an dæni'zi]
Tasmanzee (de)	Tasman dənizi	[tas'man dæni'zi]
Caribische Zee (de)	Karib dənizi	[ka'rip dæni'zi]

Barentszzee (de)	Barens dənizi	['barɛns dæni'zi]
Karische Zee (de)	Kars dənizi	['kars dæni'zi]

Noordzee (de)	Şimal dənizi	[ʃi'mal dæni'zi]
Baltische Zee (de)	Baltik dənizi	[bal'tik dæni'zi]
Noorse Zee (de)	Norveç dənizi	[nor'vɛtʃ dæni'zi]

200. Bergen

berg (de)	dağ	['daɣ]
bergketen (de)	dağ silsiləsi	['daɣ silsilæ'si]
gebergte (het)	sıra dağlar	[sı'ra da'ɣlar]

bergtop (de)	baş	['baʃ]
bergpiek (de)	zirvə	[zir'væ]
voet (ov. de berg)	ətək	[æ'tæk]
helling (de)	yamac	[ja'madʒ']

vulkaan (de)	yanardağ	[janar'daɣ]
actieve vulkaan (de)	fəal yanardağ	[fæ'al janar'daɣ]
uitgedoofde vulkaan (de)	sönmüş yanardağ	[søn'myʃ janar'daɣ]

uitbarsting (de)	püskürmə	[pyskyr'mæ]
krater (de)	yanardağ ağzı	[janar'daɣ a'ɣzı]
magma (het)	maqma	['magma]
lava (de)	lava	['lava]
gloeiend (~e lava)	qızmar	[gız'mar]
kloof (canyon)	kanyon	[ka'njon]
bergkloof (de)	dərə	[dæ'ræ]
spleet (de)	dar dərə	['dar dæ'ræ]

bergpas (de)	dağ keçidi	['daɣ kɛtʃi'di]
plateau (het)	plato	['plato]
klip (de)	qaya	[ga'ja]
heuvel (de)	təpə	[tæ'pæ]

gletsjer (de)	buzlaq	[buz'lah]
waterval (de)	şəlalə	[ʃæla'læ]
geiser (de)	qeyzer	['gɛjzɛr]
meer (het)	göl	['gølʲ]

vlakte (de)	düzən	[dy'zæn]
landschap (het)	mənzərə	[mænzæ'ræ]
echo (de)	əks-səda	['æks sæ'da]

alpinist (de)	alpinist	[alpi'nist]
bergbeklimmer (de)	qayalara dırmaşan idmançı	[gajala'ra dırma'ʃan idman'tʃı]
trotseren (berg ~)	fəth etmək	['fæth ɛt'mæk]
beklimming (de)	dırmaşma	[dırmaʃ'ma]

201. Bergen namen

Alpen (de)	Alp dağları	['alp daɣla'rı]
Mont Blanc (de)	Monblan	[mon'blan]
Pyreneeën (de)	Pireney	[pirɛ'nɛj]

Karpaten (de)	Karpat	[kar'pat]
Oeralgebergte (het)	Ural dağları	[u'ral daɣla'rı]
Kaukasus (de)	Qafqaz	[gafˈgaz]
Elbroes (de)	Elbrus	[ɛlb'rus]

Altaj (de)	Altay	[al'taj]
Tiensjan (de)	Tyan-Şan	['tjan 'ʃan]
Pamir (de)	Pamir	[pa'mir]
Himalaya (de)	Himalay	[gima'laj]
Everest (de)	Everest	[ævɛ'rɛst]

| Andes (de) | And dağları | ['and daɣla'rı] |
| Kilimanjaro (de) | Kilimancaro | [kiliman'dʒaro] |

202. Rivieren

rivier (de)	çay	['ʧaj]
bron (~ van een rivier)	çeşmə	[ʧɛʃ'mæ]
rivierbedding (de)	çay yatağı	['ʧaj jata'ɣı]
rivierbekken (het)	hovuz	[ho'vuz]
uitmonden in …	tökülmək	[tøkyl'mæk]

| zijrivier (de) | axın | [a'xın] |
| oever (de) | sahil | [sa'hil] |

stroming (de)	axın	[a'xın]
stroomafwaarts (bw)	axınla aşağıya doğru	[a'xınla aʃaɣı'ja do'ɣru]
stroomopwaarts (bw)	axınla yuxarıya doğru	[a'xınla juxarı'ja do'ɣru]

overstroming (de)	daşqın	[daʃ'gın]
overstroming (de)	sel	['sɛl]
buiten zijn oevers treden	daşmaq	[daʃ'mah]
overstromen (ww)	su basmaq	['su bas'mah]

| zandbank (de) | say | ['saj] |
| stroomversnelling (de) | kandar | [kan'dar] |

dam (de)	bənd	['bænd]
kanaal (het)	kanal	[ka'nal]
spaarbekken (het)	su anbarı	['su anba'rı]
sluis (de)	şlyuz	['ʃlʲuz]

waterlichaam (het)	nohur	[no'hur]
moeras (het)	bataqlıq	[batag'lıh]
broek (het)	bataq	[ba'tah]
draaikolk (de)	qıjov	[gı'ʒov]
stroom (de)	kiçik çay	[ki'ʧik 'ʧaj]

| drink- (abn) | içməli | [itʃmæ'li] |
| zoet (~ water) | şirin | [ʃi'rin] |

| IJs (het) | buz | ['buz] |
| bevriezen (rivier, enz.) | donmaq | [don'mah] |

203. Namen van rivieren

| Seine (de) | Sena | ['sɛna] |
| Loire (de) | Luara | [lʲu'ara] |

Theems (de)	Temza	['tɛmza]
Rijn (de)	Reyn	['rɛjn]
Donau (de)	Dunay	[du'naj]

Wolga (de)	Volqa	['volga]
Don (de)	Don	['don]
Lena (de)	Lena	['lɛna]

Gele Rivier (de)	Xuanxe	[χuan'χɛ]
Blauwe Rivier (de)	Yanqdzı	[jang'dzı]
Mekong (de)	Mekonq	[mɛ'konh]
Ganges (de)	Qanq	['ganh]

Nijl (de)	Nil	['nil]
Kongo (de)	Konqo	['kongo]
Okavango (de)	Okavanqo	[oka'vango]
Zambezi (de)	Zambezi	[zam'bɛzi]
Limpopo (de)	Limpopo	[limpo'po]
Mississippi (de)	Missisipi	[misi'sipi]

204. Bos

| bos (het) | meşə | [mɛ'ʃæ] |
| bos- (abn) | meşə | [mɛ'ʃæ] |

oerwoud (dicht bos)	sıx meşəlik	['sıχ mɛʃæ'lik]
bosje (klein bos)	ağaclıq	[aɣadʒ'lıh]
open plek (de)	tala	[ta'la]

| struikgewas (het) | cəngəllik | [dʒʲængæl'lik] |
| struiken (mv.) | kolluq | [kol'lʲuh] |

| paadje (het) | cığır | [dʒʲı'ɣır] |
| ravijn (het) | yarğan | [jar'ɣan] |

boom (de)	ağac	[a'ɣadʒʲ]
blad (het)	yarpaq	[jar'pah]
gebladerte (het)	yarpaqlar	[jarpag'lar]

| vallende bladeren (mv.) | yarpağın tökülməsi | [jarpa'ɣın tøkylmæ'si] |
| vallen (ov. de bladeren) | tökülmək | [tøkyl'mæk] |

boomtop (de)	baş	['baʃ]
tak (de)	budaq	[bu'dah]
ent (de)	budaq	[bu'dah]
knop (de)	tumurcuq	[tumur'dʒyh]
naald (de)	iynə	[ij'næ]
dennenappel (de)	qoza	[go'za]

boom holte (de)	oyuq	[o'juh]
nest (het)	yuva	[ju'va]
hol (het)	yuva	[ju'va]

stam (de)	gövdə	[gøv'dæ]
wortel (bijv. boom~s)	kök	['køk]
schors (de)	qabıq	[ga'bıh]
mos (het)	mamır	[ma'mır]

ontwortelen (een boom)	kötük çıxarmaq	[kø'tyk tʃıxar'mah]
kappen (een boom ~)	kəsmək	[kæs'mæk]
ontbossen (ww)	qırıb qurtarmaq	[gı'rıp gurtar'mah]
stronk (de)	kötük	[kø'tyk]

kampvuur (het)	tonqal	[ton'gal]
bosbrand (de)	yanğın	[jan'ɣın]
blussen (ww)	söndürmək	[søndyr'mæk]

boswachter (de)	meşəbəyi	[mɛʃæbæ'jı]
bescherming (de)	qoruma	[goru'ma]
beschermen (bijv. de natuur ~)	mühafizə etmək	[myhafi'zæ ɛt'mæk]
stroper (de)	brakonyer	[brako'njɛr]
val (de)	tələ	[tæ'læ]

| plukken (vruchten, enz.) | yığmaq | [jı'ɣmah] |
| verdwalen (de weg kwijt zijn) | yolu azmaq | [jo'lʲu az'mah] |

205. Natuurlijke hulpbronnen

natuurlijke rijkdommen (mv.)	təbii ehtiyatlar	[tæbi'i ɛhtijat'lar]
delfstoffen (mv.)	yeraltı sərvətlər	[ɛral'tı særvæt'lær]
lagen (mv.)	yataqlar	[jatag'lar]
veld (bijv. olie~)	yataq	[ja'tah]

winnen (uit erts ~)	hasil etmək	[ha'sil ɛt'mæk]
winning (de)	hasilat	[hasi'lat]
erts (het)	filiz	[fi'liz]
mijn (bijv. kolenmijn)	mədən	['mæ'dæn]
mijnschacht (de)	quyu	[gu'ju]
mijnwerker (de)	şaxtaçı	['ʃaxtatʃı]

| gas (het) | qaz | ['gaz] |
| gasleiding (de) | qaz borusu | ['gaz boru'su] |

| olie (aardolie) | neft | ['nɛft] |
| olieleiding (de) | neft borusu | ['nɛft boru'su] |

oliebron (de)	neft quöllesi	['nɛft gyllæ'si]
boortoren (de)	neft buruğu	['nɛft buru'ɣu]
tanker (de)	tanker	['tankɛr]

zand (het)	qum	['gum]
kalksteen (de)	əhəngdaşı	[æhængda'ʃı]
grind (het)	çınqıl	[ʧın'gıl]
veen (het)	torf	['torf]
klei (de)	gil	['gil]
steenkool (de)	kömür	[kø'myr]

IJzer (het)	dəmir	[dæ'mir]
goud (het)	qızıl	[gı'zıl]
zilver (het)	gümüş	[gy'myʃ]
nikkel (het)	nikel	['nikɛl]
koper (het)	mis	['mis]

zink (het)	sink	['sink]
mangaan (het)	manqan	[man'gan]
kwik (het)	civə	[ʤi'væ]
lood (het)	qurğuşun	[gurɣu'ʃun]

mineraal (het)	mineral	[minɛ'ral]
kristal (het)	kristal	[kris'tal]
marmer (het)	mərmər	[mær'mær]
uraan (het)	uran	[u'ran]

De Aarde. Deel 2

206. Weer

weer (het)	hava	[ha'va]
weersvoorspelling (de)	hava proqnozu	[ha'va progno'zu]
temperatuur (de)	temperatur	[tɛmpɛra'tur]
thermometer (de)	istilik ölçən	[isti'lik øl'tʃæn]
barometer (de)	barometr	[ba'romɛtr]
vochtigheid (de)	rütubət	[rytu'bæt]
hitte (de)	çox isti hava	['tʃoχ is'ti ha'va]
heet (bn)	çox isti	['tʃoχ is'ti]
het is heet	çox istidir	['tʃoχ is'tidir]
het is warm	istidir	[is'tidir]
warm (bn)	isti	[is'ti]
het is koud	soyuqdur	[so'jugdur]
koud (bn)	soyuq	[so'juh]
zon (de)	günəş	[gy'næʃ]
schijnen (de zon)	içıq saçmaq	[i'ʃıh satʃ'mah]
zonnig (~e dag)	günəşli	[gynæʃ'li]
opgaan (ov. de zon)	çıxmaq	[tʃıχ'mah]
ondergaan (ww)	batmaq	[bat'mah]
wolk (de)	bulud	[bu'lʲud]
bewolkt (bn)	buludlu	[bulʲud'lʲu]
regenwolk (de)	qara bulud	[ga'ra bu'lʲud]
somber (bn)	tutqun	[tut'gun]
regen (de)	yağış	[ja'ɣıʃ]
het regent	yağır	[ja'ɣır]
regenachtig (bn)	yağışlı	[jaɣıʃ'lı]
motregenen (ww)	çiskinləmək	[tʃiskinlæ'mæk]
plensbui (de)	şiddətli yağış	[ʃiddæt'li ja'ɣıʃ]
stortbui (de)	sel	['sɛl]
hard (bn)	şiddətli	[ʃiddæt'li]
plas (de)	su gölməçəsi	['su gølmætʃæ'si]
nat worden (ww)	islanmaq	[islan'mah]
mist (de)	duman	[du'man]
mistig (bn)	dumanlı	[duman'lı]
sneeuw (de)	qar	['gar]
het sneeuwt	qar yağır	['gar ja'ɣır]

207. Zwaar weer. Natuurrampen

noodweer (storm)	tufan	[tu'fan]
bliksem (de)	şimşek	[ʃim'ʃæk]
flitsen (ww)	çaxmaq	[ʧaχ'mah]
donder (de)	göy gurultusu	[gøj gyrultu'su]
donderen (ww)	guruldamaq	[gurulda'mah]
het dondert	göy guruldayır	[gøj gyrulda'jır]
hagel (de)	dolu	[do'ʎu]
het hagelt	dolu yağır	[do'ʎu ja'ɣır]
overstromen (ww)	su basmaq	['su bas'mah]
overstroming (de)	daşqın	[daʃgın]
aardbeving (de)	zəlzələ	[zælzæ'læ]
aardschok (de)	təkan	[tæ'kan]
epicentrum (het)	mərkəz	[mær'kæz]
uitbarsting (de)	püskürmə	[pyskyr'mæ]
lava (de)	lava	['lava]
wervelwind (de)	burağan	[bura'ɣan]
windhoos (de)	tornado	[tor'nado]
tyfoon (de)	şiddətli fırtına	[ʃiddæt'li fırtı'na]
orkaan (de)	qasırğa	[gasır'ɣa]
storm (de)	fırtına	[fırtı'na]
tsunami (de)	tsunami	[ʦu'nami]
cycloon (de)	siklon	[sik'lon]
onweer (het)	pis hava	['pis ha'va]
brand (de)	yanğın	[jan'ɣın]
ramp (de)	fəlakət	[fæla'kæt]
meteoriet (de)	meteorit	[mɛtɛo'rit]
lawine (de)	qar uçqunu	['gar uʧgu'nu]
sneeuwverschuiving (de)	qar uçqunu	['gar uʧgu'nu]
sneeuwjacht (de)	çovğun	[ʧov'ɣun]
sneeuwstorm (de)	boran	[bo'ran]

208. Geluiden. Geluiden

stilte (de)	səssizlik	[sæssiz'lik]
geluid (het)	səs	['sæs]
lawaai (het)	gurultu	[guɾul'tu]
lawaai maken (ww)	gurultu salmaq	[gurul'tu sal'mah]
lawaaierig (bn)	gurultulu	[gurultu'ʎu]
luid (~ spreken)	ucadan	[udʒʲa'dan]
luid (bijv. ~e stem)	gurultulu	[gurultu'ʎu]
aanhoudend (voortdurend)	daimi	[dai'mi]

187

schreeuw (de)	çığırtı	[ʧɪɣɪr'tɪ]
schreeuwen (ww)	çığırmaq	[ʧɪɣɪr'mah]
gefluister (het)	pıçıltı	[pɪʧɪl'tɪ]
fluisteren (ww)	pıçıldamaq	[pɪʧɪlda'mah]

geblaf (het)	hürmə	[hyr'mæ]
blaffen (ww)	hürmək	[hyr'mæk]

gekreun (het)	inilti	[inil'ti]
kreunen (ww)	inildəmək	[inildæ'mæk]
hoest (de)	öskürək	[øsky'ræk]
hoesten (ww)	öskürmək	[øskyr'mæk]

gefluit (het)	fışqırıq	[fɪʃgɪ'rɪh]
fluiten (op het fluitje blazen)	fışqırıq çalmaq	[fɪʃgɪ'rɪh ʧal'mah]
geklop (het)	taqqıltı	[takkɪl'tɪ]
kloppen (aan een deur)	taqqıldatmaq	[takkɪldat'mah]

kraken (hout, ijs)	şaqqıldamak	[ʃakkɪlda'mag]
gekraak (het)	şaqqıltı	[ʃakkɪl'tɪ]

sirene (de)	sirena	[si'rɛna]
fluit (stoom ~)	fit	['fit]
fluiten (schip, trein)	fit vermək	['fit vɛr'mæk]
toeter (de)	siqnal	[sig'nal]
toeteren (ww)	siqnal vermək	[sig'nal vɛr'mæk]

209. Winter

winter (de)	qış	['gɪʃ]
winter- (abn)	qış	['gɪʃ]
in de winter (bw)	qışda	[gɪʃ'da]

sneeuw (de)	qar	['gar]
het sneeuwt	qar yağır	['gar ja'ɣɪr]
sneeuwval (de)	qar yağması	['gar jaɣma'sɪ]
sneeuwhoop (de)	qar təpəsi	['gar tæpæ'si]

sneeuwvlok (de)	qar dənəciyi	['gar dænædʒi'jɪ]
sneeuwbal (de)	qartopu	[garto'pu]
sneeuwman (de)	qar heykəl	['gar hɛj'kæl]
IJspegel (de)	sallaq buz	[sal'lah 'buz]

december (de)	dekabr	[dɛ'kabr]
januari (de)	yanvar	[jan'var]
februari (de)	fevral	[fɛv'ral]

vorst (de)	şaxta	[ʃaχ'ta]
vries- (abn)	şaxtalı	[ʃaχta'lɪ]

onder nul (bw)	sıfırdan aşağı	['sɪfɪrdan aʃa'ɣɪ]
eerste vorst (de)	səhər şaxtası	[sæ'hær ʃaχta'sɪ]
rijp (de)	qırov	[gɪ'rov]
koude (de)	soyuq	[so'juh]

het is koud	soyuqdur	[so'jugdur]
bontjas (de)	kürk	['kyrk]
wanten (mv.)	təkbarmaq əlcək	[tækbar'mah æl'ʤæk]

ziek worden (ww)	xəstələnmək	[xæstælæn'mæk]
verkoudheid (de)	soyuqdeymə	[sojugdæj'mæ]
verkouden raken (ww)	özünü soyuğa vermək	[øzy'ny soju'ɣa vɛr'mæk]

IJs (het)	buz	['buz]
IJzel (de)	yerin buz bağlaması	[ɛ'rin 'buz baɣlama'sı]
bevriezen (rivier, enz.)	donmaq	[don'mah]
IJsschol (de)	buz kütləsi	['buz kytlæ'si]

ski's (mv.)	xizək	[xi'zæk]
skiër (de)	xizəkçi	[xizæk'tʃi]
skiën (ww)	xizək sürmək	[xi'zæk syr'mæk]
schaatsen (ww)	konki sürmək	[kon'ki syr'mæk]

Fauna

210. Zoogdieren. Roofdieren

roofdier (het)	yırtıcı	[jırtı'dʒʲı]
tijger (de)	pələng	[pæ'lænh]
leeuw (de)	şir	['ʃir]
wolf (de)	canavar	[dʒʲana'var]
vos (de)	tülkü	[tyl'ky]
jaguar (de)	yaquar	[jagu'ar]
luipaard (de)	leopard	[lɛo'pard]
jachtluipaard (de)	gepard	[gɛ'pard]
panter (de)	panter	[pan'tɛr]
poema (de)	puma	['puma]
sneeuwluipaard (de)	qar bəbiri	['gar bæbi'ri]
lynx (de)	vaşaq	[va'ʃah]
coyote (de)	koyot	[ko'jot]
jakhals (de)	çaqqal	[tʃak'kal]
hyena (de)	kaftar	[kʲaf'tar]

211. Wilde dieren

dier (het)	heyvan	[hɛj'van]
beest (het)	vəhşi heyvan	[væh'ʃi hɛj'van]
eekhoorn (de)	sincab	[sin'dʒʲap]
egel (de)	kirpi	[kir'pi]
haas (de)	dovşan	[dov'ʃan]
konijn (het)	ev dovşanı	['ɛv dovʃa'nı]
das (de)	porsuq	[por'suh]
wasbeer (de)	yenot	[ɛ'not]
hamster (de)	dağsiçanı	['daɣsitʃanı]
marmot (de)	marmot	[mar'mot]
mol (de)	köstəbək	[køstæ'bæk]
muis (de)	siçan	[si'tʃan]
rat (de)	siçovul	[sitʃo'vul]
vleermuis (de)	yarasa	[jara'sa]
hermelijn (de)	sincab	[sin'dʒʲap]
sabeldier (het)	samur	[sa'mur]
marter (de)	dələ	[dæ'læ]
wezel (de)	gəlincik	[gɛlin'dʒʲik]
nerts (de)	su samuru	['su samu'ru]

| bever (de) | qunduz | [gun'duz] |
| otter (de) | susamuru | [susamu'ru] |

paard (het)	at	['at]
eland (de)	sığın	[sɪ'ɣɪn]
hert (het)	maral	[ma'ral]
kameel (de)	dəvə	[dæ'væ]

bizon (de)	bizon	[bi'zon]
oeros (de)	zubr	['zubr]
buffel (de)	camış	[dʒ'a'mɪʃ]

zebra (de)	zebra	['zɛbra]
antilope (de)	antilop	[anti'lop]
ree (de)	cüyür	[dʒy'jur]
damhert (het)	xallı maral	[ʁal'lı ma'ral]
gems (de)	dağ keçisi	['daɣ kɛtʃi'si]
everzwijn (het)	qaban	[ga'ban]

walvis (de)	balina	[ba'lina]
rob (de)	suiti	[sui'ti]
walrus (de)	morj	['morʒ]
zeehond (de)	dəniz pişiyi	[dæ'niz piʃi'jı]
dolfijn (de)	delfin	[dɛl'fin]

beer (de)	ayı	[a'jı]
IJsbeer (de)	ağ ayı	['aɣ a'jı]
panda (de)	panda	['panda]

aap (de)	meymun	[mɛj'mun]
chimpansee (de)	şimpanze	[ʃimpan'zɛ]
orang-oetan (de)	oranqutan	[orangu'tan]
gorilla (de)	qorilla	[go'rilla]
makaak (de)	makaka	[ma'kaka]
gibbon (de)	gibbon	[gib'bon]

olifant (de)	fil	['fil]
neushoorn (de)	kərgədən	[kærgæ'dan]
giraffe (de)	zürafə	[zyra'fæ]
nijlpaard (het)	begemot	[bɛgɛ'mot]

| kangoeroe (de) | kenquru | [kɛngu'ru] |
| koala (de) | koala | [ko'ala] |

mangoest (de)	manqust	[man'gust]
chinchilla (de)	şinşilla	[ʃin'ʃila]
stinkdier (het)	skuns	['skuns]
stekelvarken (het)	oxlu kirpi	[oʁ'l'u kir'pi]

212. Huisdieren

poes (de)	pişik	[pi'ʃik]
kater (de)	pişik	[pi'ʃik]
hond (de)	it	['it]

paard (het)	at	['at]
hengst (de)	ayğır	[aj'ɣır]
merrie (de)	madyan	[ma'djan]

koe (de)	inək	[i'næk]
stier (de)	buğa	[bu'ɣa]
os (de)	öküz	[ø'kyz]

schaap (het)	qoyun	[go'jun]
ram (de)	qoyun	[go'jun]
geit (de)	keçi	[kɛ'ʧi]
bok (de)	erkək keçi	[ɛr'kæk kɛ'ʧi]

| ezel (de) | eşşək | [ɛ'ʃʃæk] |
| muilezel (de) | qatır | [ga'tır] |

varken (het)	donuz	[do'nuz]
biggetje (het)	çoşka	[ʧoʃ'ka]
konijn (het)	ev dovşanı	['ɛv dovʃa'nı]

| kip (de) | toyuq | [to'juh] |
| haan (de) | xoruz | [χo'ruz] |

eend (de)	ördək	[ør'dæk]
woerd (de)	yaşılbaş	[jaʃıl'baʃ]
gans (de)	qaz	['gaz]

| kalkoen haan (de) | hind xoruzu | ['hind χoru'zu] |
| kalkoen (de) | hind toyuğu | ['hind toju'ɣu] |

huisdieren (mv.)	ev heyvanları	['æv hɛjvanla'rı]
tam (bijv. hamster)	əhliləşdirilmiş	[æhlilæʃdiril'miʃ]
temmen (tam maken)	əhliləşdirmək	[æhlilæʃdir'mæk]
fokken (bijv. paarden ~)	yetişdirmək	[ɛtiʃdir'mæk]

boerderij (de)	ferma	['fɛrma]
gevogelte (het)	ev quşları	['ɛv guʃla'rı]
rundvee (het)	mal-qara	['mal ga'ra]
kudde (de)	sürü	[sy'ry]

paardenstal (de)	tövlə	[tøv'læ]
zwijnenstal (de)	donuz damı	[do'nuz da'mı]
koeienstal (de)	inək damı	[i'næk da'mı]
konijnenhok (het)	ev dovşanı saxlanılan yer	['æv dovʃa'nı saχlanı'lan 'ɛr]
kippenhok (het)	toyuq damı	[to'juh da'mı]

213. Honden. Hondenrassen

hond (de)	it	['it]
herdershond (de)	çoban iti	[ʧo'ban i'ti]
poedel (de)	pudel	['pudɛl]
teckel (de)	taksa	['taksa]
buldog (de)	buldoq	[bul'doh]
boxer (de)	boksyor	[boks'jor]

mastiff (de)	mastif	[mas'tif]
rottweiler (de)	rotveyler	[rot'vɛjlɛr]
doberman (de)	doberman	[dobɛr'man]

basset (de)	basset	['bassɛt]
bobtail (de)	bobteyl	[bob'tɛjl]
dalmatiër (de)	dalmat iti	[dal'mat i'ti]
cockerspaniël (de)	koker-spaniel	['kokɛr spani'ɛl]

| newfoundlander (de) | nyufaundlend | [nju'faundlɛnd] |
| sint-bernard (de) | senbernar | [sɛnbɛr'nar] |

poolhond (de)	xaski	['χaski]
chowchow (de)	çau-çau	['ʧau 'ʧau]
spits (de)	şpis	['ʃpits]
mopshond (de)	mops	['mops]

214. Dierengeluiden

geblaf (het)	hürmə	[hyr'mæ]
blaffen (ww)	hürmək	[hyr'mæk]
miauwen (ww)	miyovlamaq	[mijovla'mah]
spinnen (katten)	mırıldamaq	[mırılda'mah]

loeien (ov. een koe)	movuldamaq	[movulda'mah]
brullen (stier)	böyürmək	[bøyr'mæk]
grommen (ov. de honden)	nərildəmək	[nærildæ'mæk]

gehuil (het)	ulama	[ula'ma]
huilen (wolf, enz.)	ulamaq	[ula'mah]
janken (ov. een hond)	zingildəmək	[zingildæ'mæk]

mekkeren (schapen)	mələmək	[mælæ'mæk]
knorren (varkens)	xortuldamaq	[χortulda'mah]
gillen (bijv. varken)	ciyildəmək	[dʒ'ijıldæ'mæk]

kwaken (kikvorsen)	vaqqıltı	[vakkıl'tı]
zoemen (hommel, enz.)	vızıldamaq	[vızılda'mah]
tjirpen (sprinkhanen)	cırıldamaq	[dʒ'ırılda'mah]

215. Jonge dieren

jong (het)	bala	[ba'la]
poesje (het)	pişik balası	[pi'ʃik bala'sı]
muisje (het)	siçan balası	[si'ʧan bala'sı]
puppy (de)	küçük	[ky'ʧuk]

jonge haas (de)	dovşan balası	[dov'ʃan bala'sı]
konijntje (het)	ev dovşanı balası	['ɛv dovʃa'nı bala'sı]
wolfje (het)	canavar balası	[dʒ'ana'var bala'sı]
vosje (het)	tülkü balası	[tyl'ky bala'sı]
beertje (het)	ayı balası	[a'jı bala'sı]

leeuwenjong (het)	şir balası	['ʃir bala'sı]
tijgertje (het)	pələng balası	[pæ'lænh bala'sı]
olifantenjong (het)	fil balası	['fil bala'sı]

biggetje (het)	çoşka	[ʧoʃ'ka]
kalf (het)	inək balası	[i'næk bala'sı]
geitje (het)	keçi balası	[kɛ'ʧi bala'sı]
lam (het)	quzu	[gu'zu]
reekalf (het)	maral balası	[ma'ral bala'sı]
jonge kameel (de)	dəvə balası	[dæ'væ bala'sı]

| slangenjong (het) | ilan balası | [i'lan bala'sı] |
| kikkertje (het) | qurbağa balası | [gurba'ɣa bala'sı] |

vogeltje (het)	quş balası	['guʃ bala'sı]
kuiken (het)	cücə	[dʒy'dʒ'æ]
eendje (het)	ördək balası	[ør'dæk bala'sı]

216. Vogels

vogel (de)	quş	['guʃ]
duif (de)	göyərçin	[gøjær'ʧin]
mus (de)	sərçə	[sær'ʧæ]
koolmees (de)	arıquşu	[arıgu'ʃu]
ekster (de)	sağsağan	[saɣsa'ɣan]

raaf (de)	qarğa	[gar'ɣa]
kraai (de)	qarğa	[gar'ɣa]
kauw (de)	dolaşa	[dola'ʃa]
roek (de)	zağca	[zaɣ'dʒ'a]

eend (de)	ördək	[ør'dæk]
gans (de)	qaz	['gaz]
fazant (de)	qırqovul	[gırgo'vul]

arend (de)	qartal	[gar'tal]
havik (de)	qırğı	[gır'ɣı]
valk (de)	şahin	[ʃa'hin]
gier (de)	qrif	['grif]
condor (de)	kondor	[kon'dor]

zwaan (de)	sona	[so'na]
kraanvogel (de)	durna	[dur'na]
ooievaar (de)	leylək	[lɛj'læk]

papegaai (de)	tutuquşu	[tutugu'ʃu]
kolibrie (de)	kolibri	[ko'libri]
pauw (de)	tovuz	[to'vuz]

struisvogel (de)	straus	[st'raus]
reiger (de)	vağ	['vaɣ]
flamingo (de)	qızılqaz	[gızıl'gaz]
pelikaan (de)	qutan	[gu'tan]
nachtegaal (de)	bülbül	[byl'"byl']

zwaluw (de)	qaranquş	[garan'guʃ]
lijster (de)	qaratoyuq	[garato'juh]
zanglijster (de)	ötən qaratoyuq	[ø'tæn garato'juh]
merel (de)	qara qaratoyuq	[ga'ra garato'juh]

gierzwaluw (de)	uzunqanad	[uzunga'nad]
leeuwerik (de)	torağay	[tora'ɣaj]
kwartel (de)	bidirçin	[bilʲdir'ʧin]

specht (de)	ağacdələn	[aɣaʤʲdæ'læn]
koekoek (de)	ququ quşu	[gu'gu gu'ʃu]
uil (de)	bayquş	[baj'guʃ]
oehoe (de)	yapalaq	[japa'lah]
auerhoen (het)	Sibir xoruzu	[si'bir ɣoru'zu]
korhoen (het)	tetra quşu	['tɛtra gu'ʃu]
patrijs (de)	kəklik	[kæk'lik]

spreeuw (de)	sığırçin	[sɪɣɪr'ʧin]
kanarie (de)	sarıbülbül	[sarıbylʲ'bylʲ]
hazelhoen (het)	qarabağır	[garaba'ɣır]
vink (de)	alacəhrə	[alaʧæh'ræ]
goudvink (de)	qar quşu	['gar gu'ʃu]

meeuw (de)	qağayı	[gaga'jı]
albatros (de)	albatros	[albat'ros]
pinguïn (de)	pinqvin	[ping'vin]

217. Vogels. Zingen en geluiden

fluiten, zingen (ww)	oxumaq	[oɣu'mah]
schreeuwen (dieren, vogels)	çığırmaq	[ʧıɣır'mah]
kraaien (ov. een haan)	banlamaq	[banla'mah]
kukeleku	quqquluqu	[gukkulʲu'gu]

klokken (hen)	qaqqıldamaq	[gakkılda'mah]
krassen (kraai)	qarıldamaq	[garılda'mah]
kwaken (eend)	vaqqıldamaq	[vakkılda'mah]
piepen (kuiken)	ciyildəmək	[ʤʲijıldæ'mæk]
tjilpen (bijv. een mus)	cəh-cəh vurmaq	['ʤʲæh 'ʤʲæh vur'mah]

218. Vis. Zeedieren

brasem (de)	çapaq	[ʧa'pah]
karper (de)	karp	['karp]
baars (de)	xanı balığı	[ɣa'nı balı'ɣı]
meerval (de)	naqqa	[nak'ka]
snoek (de)	durnabalığı	[durnabalı'ɣı]

zalm (de)	qızılbalıq	[gızılba'lıh]
steur (de)	nərə balığı	[næ'ræ balı'ɣı]
haring (de)	siyənək	[sijæ'næk]
atlantische zalm (de)	somğa	[som'ɣa]

| makreel (de) | skumbriya | ['skumbrija] |
| platvis (de) | qalxan balığı | [gal'χan balı'γı] |

snoekbaars (de)	suf balığı	['suf balı'γı]
kabeljauw (de)	treska	[trɛs'ka]
tonijn (de)	tunes	[tu'nɛs]
forel (de)	alabalıq	[alaba'lıh]

paling (de)	angvil balığı	[ang'vil balı'γı]
sidderrog (de)	elektrikli skat	[ɛlɛktrik'li 'skat]
murene (de)	müren balığı	[my'rɛn balı'γı]
piranha (de)	piranya balığı	[pi'ranja balı'γı]

haai (de)	köpək balığı	[kø'pæk balı'γı]
dolfijn (de)	delfin	[dɛl'fin]
walvis (de)	balina	[ba'lina]

krab (de)	qısaquyruq	[gısaguj'ruh]
kwal (de)	meduza	[mɛ'duza]
octopus (de)	səkkizayaqlı ilbiz	[sækkizajag'lı il'biz]

zeester (de)	dəniz ulduzu	[dæ'niz uldu'zu]
zee-egel (de)	dəniz kirpisi	[dæ'niz kirpi'si]
zeepaardje (het)	dəniz atı	[dæ'niz a'tı]

oester (de)	istridyə	[istri'dʲæ]
garnaal (de)	krevet	[krɛ'vɛt]
kreeft (de)	omar	[o'mar]
langoest (de)	lanqust	[lan'gust]

219. Amfibieën. Reptielen

| slang (de) | ilan | [i'lan] |
| giftig (slang) | zəhərli | [zæhær'li] |

adder (de)	gürzə	[gyr'zæ]
cobra (de)	kobra	['kobra]
python (de)	piton	[pi'ton]
boa (de)	boa	[bo'a]
ringslang (de)	koramal	[kora'mal]
ratelslang (de)	zınqırovlu ilan	[zıngırov'lʲu i'lan]
anaconda (de)	anakonda	[ana'konda]

hagedis (de)	kərtənkələ	[kærtænkæ'læ]
leguaan (de)	iquana	[igu'ana]
varaan (de)	çöl kərtənkələsi	[ʧœl kærtænkælæ'si]
salamander (de)	salamandr	[sala'mandr]
kameleon (de)	buğələmun	[buγælæ'mun]
schorpioen (de)	əqrəb	[æg'ræp]

schildpad (de)	tısbağa	[tısba'γa]
kikker (de)	qurbağa	[gurba'γa]
pad (de)	quru qurbağası	[gu'ru gurbaγa'sı]
krokodil (de)	timsah	[tim'sah]

220. Insecten

insect (het)	həşarat	[hæʃa'rat]
vlinder (de)	kəpənək	[kæpæ'næk]
mier (de)	qarışqa	[garɪʃ'ga]
vlieg (de)	milçək	[mil'ʧæk]
mug (de)	ağcaqanad	[aɣʤʲaga'nad]
kever (de)	böcək	[bø'ʤʲæk]

wesp (de)	arı	[a'rɪ]
bij (de)	bal arısı	['bal arɪ'sɪ]
hommel (de)	eşşək arısı	[ɛ'ʃʃæk arɪ'sɪ]
horzel (de)	mozalan	[moza'lan]

spin (de)	hörümçək	[hørym'ʧæk]
spinnenweb (het)	hörümçək toru	[hørym'ʧæk toru]

libel (de)	cırcırama	[ʤʲɪrdʒʲɪra'ma]
sprinkhaan (de)	şala cırcıraması	[ʃa'la ʤʲɪrdʒʲɪrama'sɪ]
nachtvlinder (de)	pərvanə	[pærva'næ]

kakkerlak (de)	tarakan	[tara'kan]
mijt (de)	gənə	[gæ'næ]
vlo (de)	birə	[bi'ræ]
kriebelmug (de)	mığmığa	[mɪɣmɪ'ɣa]

treksprinkhaan (de)	çəyirtkə	[ʧæjɪrt'kæ]
slak (de)	ilbiz	[il'biz]
krekel (de)	sisəy	[si'sæj]
glimworm (de)	işıldaquş	[iʃɪlda'guʃ]
lieveheersbeestje (het)	xanımböcəyi	[xanɪmbøʤʲæ'jɪ]
meikever (de)	may böcəyi	['maj bøʤʲæ'jɪ]

bloedzuiger (de)	zəli	[zæ'li]
rups (de)	kəpənək qurdu	[kæpæ'næk gur'du]
aardworm (de)	qurd	['gurd]
larve (de)	sürfə	[syr'fæ]

221. Dieren. Lichaamsdelen

snavel (de)	dimdik	[dim'dik]
vleugels (mv.)	qanadlar	[ganad'lar]
poot (ov. een vogel)	pəncə	[pæn'ʤʲæ]
verenkleed (het)	tük	['tyk]
veer (de)	lələk	[læ'læk]
kuifje (het)	kəkil	[kæ'kil]

kieuwen (mv.)	qəlsəmə	[gælsæ'mæ]
kuit, dril (de)	kürü	[ky'ry]
larve (de)	sürfə	[syr'fæ]
vin (de)	üzgəc	[yz'gæʤʲ]
schubben (mv.)	pul	['pul]
slagtand (de)	köpək dişi	[kø'pæk di'ʃi]

poot (bijv. ~ van een kat)	pəncə	[pæn'ʤ:æ]
muil (de)	üz	['yz]
bek (mond van dieren)	ağız	[a'ɣız]
staart (de)	quyruq	[guj'ruh]
snorharen (mv.)	bığ	['bıɣ]

| hoef (de) | dırnaq | [dır'nah] |
| hoorn (de) | buynuz | [buj'nuz] |

schild (schildpad, enz.)	qın	['gın]
schelp (de)	balıqqulağı	[balıkkula'ɣı]
eierschaal (de)	qabıq	[ga'bıh]

| vacht (de) | yun | ['jun] |
| huid (de) | dəri | [dæ'ri] |

222. Acties van de dieren

vliegen (ww)	üçmaq	[uʧ'mah]
cirkelen (vogel)	dövrə vurmaq	[døv'ræ vur'mah]
wegvliegen (ww)	uçub qetmək	[u'ʧup gɛt'mæk]
klapwieken (ww)	qanad çalmaq	[ga'nad ʧal'mah]

pikken (vogels)	dimdikləmək	[dimdiklæ'mæk]
broeden (de eend zit te ~)	kürt yatmaq	['kyrt jat'mah]
uitbroeden (ww)	yumurtadan çıxmaq	[jumurta'dan ʧıɣ'mah]
een nest bouwen	yuva tikmək	[ju'va tik'mæk]

kruipen (ww)	sürünmək	[syryn'mæk]
steken (bij)	vurmaq	[vur'mah]
bijten (de hond, enz.)	qapmaq	[gap'mah]

snuffelen (ov. de dieren)	iyləmək	[ijlæ'mæk]
blaffen (ww)	hürmək	[hyr'mæk]
sissen (slang)	fışıldamaq	[fıʃılda'mah]
doen schrikken (ww)	qorxutmaq	[gorɣut'mah]
aanvallen (ww)	hücum etmək	[hy'ʤ:um ɛt'mæk]

knagen (ww)	gəmirmək	[gæmir'mæk]
schrammen (ww)	cızmaq	[ʤ:ız'mah]
zich verbergen (ww)	gizlənmək	[gizlæn'mæk]

spelen (ww)	oynamaq	[ojna'mah]
jagen (ww)	ova çıxmaq	[o'va ʧıɣ'mah]
winterslapen	yatmaq	[jat'mah]
uitsterven (dinosauriërs, enz.)	qırılıb qurtarmaq	[gırı'lıp gurtar'mah]

223. Dieren. Leefomgevingen

leefgebied (het)	yaşayış mühiti	[jaʃa'jıʃ myhi'ti]
migratie (de)	köç	['køʧ]
berg (de)	dağ	['daɣ]

| rif (het) | rif | ['rif] |
| klip (de) | qaya | [ga'ja] |

bos (het)	meşə	[mɛ'ʃæ]
jungle (de)	cəngəllik	[dʒ'æŋgæl'lik]
savanne (de)	savanna	[sa'vanna]
toendra (de)	tundra	['tundra]

steppe (de)	çöl	['ʧœl]
woestijn (de)	səhra	[sæh'ra]
oase (de)	oazis	[o'azis]

zee (de)	dəniz	[dæ'niz]
meer (het)	göl	['gølʲ]
oceaan (de)	okean	[okɛ'an]

moeras (het)	bataqlıq	[batag'lıh]
zoetwater- (abn)	şirin sulu	[ʃi'rin su'lʲu]
vijver (de)	gölcük	[gølʲ'dʒyk]
rivier (de)	çay	['ʧaj]

berenhol (het)	ayı yuvası	[a'jı juva'sı]
nest (het)	yuva	[ju'va]
boom holte (de)	oyuq	[o'juh]
hol (het)	yuva	[ju'va]
mierenhoop (de)	qarışqa yuvası	[garıʃ'ga juva'sı]

224. Dierverzorging

| dierentuin (de) | heyvanat parkı | [hɛjva'nat par'kı] |
| natuurreservaat (het) | qoruq yeri | [go'ruh ɛ'ri] |

fokkerij (de)	heyvan yetişdirmə müəssisəsi	[hɛj'van ɛtiʃdir'mæ myæssisæ'si]
openluchtkooi (de)	volyer	[vo'ljɛr]
kooi (de)	qəfəs	[gæ'fæs]
hondenhok (het)	it damı	['it da'mı]

duiventil (de)	göyərçin damı	[gøjær'ʧin da'mı]
aquarium (het)	akvarium	[ak'varium]
dolfinarium (het)	delfinarium	[dɛlfi'narium]

fokken (bijv. honden ~)	yetişdirmək	[ɛtiʃdir'mæk]
nakomelingen (mv.)	nəsil	[næ'sil]
temmen (tam maken)	əhliləşdirmək	[æhlilæʃdir'mæk]
dresseren (ww)	heyvanı təlim etmək	[hɛjva'nı tæ'lim æt'mæk]
voeding (de)	yem	['ɛm]
voederen (ww)	yedirmək	[ɛdir'mæk]

dierenwinkel (de)	heyvan mağazası	[hɛj'van ma'ɣazası]
muilkorf (de)	buruntaq	[burun'tah]
halsband (de)	xalta	[χal'ta]
naam (ov. een dier)	ad	['ad]
stamboom (honden met ~)	şəcərə tarixi	[sædʒʲæ'ræ tari'χi]

225. Dieren. Diversen

meute (wolven)	sürü	[sy'ry]
zwerm (vogels)	qatar	[ga'tar]
school (vissen)	dəstə	[dæs'tæ]
kudde (wilde paarden)	ilxı	[il'χι]
mannetje (het)	erkək	[ɛr'kæk]
vrouwtje (het)	dişi	[di'ʃi]
hongerig (bn)	ac	['adʒʲ]
wild (bn)	vəhşi	[væh'ʃi]
gevaarlijk (bn)	təhlükəli	[tæhlykæ'li]

226. Paarden

paard (het)	at	['at]
ras (het)	cins	['dʒʲins]
veulen (het)	dayça	[daj'tʃa]
merrie (de)	madyan	[ma'djan]
mustang (de)	mustanq	[mus'tanh]
pony (de)	poni	['poni]
koudbloed (de)	ağır yük atı	[a'γιr 'juk a'tι]
manen (mv.)	yal	['jal]
staart (de)	quyruq	[guj'ruh]
hoef (de)	dırnaq	[dır'nah]
hoefijzer (het)	nal	['nal]
beslaan (ww)	nal vurmaq	['nal vur'mah]
paardensmid (de)	nalbənd	[nal'bænd]
zadel (het)	yəhər	[jæ'hær]
stijgbeugel (de)	üzəngi	[yzæ'ngi]
breidel (de)	yüyən	[jy'jæn]
leidsels (mv.)	cilov	[dʒʲi'lov]
zweep (de)	qamçı	[gam'tʃι]
ruiter (de)	at sürən	['at sy'ræn]
zadelen (ww)	yəhərləmək	[jæhærlæ'mæk]
een paard bestijgen	yəhər qoyub minmək	[jæ'hær go'jup min'mæk]
galop (de)	dördayaq yeriş	[dørda'jah ɛ'riʃ]
galopperen (ww)	dördayaq getmək	[dørda'jah gɛt'mæk]
draf (de)	löhrəm yeriş	[løh'ræm jɛ'riʃ]
in draf (bw)	löhrəm yerişlə	[løh'ræm jɛ'riʃlæ]
renpaard (het)	cıdır atı	[dʒʲι'dır a'tι]
paardenrace (de)	cıdır	[dʒʲι'dır]
paardenstal (de)	tövlə	[tøv'læ]
voederen (ww)	yedirmək	[ɛdir'mæk]

hooi (het)	quru ot	[gu'ru 'ot]
water geven (ww)	suvarmaq	[suvar'mah]
wassen (paard ~)	təmizləmək	[tæmizlæ'mæk]

grazen (gras eten)	otlamaq	[otla'mah]
hinniken (ww)	kişnəmək	[kiʃnæ'mæk]
een trap geven	təpmək	[tæp'mæk]

Flora

227. Bomen

boom (de)	ağac	[a'ɣadʒ]
loof- (abn)	yarpaqlı	[jarpag'lı]
dennen- (abn)	iynəli	[ijnæ'li]
groenblijvend (bn)	həmişəyaşıl	[hæmiʃæja'ʃıl]

appelboom (de)	alma	[al'ma]
perenboom (de)	armud	[ar'mud]
zoete kers (de)	gilas	[gi'las]
zure kers (de)	albalı	[alba'lı]
pruimelaar (de)	gavalı	[gava'lı]

berk (de)	tozağacı	[tozaɣa'dʒı]
eik (de)	palıd	[pa'lıd]
linde (de)	cökə	[dʒʲø'kæ]
esp (de)	ağcaqovaq	[aɣdʒʲago'vah]
esdoorn (de)	ağcaqayın	[aɣdʒʲaga'jın]

spar (de)	küknar	[kyk'nar]
den (de)	şam	['ʃam]
lariks (de)	qara şam ağacı	[ga'ra 'ʃam aɣa'dʒı]
zilverspar (de)	ağ şam ağacı	['aɣ 'ʃam aɣadʒʲı]
ceder (de)	sidr	['sidr]

populier (de)	qovaq	[go'vah]
lijsterbes (de)	quşarmudu	[guʃarmu'du]
wilg (de)	söyüd	[sø'jud]
els (de)	qızılağac	[gızıla'ɣadʒʲ]
beuk (de)	fıstıq	[fıs'tıh]
iep (de)	qarağac	[gara'ɣadʒʲ]
es (de)	göyrüş	[gøj'ryʃ]
kastanje (de)	şabalıd	[ʃaba'lıd]

magnolia (de)	maqnoliya	[mag'nolija]
palm (de)	palma	['palma]
cipres (de)	sərv	['særv]
mangrove (de)	manqra ağacı	['mangra aɣa'dʒʲı]
baobab (apenbroodboom)	baobab	[bao'bap]
eucalyptus (de)	evkalipt	[ɛvka'lipt]
mammoetboom (de)	sekvoya	[sɛk'voja]

228. Heesters

struik (de)	kol	['køl]
heester (de)	kolluq	[kol'lʲuh]

| wijnstok (de) | üzüm | [y'zym] |
| wijngaard (de) | üzüm bağı | [y'zym ba'ɣı] |

frambozenstruik (de)	moruq	[mo'ruh]
rode bessenstruik (de)	qırmızı qarağat	[gırmı'zı gara'ɣat]
kruisbessenstruik (de)	krıjovnik	[krı'ʒovnik]

acacia (de)	akasiya	[a'kasija]
zuurbes (de)	zərinc	[zæ'rindʒʲ]
jasmijn (de)	jasmin	[ʒas'min]

jeneverbes (de)	ardıc kolu	[ar'dıdʒʲ ko'lʲu]
rozenstruik (de)	qızılgül kolu	[gızıl'gylʲ ko'lʲu]
hondsroos (de)	itburnu	[itbur'nu]

229. Champignons

paddenstoel (de)	göbələk	[gøbæ'læk]
eetbare paddenstoel (de)	yeməli göbələk	[ɛmæ'li gøbæ'læk]
giftige paddenstoel (de)	zəhərli göbələk	[zæhær'li gøbæ'læk]
hoed (de)	papaq	[pa'pah]
steel (de)	gövdə	[gøv'dæ]

gewoon eekhoorntjesbrood (het)	ağ göbələk	['aɣ gøbæ'læk]
rosse populierenboleet (de)	qırmızıbaş göbələk	[gırmızı'baʃ gøbæ'læk]
berkenboleet (de)	qara göbələk	[ga'ra gøbæ'læk]
cantharel (de)	sarı göbələk	[sa'rı gøbæ'læk]
russula (de)	zol-zol papaqlı göbələk	['zol 'zol papag'lı gøbæ'læk]

morille (de)	quzugöbələyi	[guzugøbælæ'jı]
vliegenzwam (de)	milşəkqıran	[miltʃæk gı'ran]
groene knolzwam (de)	zəhərli göbələk	[zæhær'li gøbæ'læk]

230. Vruchten. Bessen

appel (de)	alma	[al'ma]
peer (de)	armud	[ar'mud]
pruim (de)	gavalı	[gava'lı]

aardbei (de)	bağ çiyələyi	['baɣ tʃijælæ'jı]
zure kers (de)	albalı	[alba'lı]
zoete kers (de)	gilas	[gi'las]
druif (de)	üzüm	[y'zym]

framboos (de)	moruq	[mo'ruh]
zwarte bes (de)	qara qarağat	[ga'ra gara'ɣat]
rode bes (de)	qırmızı qarağat	[gırmı'zı gara'ɣat]
kruisbes (de)	krıjovnik	[krı'ʒovnik]
veenbes (de)	quşüzümü	[guʃyzy'my]
sinaasappel (de)	portağal	[porta'ɣal]
mandarijn (de)	mandarin	[manda'rin]

ananas (de)	ananas	[ana'nas]
banaan (de)	banan	[ba'nan]
dadel (de)	xurma	[χur'ma]

citroen (de)	limon	[li'mon]
abrikoos (de)	ərik	[æ'rik]
perzik (de)	şaftalı	[ʃafta'lı]
kiwi (de)	kivi	['kivi]
grapefruit (de)	qreypfrut	['grɛjpfrut]

bes (de)	giləmeyvə	[gilæmɛj'væ]
bessen (mv.)	giləmeyvələr	[gilæmɛjvæ'lær]
vossenbes (de)	mərsin	[mær'sin]
bosaardbei (de)	çiyələk	[ʧijæ'læk]
bosbes (de)	qaragilə	[garagi'læ]

231. Bloemen. Planten

bloem (de)	gül	['gylʲ]
boeket (het)	gül dəstəsi	['gylʲ dæstæ'si]

roos (de)	qızılgül	[gızıl'gylʲ]
tulp (de)	lalə	[la'læ]
anjer (de)	qərənfil	[gæræn'fil]
gladiool (de)	qladiolus	[gladi'olʲus]

korenbloem (de)	peyğəmbərçiçəyi	[pɛjɣæmbærʧiʧæ'jı]
klokje (het)	zəngçiçəyi	[zæŋgʧiʧæ'jı]
paardenbloem (de)	zəncirotu	[zændʒʲiro'tu]
kamille (de)	çobanyastığı	[ʧobanjastı'ɣı]

aloë (de)	əzvay	[æz'vaj]
cactus (de)	kaktus	['kaktus]
ficus (de)	fikus	['fikus]

lelie (de)	zanbaq	[zan'bah]
geranium (de)	ətirşah	[ætir'ʃah]
hyacint (de)	giasint	[gia'sint]

mimosa (de)	küsdüm ağacı	[kys'dym aɣa'dʒʲı]
narcis (de)	nərgizgülü	[nærgizgy'ly]
Oostindische kers (de)	ərikgülü	[ærikgy'ly]

orchidee (de)	səhləb çiçəyi	[sæh'læp ʧiʧæ'jı]
pioenroos (de)	pion	[pi'on]
viooltje (het)	bənövşə	[bænøv'ʃæ]

driekleurig viooltje (het)	alabəzək bənövşə	[alabæ'zæk bænøv'ʃæ]
vergeet-mij-nietje (het)	yaddaş çiçəyi	[jad'daʃ ʧiʧæ'jı]
madeliefje (het)	qızçiçəyi	[gızʧiʧæ'jı]

papaver (de)	lalə	[la'læ]
hennep (de)	çətənə	[ʧætæ'næ]
munt (de)	nanə	[na'næ]

| lelietje-van-dalen (het) | inciçiçeyi | [indʒ'itʃitʃæ'jɪ] |
| sneeuwklokje (het) | novruzgülü | [novruzgy'ly] |

brandnetel (de)	gicitkən	[gitʃit'kæn]
veldzuring (de)	quzuqulağı	[guzugula'ɣɪ]
waterlelie (de)	ağ suzanbağı	['aɣ suzanba'ɣɪ]
varen (de)	ayıdöşəyi	[ajɪdøʃæ'jɪ]
korstmos (het)	şibyə	[ʃib'jæ]

oranjerie (de)	oranjereya	[oranʒɛ'rɛja]
gazon (het)	qazon	[ga'zon]
bloemperk (het)	çiçək ləki	[tʃi'tʃæk læ'ki]

plant (de)	bitki	[bit'ki]
gras (het)	ot	['ot]
grasspriet (de)	ot saplağı	['ot sapla'ɣɪ]

blad (het)	yarpaq	[jar'pah]
bloemblad (het)	ləçək	[læ'tʃæk]
stengel (de)	saplaq	[sap'lah]
knol (de)	kök yumrusu	[køk jumru'su]

| scheut (de) | cücərti | [dʒydʒ'ær'ti] |
| doorn (de) | tikan | [ti'kan] |

bloeien (ww)	çiçək açmaq	[tʃi'tʃæk atʃ'mah]
verwelken (ww)	solmaq	[sol'mah]
geur (de)	ətir	[æ'tir]
snijden (bijv. bloemen ~)	kəsmək	[kæs'mæk]
plukken (bloemen ~)	dərmək	[dær'mæk]

232. Granen, graankorrels

graan (het)	dən	['dæn]
graangewassen (mv.)	dənli bitkilər	[dæn'li bitki'lær]
aar (de)	sümbül	[sym'byl]

tarwe (de)	taxıl	[ta'χɪl]
rogge (de)	covdar	[dʒ'ov'dar]
haver (de)	yulaf	[ju'laf]

| gierst (de) | darı | [da'rɪ] |
| gerst (de) | arpa | [ar'pa] |

maïs (de)	qarğıdalı	[garɣɪda'lɪ]
rijst (de)	düyü	[dy'ju]
boekweit (de)	qarabaşaq	[garaba'ʃah]

| erwt (de) | noxud | [no'χud] |
| boon (de) | lobya | [lo'bja] |

soja (de)	soya	['soja]
linze (de)	mərcimək	[mærdʒ'i'mæk]
bonen (mv.)	paxla	[paχ'la]

233. Groenten. Groene groenten

groenten (mv.)	tərəvəz	[tæræ'væz]
verse kruiden (mv.)	göyərti	[gøjær'ti]
tomaat (de)	pomidor	[pomi'dor]
augurk (de)	xiyar	[xi'jar]
wortel (de)	kök	['køk]
aardappel (de)	kartof	[kar'tof]
ui (de)	soğan	[so'ɣan]
knoflook (de)	sarımsaq	[sarım'sah]
kool (de)	kələm	[kæ'læm]
bloemkool (de)	gül kələm	['gylʲ kæ'læm]
spruitkool (de)	Brüssel kələmi	['bryssɛl kælæ'mi]
rode biet (de)	çuğundur	[tʃuɣun'dur]
aubergine (de)	badımcan	[badım'dʒʲan]
courgette (de)	yunan qabağı	[ju'nan gaba'ɣı]
pompoen (de)	balqabaq	[balga'bah]
knolraap (de)	şalğam	[ʃal'ɣam]
peterselie (de)	petruşka	[pɛtruʃ'ka]
dille (de)	şüyüt	[ʃy'jut]
sla (de)	salat	[sa'lat]
selderij (de)	kərəviz	[kæræ'viz]
asperge (de)	qulançar	[gulan'tʃar]
spinazie (de)	ispanaq	[ispa'nah]
erwt (de)	noxud	[no'xud]
bonen (mv.)	paxla	[paχ'la]
maïs (de)	qarğıdalı	[garɣıda'lı]
boon (de)	lobya	[lo'bja]
peper (de)	bibər	[bi'bær]
radijs (de)	turp	['turp]
artisjok (de)	ənginar	[æŋgi'nar]

REGIONALE AARDRIJKSKUNDE

Landen. Nationaliteiten

234. West-Europa

Europa (het)	Avropa	[av'ropa]
Europese Unie (de)	Avropa Birliyi	[av'ropa birli'jı]
Europeaan (de)	avropalı	[av'ropalı]
Europees (bn)	Avropa	[av'ropa]
Oostenrijk (het)	Avstriya	['avstrija]
Oostenrijker (de)	avstriyalı	['avstrijalı]
Oostenrijkse (de)	avstriyalı qadın	['avstrijalı ga'dın]
Oostenrijks (bn)	Avstriya	['avstrija]
Groot-Brittannië (het)	Böyük Britaniya	[bø'juk bri'tanija]
Engeland (het)	İngiltərə	[in'giltæræ]
Engelsman (de)	ingilis	[ingi'lis]
Engelse (de)	ingilis qadın	[ingi'lis ga'dın]
Engels (bn)	ingilis	[ingi'lis]
België (het)	Belçika	['bɛltʃika]
Belg (de)	belçikalı	['bɛltʃikalı]
Belgische (de)	belçikalı qadın	['bɛltʃikalı ga'dın]
Belgisch (bn)	Belçika	['bɛltʃika]
Duitsland (het)	Almaniya	[al'manija]
Duitser (de)	alman	[al'man]
Duitse (de)	alman qadını	[al'man gadı'nı]
Duits (bn)	alman	[al'man]
Nederland (het)	Niderland	[nidɛr'land]
Holland (het)	Hollandiya	[hol'landija]
Nederlander (de)	hollandiyalı	[hol'landijalı]
Nederlandse (de)	hollandiyalı qadın	[hol'landijalı ga'dın]
Nederlands (bn)	Hollandiya	[hol'landija]
Griekenland (het)	Yunanıstan	[junanıs'tan]
Griek (de)	yunan	[ju'nan]
Griekse (de)	yunan qadını	[ju'nan gadı'nı]
Grieks (bn)	yunan	[ju'nan]
Denemarken (het)	Danimarka	[dani'marka]
Deen (de)	danimarkalı	[dani'markalı]
Deense (de)	danimarkalı qadın	[dani'markalı ga'dın]
Deens (bn)	Danimarka	[dani'marka]
Ierland (het)	İrlandiya	[ir'landija]
Ier (de)	irlandiyalı	[ir'landijalı]

| Ierse (de) | irlandiyalı qadın | [ir'landijalı ga'dın] |
| Iers (bn) | İrlandiya | [ir'landija] |

IJsland (het)	İslandiya	[is'landija]
IJslander (de)	islandiyalı	[is'landijalı]
IJslandse (de)	islandiyalı qadın	[is'landijalı ga'dın]
IJslands (bn)	İslandiya	[is'landija]

Spanje (het)	İspaniya	[is'panija]
Spanjaard (de)	ispaniyalı	[is'panijalı]
Spaanse (de)	ispan qadını	[is'pan gadı'nı]
Spaans (bn)	ispan	[is'pan]

Italië (het)	İtaliya	[i'talija]
Italiaan (de)	italyan	[ita'ljan]
Italiaanse (de)	italyan qadın	[ita'ljan ga'dın]
Italiaans (bn)	italyan	[ita'ljan]

Cyprus (het)	Kıbrıs	['kıbrıs]
Cyprioot (de)	kıbrıslı	['kıbrıslı]
Cypriotische (de)	kıbrıslı qadın	['kıbrıslı ga'dın]
Cypriotisch (bn)	kıbrıs	['kıbrıs]

Malta (het)	Malta	['malta]
Maltees (de)	maltalı	['maltalı]
Maltese (de)	maltalı qadın	['maltalı ga'dın]
Maltees (bn)	Malta	['malta]

Noorwegen (het)	Norveç	[nor'vɛʧ]
Noor (de)	norveçli	[norvɛʧ'li]
Noorse (de)	norveçli qadın	[norvɛʧ'li ga'dın]
Noors (bn)	Norveç	[nor'vɛʧ]

Portugal (het)	Portuqaliya	[portu'galija]
Portugees (de)	portuqaliyalı	[portu'galijalı]
Portugese (de)	portuqaliyalı qadın	[portu'galijalı ga'dın]
Portugees (bn)	Portuqal	[portu'gal]

Finland (het)	Finlyandiya	[fin'lʲandija]
Fin (de)	fin	['fin]
Finse (de)	fin qadın	['fin ga'dın]
Fins (bn)	fin	['fin]

Frankrijk (het)	Fransa	['fransa]
Fransman (de)	fransız	[fran'sız]
Française (de)	fransız qadın	[fran'sız ga'dın]
Frans (bn)	fransız	[fran'sız]

Zweden (het)	İsveç	[is'vɛʧ]
Zweed (de)	isveçli	[isvɛʧ'li]
Zweedse (de)	isveçli qadın	[isvɛʧ'li ga'dın]
Zweeds (bn)	İsveç	[is'vɛʧ]

Zwitserland (het)	İsveçrə	[is'vɛʧræ]
Zwitser (de)	isveçrəli	[is'vɛʧræli]
Zwitserse (de)	isveçrəli qadın	[is'vɛʧræli ga'dın]

Zwitsers (bn)	İsveçrə	[is'vɛtʃræ]
Schotland (het)	Şotlandiya	[ʃot'landija]
Schot (de)	şotlandiyalı	[ʃot'landijalı]
Schotse (de)	şotlandiyalı qadın	[ʃot'landijalı ga'dın]
Schots (bn)	Şotlandiya	[ʃot'landija]

Vaticaanstad (de)	Vatikan	[vati'kan]
Liechtenstein (het)	Lixtenşteyn	[liχtɛn'ʃtɛjn]
Luxemburg (het)	Lüksemburq	[lyksɛm'burh]
Monaco (het)	Monako	[mo'nako]

235. Centraal- en Oost-Europa

Albanië (het)	Albaniya	[al'banija]
Albanees (de)	albaniyalı	[al'ban]
Albanese (de)	alban qadını	[al'ban gadı'nı]
Albanees (bn)	alban	[al'ban]

Bulgarije (het)	Bolqarıstan	[bolgarıs'tan]
Bulgaar (de)	bolqar	[bol'gar]
Bulgaarse (de)	bolqar qadını	[bol'gar gadı'nı]
Bulgaars (bn)	bolqar	[bol'gar]

Hongarije (het)	Macarıstan	[madʒ'arıs'tan]
Hongaar (de)	macar	[ma'dʒar]
Hongaarse (de)	macar qadını	[ma'dʒar gadı'nı]
Hongaars (bn)	macar	[ma'dʒar]

Letland (het)	Latviya	['latvija]
Let (de)	latviyalı	['latvijalı]
Letse (de)	latviyalı qadın	['latvijalı ga'dın]
Lets (bn)	Latviya	['latvija]

Litouwen (het)	Litva	[lit'va]
Litouwer (de)	litvalı	[litva'lı]
Litouwse (de)	litvalı qadın	[litva'lı ga'dın]
Litouws (bn)	Litva	[lit'va]

Polen (het)	Polşa	['polʃa]
Pool (de)	polyak	[po'lʲak]
Poolse (de)	polyak qadın	[po'lʲak ga'dın]
Pools (bn)	polyak	[po'lʲak]

Roemenië (het)	Rumıniya	[ru'mınija]
Roemeen (de)	rumın	[ru'mın]
Roemeense (de)	rumın qadını	[ru'mın gadı'nı]
Roemeens (bn)	rumın	[ru'mın]

Servië (het)	Serbiya	['sɛrbija]
Serviër (de)	serb	['sɛrp]
Servische (de)	serb qadın	['sɛrp ga'dın]
Servisch (bn)	serb	['sɛrp]
Slowakije (het)	Slovakiya	[slo'vakija]
Slowaak (de)	slovak	[slo'vak]

Slowaakse (de)	slovak qadın	[slo'vak ga'dın]
Slowaakse (bn)	slovak	[slo'vak]
Kroatië (het)	Xorvatiya	[xor'vatija]
Kroaat (de)	xorvat	[xor'vat]
Kroatische (de)	xorvat qadın	[xor'vat ga'dın]
Kroatisch (bn)	xorvat	[xor'vat]
Tsjechië (het)	Çexiya	['ʧɛxija]
Tsjech (de)	çex	['ʧɛx]
Tsjechische (de)	çex qadın	['ʧɛx ga'dın]
Tsjechisch (bn)	çex	['ʧɛx]
Estland (het)	Estoniya	[ɛs'tonija]
Est (de)	eston	[ɛs'ton]
Estse (de)	eston qadın	[ɛs'ton ga'dın]
Ests (bn)	eston	[ɛs'ton]
Bosnië en Herzegovina (het)	Bosniya və Hersoqovina	['bosnija 'væ hɛrsogo'vina]
Macedonië (het)	Makedoniya	[makɛ'donija]
Slovenië (het)	Sloveniya	[slo'vɛnija]
Montenegro (het)	Qaradağ	[ga'radaɣ]

236. Voormalige USSR landen

Azerbeidzjan (het)	Azərbaycan	[azærbaj'ʤ¦an]
Azerbeidzjaan (de)	azərbaycanlı	[azærbajʤ¦an'lı]
Azerbeidjaanse (de)	azərbaycanlı qadın	[azærbajʤ¦an'lı ga'dın]
Azerbeidjaans (bn)	Azərbaycan	[azærbaj'ʤ¦an]
Armenië (het)	Ermənistan	[ɛrmænis'tan]
Armeen (de)	erməni	[ɛrmæ'ni]
Armeense (de)	erməni qadını	[ɛrmæ'ni gadı'nı]
Armeens (bn)	erməni	[ɛrmæ'ni]
Wit-Rusland (het)	Belarus	[bɛla'rus]
Wit-Rus (de)	belarus	[bɛla'rus]
Wit-Russische (de)	belarus qadını	[bɛla'rus gadı'nı]
Wit-Russisch (bn)	belarus	[bɛla'rus]
Georgië (het)	Gürcüstan	[gyrʤys'tan]
Georgiër (de)	gürcü	[gyr'ʤy]
Georgische (de)	gürcü qadını	[gyr'ʤy gadı'nı]
Georgisch (bn)	gürcü	[gyr'ʤy]
Kazakstan (het)	Qazaxstan	[gazax'stan]
Kazak (de)	qazax	[ga'zax]
Kazakse (de)	qazax qadın	[ga'zax ga'dın]
Kazakse (bn)	qazax	[ga'zax]
Kirgizië (het)	Qırğızıstan	[gırɣızıs'tan]
Kirgiziër (de)	qırğız	[gır'ɣız]
Kirgizische (de)	qırğız qadını	[gır'ɣız gadı'nı]
Kirgizische (bn)	qırğız	[gır'ɣız]

Moldavië (het)	Moldova	[mol'dova]
Moldaviër (de)	moldovalı	[mol'dovalı]
Moldavische (de)	moldovalı qadın	[mol'dovalı ga'dın]
Moldavisch (bn)	Moldova	[mol'dova]
Rusland (het)	Rusiya	['rusija]
Rus (de)	rus	['rus]
Russin (de)	rus qadını	['rus gadı'nı]
Russisch (bn)	rus	['rus]
Tadzjikistan (het)	Tacikistan	[tadʒ'ikis'tan]
Tadzjiek (de)	tacik	[ta'dʒ'ik]
Tadzjiekse (de)	tacik qadın	[ta'dʒ'ik ga'dın]
Tadzjieks (bn)	tacik	[ta'dʒ'ik]
Turkmenistan (het)	Türkmənistan	[tyrkmænis'tan]
Turkmeen (de)	türkmən	[tyrk'mæn]
Turkmeense (de)	türkmən qadın	[tyrk'mæn ga'dın]
Turkmeens (bn)	türkmən	[tyrk'mæn]
Oezbekistan (het)	Özbəkistan	[øzbækis'tan]
Oezbeek (de)	özbək	[øz'bæk]
Oezbeekse (de)	özbək qadın	[øz'bæk ga'dın]
Oezbeeks (bn)	özbək	[øz'bæk]
Oekraïne (het)	Ukrayna	[uk'rajna]
Oekraïner (de)	ukraynalı	[uk'rajnalı]
Oekraïense (de)	ukraynalı qadın	[uk'rajnalı ga'dın]
Oekraïens (bn)	Ukrayna	[uk'rajna]

237. Azië

Azië (het)	Asiya	['asija]
Aziatisch (bn)	Asiya	['asija]
Vietnam (het)	Vyetnam	[vjɛt'nam]
Vietnamees (de)	vyetnamlı	[vjɛtnam'lı]
Vietnamese (de)	vyetnamlı qadın	[vjɛtnam'lı ga'dın]
Vietnamees (bn)	Vyetnam	[vjɛt'nam]
India (het)	Hindistan	[hindis'tan]
Indiër (de)	hind	['hind]
Indische (de)	hind qadını	['hind gadı'nı]
Indisch (bn)	hind	['hind]
Israël (het)	İsrail	[isra'il]
Israëliër (de)	israilli	[israil'li]
Israëlische (de)	israilli qadın	[israil'li ga'dın]
Israëlisch (bn)	İsrail	[isra'il]
Jood (etniciteit)	yahudi	[jahu'di]
Jodin (de)	yahudi qadın	[jahu'di ga'dın]
Joods (bn)	yahudi	[jahu'di]
China (het)	Çin	['tʃin]

Chinees (de)	çinli	[tʃin'li]
Chinese (de)	çinli qadın	[tʃin'li ga'dın]
Chinees (bn)	Çin	['tʃin]

Koreaan (de)	koreyalı	[ko'rɛjalı]
Koreaanse (de)	koreyalı qadın	[ko'rɛjalı ga'dın]
Koreaans (bn)	Koreya	[ko'rɛja]

Libanon (het)	Livan	[li'van]
Libanees (de)	livanlı	[livan'lı]
Libanese (de)	livanlı qadın	[livan'lı ga'dın]
Libanees (bn)	Livan	[li'van]

Mongolië (het)	Monqolustan	[mongol'us'tan]
Mongool (de)	monqol	[mon'gol]
Mongoolse (de)	monqol qadın	[mon'gol ga'dın]
Mongools (bn)	monqol	[mon'gol]

Maleisië (het)	Malayziya	[ma'lajzija]
Maleisiër (de)	malay	[ma'laj]
Maleisische (de)	malay qadın	[ma'laj ga'dın]
Maleisisch (bn)	Malayziya	[ma'lajzija]

Pakistan (het)	Pakistan	[pakis'tan]
Pakistaan (de)	pakistanlı	[pakistan'lı]
Pakistaanse (de)	pakistanlı qadın	[pakistan'lı ga'dın]
Pakistaans (bn)	Pakistan	[pakis'tan]

Saoedi-Arabië (het)	Səudiyyə Ərəbistanı	[sæudi'æ æræbista'nı]
Arabier (de)	ərəb	[æ'ræp]
Arabische (de)	ərəb qadını	[æ'ræp gadı'nı]
Arabisch (bn)	ərəb	[æ'ræp]

Thailand (het)	Tailand	[tai'land]
Thai (de)	tay	['taj]
Thaise (de)	tay qadını	['taj gadı'nı]
Thai (bn)	tay	['taj]

Taiwan (het)	Tayvan	[taj'van]
Taiwanees (de)	tayvanlı	[tajvan'lı]
Taiwanese (de)	tayvanlı qadın	[tajvan'lı ga'dın]
Taiwanees (bn)	Tayvan	[taj'van]

Turkije (het)	Türkiyə	['tyrkijæ]
Turk (de)	türk	['tyrk]
Turkse (de)	türk qadını	['tyrk gadı'nı]
Turks (bn)	türk	['tyrk]

Japan (het)	Yaponiya	[ja'ponija]
Japanner (de)	yapon	[ja'pon]
Japanse (de)	yapon qadın	[ja'pon ga'dın]
Japans (bn)	yapon	[ja'pon]

Afghanistan (het)	Afqanistan	[afganis'tan]
Bangladesh (het)	Banqladeş	[bangla'dɛʃ]
Indonesië (het)	İndoneziya	[indo'nɛzija]

Jordanië (het)	İordaniya	[ior'danija]
Irak (het)	İraq	[i'rak]
Iran (het)	İran	[i'ran]
Cambodja (het)	Kamboca	[kam'boʤ⁺a]
Koeweit (het)	Küveyt	[ky'vɛjt]
Laos (het)	Laos	[la'os]
Myanmar (het)	Myanma	['mjanma]
Nepal (het)	Nepal	[nɛ'pal]
Verenigde Arabische	Birləşmiş Ərəb	[birlæʃ'miʃ æ'ræp
Emiraten	Əmirlikləri	æmirliklæ'ri]
Syrië (het)	Suriya	['surija]
Palestijnse autonomie (de)	Fələstin muxtariyyatı	[fælæs'tin muꭓtaria'tı]
Zuid-Korea (het)	Cənubi Koreya	[ʤ⁺ænu'bi ko'rɛja]
Noord-Korea (het)	Şimali Koreya	[ʃima'li ko'rɛja]

238. Noord-Amerika

Verenigde Staten	Amerika Birləşmiş	[a'mɛrika birlæʃ'miʃ
van Amerika	Ştatları	ʃtatla'rı]
Amerikaan (de)	amerikalı	[a'mɛrikalı]
Amerikaanse (de)	amerikalı qadın	[a'mɛrikalı ga'dın]
Amerikaans (bn)	amerikan	[amɛri'kan]
Canada (het)	Kanada	[ka'nada]
Canadees (de)	kanadalı	[ka'nadalı]
Canadese (de)	kanadalı qadın	[ka'nadalı ga'dın]
Canadees (bn)	Kanada	[ka'nada]
Mexico (het)	Meksika	['mɛksika]
Mexicaan (de)	meksikalı	['mɛksikalı]
Mexicaanse (de)	meksikalı qadın	['mɛksikalı ga'dın]
Mexicaans (bn)	Meksika	['mɛksika]

239. Midden- en Zuid-Amerika

Argentinië (het)	Argentina	[argɛn'tina]
Argentijn (de)	argentinalı	[argɛn'tinalı]
Argentijnse (de)	argentinalı qadın	[argɛn'tinalı ga'dın]
Argentijns (bn)	Argentina	[argɛn'tina]
Brazilië (het)	Braziliya	[bra'zilija]
Braziliaan (de)	braziliyalı	[bra'zilijalı]
Braziliaanse (de)	braziliyalı qadın	[bra'zilijalı ga'dın]
Braziliaans (bn)	Braziliya	[bra'zilija]
Colombia (het)	Kolumbiya	[ko'lʲumbija]
Colombiaan (de)	kolumbiyalı	[ko'lʲumbijalı]
Colombiaanse (de)	kolumbiyalı qadın	[ko'lʲumbijalı ga'dın]
Colombiaans (bn)	Kolumbiya	[ko'lʲumbija]
Cuba (het)	Kuba	['kuba]

Cubaan (de)	kubalı	['kubalı]
Cubaanse (de)	kubalı qadın	['kubalı ga'dın]
Cubaans (bn)	Kuba	['kuba]

Chili (het)	Çili	['tʃili]
Chileen (de)	çilili	['tʃilili]
Chileense (de)	çilili qadın	['tʃilili ga'dın]
Chileens (bn)	Çili	['tʃili]

Bolivia (het)	Boliviya	[bo'livija]
Venezuela (het)	Venesuela	[vɛnɛsu'æla]
Paraguay (het)	Paraqvay	[parag'vaj]
Peru (het)	Peru	[pɛ'ru]
Suriname (het)	Surinam	[suri'nam]
Uruguay (het)	Uruqvay	[urug'vaj]
Ecuador (het)	Ekvador	[ɛkva'dor]

Bahama's (mv.)	Baqam adaları	[ba'gam adala'rı]
Haïti (het)	Haiti	[ha'iti]
Dominicaanse Republiek (de)	Dominikan Respublikası	[domini'kan rɛs'publikası]
Panama (het)	Panama	[pa'nama]
Jamaica (het)	Yamayka	[ja'majka]

240. Afrika

Egypte (het)	Misir	[mi'sir]
Egyptenaar (de)	misirli	[misir'li]
Egyptische (de)	misirli qadın	[misir'li ga'dın]
Egyptisch (bn)	Misir	[mi'sir]

Marokko (het)	Mərakeş	[mæra'kɛʃ]
Marokkaan (de)	mərakeşli	[mærakɛʃ'li]
Marokkaanse (de)	mərakeşli qadın	[mærakɛʃ'li ga'dın]
Marokkaans (bn)	Mərakeş	[mæra'kɛʃ]

Tunesië (het)	Tunis	[tu'nis]
Tunesiër (de)	tunisli	[tunis'li]
Tunesische (de)	tunisli qadın	[tunis'li ga'dın]
Tunesisch (bn)	Tunis	[tu'nis]

Ghana (het)	Qana	['gana]
Zanzibar (het)	Zənzibar	[zænzi'bar]
Kenia (het)	Keniya	['kɛnija]
Libië (het)	Liviya	['livija]
Madagaskar (het)	Madaqaskar	[madagas'kar]

Namibië (het)	Namibiya	[na'mibija]
Senegal (het)	Seneqal	[sɛnɛ'gal]
Tanzania (het)	Tanzaniya	[tan'zanija]
Zuid-Afrika (het)	Cənubi Afrika respublikası	[dʒ'ænu'bi 'afrika rɛs'publikası]

Afrikaan (de)	afrikalı	['afrikalı]
Afrikaanse (de)	afrikalı qadın	['afrikalı ga'dın]
Afrikaans (bn)	afrikalı	['afrikalı]

241. Australië. Oceanië

Australië (het)	Avstraliya	[av'stralija]
Australiër (de)	avstraliyalı	[av'stralijalı]
Australische (de)	avstraliyalı qadın	[av'stralijalı ga'dın]
Australisch (bn)	Avstraliya	[av'stralija]
Nieuw-Zeeland (het)	Yeni Zelandiya	[ɛ'ni zɛ'landija]
Nieuw-Zeelander (de)	yeni zelandiyalı	[ɛ'ni zɛ'landijalı]
Nieuw-Zeelandse (de)	yeni zelandiyalı qadın	[ɛ'ni zɛ'landijalı ga'dın]
Nieuw-Zeelands (bn)	Yeni Zelandiya	[ɛ'ni zɛ'landija]
Tasmanië (het)	Tasmaniya	[tas'manija]
Frans-Polynesië	Fransız Polineziyası	[fran'sız poli'nɛzijası]

242. Steden

Amsterdam	Amsterdam	[amstɛr'dam]
Ankara	Ankara	[anka'ra]
Athene	Afina	[a'fina]
Bagdad	Bağdad	[ba'ɣdad]
Bangkok	Banqkok	[ban'kok]
Barcelona	Barselona	[barsɛ'lona]
Beiroet	Beyrut	[bɛj'rut]
Berlijn	Berlin	[bɛr'lin]
Boedapest	Budapeşt	[buda'pɛʃt]
Boekarest	Buxarest	[buχa'rɛst]
Bombay, Mumbai	Bombey	[bom'bɛj]
Bonn	Bonn	['bonn]
Bordeaux	Bordo	[bor'do]
Bratislava	Bratislava	[bratisla'va]
Brussel	Brüssel	[brys'sɛl]
Caïro	Qahirə	[gahi'ræ]
Calcutta	Kalkutta	[kal'kutta]
Chicago	Çikaqo	[ʧi'kago]
Dar Es Salaam	Dar Əs Salam	['dar 'æs sa'lam]
Delhi	Dehli	[dɛh'li]
Den Haag	Haaga	[ha'aga]
Dubai	Dubay	[du'baj]
Dublin	Dublin	['dublin]
Düsseldorf	Düsseldorf	['dyssɛlʲdorf]
Florence	Florensiya	[flo'rɛnsija]
Frankfort	Frankfurt	['frankfurt]
Genève	Cenevrə	[ʤɛ'nɛvræ]
Hamburg	Hamburq	['hamburh]
Hanoi	Hanoy	[ha'noj]
Havana	Havana	[ha'vana]
Helsinki	Helsinki	['hɛlsinki]

Hiroshima	Xirosima	[χiro'sima]
Hongkong	Honkonq	[hon'konh]
Istanbul	İstanbul	[istan'bul]
Jeruzalem	Yerusəlim	[ɛrusæ'lim]
Kiev	Kiyev	['kiɛv]

Kopenhagen	Kopenhaqen	[kopɛn'hagɛn]
Kuala Lumpur	Kuala Lumpur	[ku'ala lʲum'pur]
Lissabon	Lissabon	[lissa'bon]
Londen	London	['london]
Los Angeles	Los Anjeles	['los 'anʒɛlɛs]

Lyon	Lion	[li'on]
Madrid	Madrid	[mad'rid]
Marseille	Marsel	[mar'sɛl]
Mexico-Stad	Mexiko	['mɛχiko]
Miami	Mayami	[ma'jami]

Montreal	Monreal	[monrɛ'al]
Moskou	Moskva	[mosk'va]
München	Münhen	['mynhɛn]
Nairobi	Nayrobi	[naj'robi]
Napels	Neapol	[nɛ'apol]

New York	Nyu-York	['nju 'jork]
Nice	Nitsa	['niʦa]
Oslo	Oslo	['oslo]
Ottawa	Ottava	[ot'tava]
Parijs	Paris	[pa'ris]

Peking	Pekin	[pɛ'kin]
Praag	Praqa	['praga]
Rio de Janeiro	Rio-de-Janeyro	['rio dɛ ʒa'nɛjro]
Rome	Roma	['roma]
Seoel	Seul	[sɛ'ul]
Singapore	Sinqapur	[singa'pur]

Sint-Petersburg	Sankt-Peterburq	['sankt pɛtɛr'burh]
Sjanghai	Şanxay	[ʃan'χaj]
Stockholm	Stokholm	[stok'holm]
Sydney	Sidney	['sidnɛj]
Taipei	Taypey	[taj'pɛj]
Tokio	Tokio	['tokio]

Toronto	Toronto	[to'ronto]
Venetië	Venesiya	[vɛ'nɛsija]
Warschau	Varşava	[var'ʃava]
Washington	Vaşinqton	[vaʃing'ton]
Wenen	Vena	['vɛna]

243. Politiek. Overheid. Deel 1

| politiek (de) | siyasət | [sija'sæt] |
| politiek (bn) | siyasi | [sija'si] |

politicus (de)	siyasətçi	[sijasæ'tʃi]
staat (land)	dövlət	[døv'læt]
burger (de)	vətəndaş	[vætæn'daʃ]
staatsburgerschap (het)	vətəndaşlıq	[vætændaʃ'lıh]

nationaal wapen (het)	milli herb	[mil'li 'hɛrp]
volkslied (het)	dövlət himni	[døv'læt him'ni]

regering (de)	hökümət	[høky'mæt]
staatshoofd (het)	ölkə başçısı	[øl'kæ baʃtʃı'sı]
parlement (het)	parlament	[par'lamɛnt]
partij (de)	partiya	['partija]

kapitalisme (het)	kapitalizm	[kapita'lizm]
kapitalistisch (bn)	kapitalist	[kapita'list]

socialisme (het)	sosializm	[sotsia'lizm]
socialistisch (bn)	sosialist	[sotsia'list]

communisme (het)	kommunizm	[kommu'nizm]
communistisch (bn)	kommunist	[kommu'nist]
communist (de)	kommunist	[kommu'nist]

democratie (de)	demokratiya	[dɛmok'ratija]
democraat (de)	demokrat	[dɛmok'rat]
democratisch (bn)	demokratik	[dɛmokra'tik]
democratische partij (de)	demokratik partiyası	[dɛmokra'tik 'partijası]

liberaal (de)	liberal	[libɛ'ral]
liberaal (bn)	liberal	[libɛ'ral]

conservator (de)	mühafizəkar	[myhafizæ'kar]
conservatief (bn)	mühafizəkar	[myhafizæ'kar]

republiek (de)	respublika	[rɛs'publika]
republikein (de)	respublikaçı	[rɛs'publikatʃı]
Republikeinse Partij (de)	respublikaçılar partiyası	[rɛs'publikatʃılar 'partijası]

verkiezing (de)	seçkilər	[sɛtʃki'lær]
kiezen (ww)	seçmək	[sɛtʃ'mæk]
kiezer (de)	seçici	[sɛtʃi'dʒi]
verkiezingscampagne (de)	seçki kampaniyası	[sɛtʃ'ki kam'panijası]

stemming (de)	səs vermə	['sæs vɛr'mæ]
stemmen (ww)	səs vermək	['sæs vɛr'mæk]
stemrecht (het)	səs vermə hüququ	['sæs vɛr'mæ hygu'gu]

kandidaat (de)	namizəd	[nami'zæd]
zich kandideren	namizədliyini irəli sürmək	[namizædlijı'ni iræ'li syr'mæk]
campagne (de)	kampaniya	[kam'panija]

oppositie- (abn)	müxalif	[myχa'lif]
oppositie (de)	müxalifət	[myχali'fæt]
bezoek (het)	səfər	[sæ'fær]
officieel bezoek (het)	rəsmi səfər	[ræs'mi sæ'fær]

internationaal (bn)	beynəlxalq	[bɛjnæl'χalh]
onderhandelingen (mv.)	danışıqlar	[danıʃıg'lar]
onderhandelen (ww)	danışıqlar aparmaq	[danıʃıg'lar apar'mah]

244. Politiek. Overheid. Deel 2

maatschappij (de)	cəmiyyət	[dʒ'æmi'æt]
grondwet (de)	konstitusiya	[konsti'tusija]
macht (politieke ~)	hakimiyyət	[hakimi'æt]
corruptie (de)	korrupsiya	[kor'rupsija]

| wet (de) | qanun | [ga'nun] |
| wettelijk (bn) | qanuni | [ganu'ni] |

| rechtvaardigheid (de) | ədalət | [æda'læt] |
| rechtvaardig (bn) | ədalətli | [ædalæt'li] |

comité (het)	komitə	[komi'tæ]
wetsvoorstel (het)	qanun layihəsi	[ga'nun laihæ'si]
begroting (de)	büdcə	[byd'dʒ'æ]
beleid (het)	siyasət	[sija'sæt]
hervorming (de)	islahat	[isla'hat]
radicaal (bn)	radikal	[radi'kal]

macht (vermogen)	qüdrət	[gyd'ræt]
machtig (bn)	qüdrətli	[gydræt'li]
aanhanger (de)	tərəfdar	[tæræf'dar]
invloed (de)	təsir	[tæ'sir]

regime (het)	rejim	[rɛ'ʒim]
conflict (het)	münaqişə	[mynagi'ʃæ]
samenzwering (de)	sui-qəsd	['sui 'gæsd]
provocatie (de)	provokasiya	[provo'kasija]

omverwerpen (ww)	devirmək	[dɛvir'mæk]
omverwerping (de)	devrilmə	[dɛvril'mæ]
revolutie (de)	inqilab	[ingi'lap]

| staatsgreep (de) | çevriliş | [tʃɛvri'liʃ] |
| militaire coup (de) | hərbi çevriliş | [hær'bi tʃɛvri'liʃ] |

crisis (de)	böhran	[bøh'ran]
economische recessie (de)	iqtisadi zəifləmə	[igtisa'di zæiflæ'mæ]
betoger (de)	nümayişçi	[nymaiʃ'tʃi]
betoging (de)	nümayiş	[nyma'iʃ]
krijgswet (de)	hərbi vəziyyət	[hær'bi væzi'æt]
militaire basis (de)	baza	['baza]

| stabiliteit (de) | stabillik | [stabil'lik] |
| stabiel (bn) | stabil | [sta'bil] |

uitbuiting (de)	istismar	[istis'mar]
uitbuiten (ww)	istismar etmək	[istis'mar ɛt'mæk]
racisme (het)	irqçilik	[irgtʃi'lik]

racist (de)	irqçi	[irg'tʃi]
fascisme (het)	faşizm	[fa'ʃizm]
fascist (de)	faşist	[fa'ʃist]

245. Landen. Diversen

vreemdeling (de)	xarici	[ɣari'ʤⁱi]
buitenlands (bn)	xarici	[ɣari'ʤⁱi]
in het buitenland (bw)	xaricdə	[ɣariʤ'dæ]

emigrant (de)	mühacir	[myha'ʤir]
emigratie (de)	mühacirət	[myhaʤⁱi'ræt]
emigreren (ww)	mühacirət etmək	[myhaʤⁱi'ræt ɛt'mæk]

Westen (het)	Qərb	['gærp]
Oosten (het)	Şərq	['ʃærh]
Verre Oosten (het)	Uzaq Şərq	[u'zah 'ʃærh]
beschaving (de)	sivilizasiya	[sivili'zasija]
mensheid (de)	bəşəriyyət	[bæʃæri'æt]
wereld (de)	dünya	[dy'nja]
vrede (de)	əmin-amanlıq	[æ'min aman'lıh]
wereld- (abn)	dünya	[dy'nja]

vaderland (het)	vətən	[væ'tæn]
volk (het)	xalq	['ɣalh]
bevolking (de)	əhali	[æha'li]
mensen (mv.)	adamlar	[adam'lar]
natie (de)	milliyət	[milli'jæt]
generatie (de)	nəsil	[næ'sil]
gebied (bijv. bezette ~en)	ərazi	[æra'zi]
regio, streek (de)	bölqə	[bøl'gæ]
deelstaat (de)	ştat	['ʃtat]

traditie (de)	ənənə	[ænæ'næ]
gewoonte (de)	adət	[a'dæt]
ecologie (de)	ekoloqiya	[ɛko'logija]

Indiaan (de)	hindi	[hin'di]
zigeuner (de)	qaraçı	[gara'tʃı]
zigeunerin (de)	qaraçı qadın	[gara'tʃı ga'dın]
zigeuner- (abn)	qaraçı	[gara'tʃı]

rijk (het)	imperatorluq	[impɛ'ratorlⁱuh]
kolonie (de)	müstəmləkə	[mystæmlæ'kæ]
slavernij (de)	köləlik	[kølæ'lik]
invasie (de)	basqın	[bas'gın]
hongersnood (de)	aclıq	[aʤ'lıh]

246. Grote religieuze groepen. Bekentenissen

| religie (de) | din | ['din] |
| religieus (bn) | dini | [di'ni] |

geloof (het)	etiqad	[ɛti'gad]
geloven (ww)	etiqad etmək	[ɛti'gad ɛt'mæk]
gelovige (de)	dindar	[din'dar]
atheïsme (het)	ateizm	[atɛ'izm]
atheïst (de)	ateist	[atɛ'ist]
christendom (het)	xristianlıq	[χristian'lıh]
christen (de)	xristian	[χristi'an]
christelijk (bn)	xristian	[χristi'an]
katholicisme (het)	Katolisizm	[katoli'sizm]
katholiek (de)	katolik	[ka'tolik]
katholiek (bn)	katolik	[kato'lik]
protestantisme (het)	Protestantlıq	[protɛstant'lıh]
Protestante Kerk (de)	Protestant kilsəsi	[protɛs'tant kilsæ'si]
protestant (de)	protestant	[protɛs'tant]
orthodoxie (de)	Pravoslavlıq	[pravoslav'lıh]
Orthodoxe Kerk (de)	Pravoslav kilsəsi	[pravos'lav kilsæ'si]
orthodox	pravoslav	[pravos'lav]
presbyterianisme (het)	Presviterianlıq	[prɛsvitɛrian'lıh]
Presbyteriaanse Kerk (de)	Presviterian kilsəsi	[prɛsvitɛri'an kilsæ'si]
presbyteriaan (de)	presviterian	[prɛsvitɛri'an]
lutheranisme (het)	Lüteran kilsəsi	[lytɛ'ran kilsæ'si]
lutheraan (de)	lüteran	[lytɛ'ran]
baptisme (het)	Baptizm	[bap'tizm]
baptist (de)	baptist	[bap'tist]
Anglicaanse Kerk (de)	Anqlikan kilsəsi	[angli'kan kilsæ'si]
anglicaan (de)	anqlikan	[angli'kan]
mormonisme (het)	Mormonluq	[mormon'lʲuh]
mormoon (de)	mormon	[mor'mon]
Jodendom (het)	Yahudilik	[jahudi'lik]
jood (aanhanger van het Jodendom)	yahudi	[jahu'di]
boeddhisme (het)	Buddizm	[bud'dizm]
boeddhist (de)	buddist	[bud'dist]
hindoeïsme (het)	Hinduizm	[hindu'izm]
hindoe (de)	hinduist	[hindu'ist]
islam (de)	İslam	[is'lam]
islamiet (de)	müsəlman	[mysæl'man]
islamitisch (bn)	müsəlman	[mysæl'man]
sjiisme (het)	Şiəlik	[ʃiæ'lik]
sjiiet (de)	şiə	[ʃi'æ]
soennisme (het)	Sünnülük	[synny'lyk]
soenniet (de)	sünnü	[syn'ny]

247. Religies. Priesters

priester (de)	keşiş	[kɛ'ʃiʃ]
paus (de)	Roma Papası	['roma 'papası]
monnik (de)	rahib	[ra'hip]
non (de)	rahibə	[rahi'bæ]
pastoor (de)	pastor	['pastor]
abt (de)	abbat	[ab'bat]
vicaris (de)	vikari	[vi'kari]
bisschop (de)	yepiskop	[ɛ'piskop]
kardinaal (de)	kardinal	[kardi'nal]
predikant (de)	moizəçi	[moizæ'tʃi]
preek (de)	moizə	[moi'zæ]
kerkgangers (mv.)	kilsəyə gələn dindarlar	[kilsæ'jæ gæ'læn dindar'lar]
gelovige (de)	dindar	[din'dar]
atheïst (de)	ateist	[atɛ'ist]

248. Geloof. Christendom. Islam

Adam	Adəm	[a'dæm]
Eva	Həvva	[hæv'va]
God (de)	Tanrı	[tan'rı]
Heer (de)	Tanrı	[tan'rı]
Almachtige (de)	Qüdrətli	[gydræt'li]
zonde (de)	günah	[gy'nah]
zondigen (ww)	günaha batmaq	[gyna'ha bat'mah]
zondaar (de)	günahkar	[gynah'kar]
zondares (de)	günahkar qadın	[gynah'kar ga'dın]
hel (de)	cəhənnəm	[dʒ'æhæn'næm]
paradijs (het)	cənnət	[dʒ'æn'næt]
Jezus	İsa	[i'sa]
Jezus Christus	İsa Məsih	[i'sa mæ'sih]
Heilige Geest (de)	ruhülqüds	['ruhylgyds]
Verlosser (de)	İsa	[i'sa]
Maagd Maria (de)	İsanın anası	[isa'nın ana'sı]
duivel (de)	Şeytan	[ʃɛj'tan]
duivels (bn)	şeytan	[ʃɛj'tan]
Satan	İblis	[ib'lis]
satanisch (bn)	iblisanə	[iblisa'næ]
engel (de)	mələk	[mæ'læk]
beschermengel (de)	mühafiz mələk	[myha'fiz mæ'læk]
engelachtig (bn)	mələk	[mæ'læk]

apostel (de)	həvvari	[hævva'ri]
aartsengel (de)	Cəbrayıl	[dʒ'æbra'il]
antichrist (de)	dəccəl	[dæ'dzæl]

Kerk (de)	Kilsə	[kil'sæ]
bijbel (de)	bibliya	['biblija]
bijbels (bn)	bibliya	['biblija]

Oude Testament (het)	Əhdi-ətiq	['æhdi æ'tih]
Nieuwe Testament (het)	Əhdi-cədid	['æhdi dʒ'æ'did]
evangelie (het)	İncil	[in'dʒil]
Heilige Schrift (de)	əhdi-ətiq və əhdi-cədid	['æhdi æ'tih 'væ 'æhdi dʒ'æ'did]
Hemel, Hemelrijk (de)	Səma Səltənəti	[sæ'ma sæltænæ'ti]

gebod (het)	ehkam	[ɛh'kam]
profeet (de)	peyğəmbər	[pɛjɣæm'bær]
profetie (de)	peyğəmbərlik	[pɛjɣæmbær'lik]

Allah	Allah	[al'lah]
Mohammed	Məhəmməd	[mæhæm'mæd]
Koran (de)	Quran	[gu'ran]

moskee (de)	məsçid	[mæs'tʃid]
moellah (de)	molla	[mol'la]
gebed (het)	dua	[du'a]
bidden (ww)	dua etmək	[du'a ɛt'mæk]

pelgrimstocht (de)	zəvvarlıq	[zævvar'lıh]
pelgrim (de)	zəvvar	[zæv'var]
Mekka	Məkkə	[mæk'kæ]

kerk (de)	kilsə	[kil'sæ]
tempel (de)	məbəd	[mæ'bæd]
kathedraal (de)	baş kilsə	['baʃ kil'sæ]
gotisch (bn)	qotik	[go'tik]
synagoge (de)	sinaqoq	[sina'goh]
moskee (de)	məsçid	[mæs'tʃid]

kapel (de)	kişik kilsə	[ki'tʃik kil'sæ]
abdij (de)	abbatlıq	[abbat'lıh]
nonnenklooster (het)	qadın monastırı	[ga'dın monastı'rı]
mannenklooster (het)	kişi monastırı	[ki'ʃi monastı'rı]

klok (de)	zənq	['zænh]
klokkentoren (de)	zənq qülləsi	['zænh gyllæ'si]
luiden (klokken)	zənq etmək	['zænh ɛt'mæk]

kruis (het)	xaç	['χatʃ]
koepel (de)	günbəz	[gyn'bæz]
icoon (de)	ikona	[i'kona]

ziel (de)	can	['dʒan]
lot, noodlot (het)	qismət	[gis'mæt]
kwaad (het)	pislik	[pis'lik]
goed (het)	yaxşılıq	[jaχʃı'lıh]

vampier (de)	xortdan	[xort'dan]
heks (de)	caduger qadın	[ʤ'adu'gær ga'dın]
demoon (de)	iblis	[ib'lis]
geest (de)	ruh	['ruh]

verzoeningsleer (de)	günahdan təmizlənmə	[gynah'dan tæmizlæn'mæ]
vrijkopen (ww)	günahı təmizləmək	[gyna'hı tæmizlæ'mæk]

mis (de)	ibadət etmə	[iba'dæt ɛt'mæ]
de mis opdragen	ibadət etmək	[iba'dæt ɛt'mæk]
biecht (de)	tövbə etmə	[tøv'bæ ɛt'mæ]
biechten (ww)	tövbə etmək	[tøv'bæ ɛt'mæk]

heilige (de)	övliya	[øvli'ja]
heilig (bn)	müqəddəs	[mygæd'dæs]
wijwater (het)	müqəddəs su	[mygæd'dæs 'su]

ritueel (het)	mərasim	[mæra'sim]
ritueel (bn)	mərasimə aid	[mærasi'mæ a'id]
offerande (de)	qurban kəsmə	[gur'ban kæs'mæ]

bijgeloof (het)	xurafat	[xura'fat]
bijgelovig (bn)	xurafatçı	[xurafa'tʃı]
hiernamaals (het)	axirət dünyası	[axi'ræt dynja'sı]
eeuwige leven (het)	əbədi həyat	[æbæ'di hæ'jat]

DIVERSEN

249. Diverse nuttige woorden

achtergrond (de)	fon	['fon]
balans (de)	balans	[ba'lans]
basis (de)	baza	['baza]
begin (het)	başlanqıc	[baʃla'ngıdʒ']
beurt (wie is aan de ~?)	növbə	[nøv'bæ]
categorie (de)	kateqoriya	[katɛ'gorija]
comfortabel (~ bed, enz.)	əlverişli	[ælvɛriʃ'li]
compensatie (de)	kompensasiya	[kompɛn'sasija]
deel (gedeelte)	hissə	[his'sæ]
deeltje (het)	zərrə	[zær'ræ]
ding (object, voorwerp)	əşya	[æ'ʃ'a]
dringend (bn, urgent)	təcili	[tædʒ'i'li]
dringend (bw, met spoed)	təcili	[tædʒ'i'li]
effect (het)	təsir	[tæ'sir]
eigenschap (kwaliteit)	xüsusiyyət	[xysusi'æt]
einde (het)	son	['son]
element (het)	element	[ɛlɛ'mɛnt]
feit (het)	fakt	['fakt]
fout (de)	səhv	['sæhv]
geheim (het)	sirr	['sirr]
graad (mate)	dərəcə	[dæræ'dʒ'æ]
groei (ontwikkeling)	boy atma	['boj at'ma]
hindernis (de)	sədd	['sædd]
hinderpaal (de)	maneə	[manɛ'æ]
hulp (de)	kömək	[kø'mæk]
ideaal (het)	ideal	[idɛ'al]
inspanning (de)	səy	['sæj]
keuze (een grote ~)	seçim	[sɛ'tʃim]
labyrint (het)	labirint	[labi'rint]
manier (de)	üsul	['jusul]
moment (het)	an	['an]
nut (bruikbaarheid)	xeyir	[xɛ'jir]
onderscheid (het)	fərqlənmə	[færglæn'mæ]
ontwikkeling (de)	inkişaf	[inki'ʃaf]
oplossing (de)	həll	['hæll]
origineel (het)	əsl	['æsl]
pauze (de)	pauza	['pauza]
positie (de)	pozisiya	[po'zisija]
principe (het)	prinsip	['prinsip]

probleem (het)	problem	[prob'lɛm]
proces (het)	proses	[pro'sɛs]
reactie (de)	reaksiya	[rɛ'aksija]

reden (om ~ van)	səbəb	[sæ'bæp]
risico (het)	risk	['risk]
samenvallen (het)	üst-üstə düşmə	['just jus'tæ dyʃ'mæ]
serie (de)	seriya	['sɛrija]

situatie (de)	situasiya	[situ'asija]
soort (bijv. ~ sport)	növ	['nøv]
standaard (bn)	standart	[stan'dart]
standaard (de)	standart	[stan'dart]
stijl (de)	üslub	[ys'lʲup]

stop (korte onderbreking)	fasilə	[fasi'læ]
systeem (het)	sistem	[sis'tɛm]
tabel (bijv. ~ van Mendelejev)	cədvəl	[dʒʲæd'væl]
tempo (langzaam ~)	temp	['tɛmp]
term (medische ~en)	termin	['tɛrmin]

type (soort)	tip	['tip]
variant (de)	variant	[vari'ant]
veelvuldig (bn)	tez-tez	['tɛz 'tɛz]
vergelijking (de)	müqayisə	[mygajɪ'sæ]
voorbeeld (het goede ~)	misal	[mi'sal]

voortgang (de)	tərəqqi	[tæræk'ki]
voorwerp (ding)	obyekt	[ob'jɛkt]
vorm (uiterlijke ~)	forma	['forma]
waarheid (de)	həqiqət	[hægi'gæt]
zone (de)	zona	['zona]

250. Beperkende bijwoorden. Bijvoeglijke naamwoorden. Deel 1

accuraat (uurwerk, enz.)	səliqəli	[sæligæ'li]
achter- (abn)	arxa	[ar'χa]
additioneel (bn)	əlavə	[æla'væ]
anders (bn)	fərqli	[færg'li]

arm (bijv. ~e landen)	kasıb	[ka'sɪp]
begrijpelijk (bn)	aydın	[aj'dɪn]
belangrijk (bn)	vacib	[va'dʒʲip]
belangrijkst (bn)	ən vacib	['æn va'dʒʲip]

beleefd (bn)	nəzakətli	[næzakæt'li]
beperkt (bn)	məhdud	[mæh'dud]
betekenisvol (bn)	əhəmiyyətli	[æhæmiæt'li]
bijziend (bn)	uzağı görməyən	[uza'ɣɪ 'gørmæjæn]
binnen- (abn)	daxili	[daχi'li]

bitter (bn)	acı	[a'dʒʲɪ]
blind (bn)	kor	['kor]
breed (een ~e straat)	enli	[ɛn'li]

breekbaar (porselein, glas)	ince	[in'dʒᵊæ]
buiten- (abn)	xarici	[xari'dʒⁱi]

buitenlands (bn)	xarici	[xari'dʒⁱi]
burgerlijk (bn)	mülki	[mylⁱ'ki]
centraal (bn)	mərkəzi	[mærkæ'zi]
dankbaar (bn)	minnətdar	[minnæt'dar]
dicht (~e mist)	qalın	[ga'lın]

dicht (bijv. ~e mist)	sıx	['sıx]
dicht (in de ruimte)	yaxın	[ja'xın]
dichtbij (bn)	yaxın	[ja'xın]
dichtstbijzijnd (bn)	ən yaxın	['æn ja'xın]

diepvries (~product)	dondurulmuş	[dondurul'muʃ]
dik (bijv. muur)	qalın	[ga'lın]
dof (~ licht)	zəif	[zæ'if]
dom (dwaas)	axmaq	[ax'mah]

donker (bijv. ~e kamer)	qaranlıq	[garan'lıh]
dood (bn)	ölü	[ø'ly]
doorzichtig (bn)	şəffaf	[ʃæf'faf]
droevig (~ blik)	qəmli	[gæm'li]
droog (bn)	quru	[gu'ru]

dun (persoon)	arıq	[a'rıh]
duur (bn)	bahalı	[baha'lı]
eender (bn)	eyni	['ɛjni]
eenvoudig (bn)	sadə	[sa'dæ]
eenvoudig (bn)	adi	[a'di]

eeuwenoude (~ beschaving)	qədim	[gæ'dim]
enorm (bn)	nəhənk	[næ'hænk]
geboorte- (stad, land)	doğma	[do'ɣma]
gebruind (bn)	gündən qaralmış	[gyn'dæn garal'mıʃ]

gelijkend (bn)	oxşar	[ox'ʃar]
gelukkig (bn)	xoşbəxt	[xoʃ'bæxt]
gesloten (bn)	bağlı	[ba'ɣlı]
getaand (bn)	qarabuğdayı	[garabuɣda'jı]

gevaarlijk (bn)	təhlükəli	[tæhlykæ'li]
gewoon (bn)	adi	[a'di]
gezamenlijk (~ besluit)	birgə	[bir'gæ]
glad (~ oppervlak)	hamar	[ha'mar]
glad (~ oppervlak)	hamar	[ha'mar]

goed (bn)	yaxşı	[jax'ʃı]
goedkoop (bn)	ucuz	[u'dʒyz]
gratis (bn)	pulsuz	[pul'suz]
groot (bn)	böyük	[bø'juk]

hard (niet zacht)	bərk	['bærk]
heel (volledig)	tam	['tam]
heet (bn)	isti	[is'ti]
hongerig (bn)	ac	['adʒ']

hoofd- (abn)	baş	['baʃ]
hoogste (bn)	ali	[a'li]
huidig (courant)	hazırki	[hazır'ki]
jong (bn)	cavan	[ʤ'a'van]

juist, correct (bn)	düzgün	[dyz'gyn]
kalm (bn)	sakit	[sa'kit]
kinder- (abn)	uşaq	[u'ʃah]
klein (bn)	kiçik	[ki'tʃik]
koel (~ weer)	sərin	[sæ'rin]

kort (kortstondig)	qısamüddətli	[gısamyddæt'li]
kort (niet lang)	qısa	[gı'sa]
koud (~ water, weer)	soyuq	[so'juh]
kunstmatig (bn)	süni	[sy'ni]

laatst (bn)	sonuncu	[sonun'ʤy]
lang (een ~ verhaal)	uzun	[u'zun]
langdurig (bn)	sürəkli	[syræk'li]
lastig (~ probleem)	mürəkkəb	[myræk'kæp]

leeg (glas, kamer)	boş	['boʃ]
lekker (bn)	dadlı	[dad'lı]
licht (kleur)	açıq rəngli	[a'tʃıh ræng'li]
licht (niet veel weegt)	yüngül	[jyn'gyl]

linker (bn)	sol	['sol]
luid (bijv. ~e stem)	gurultulu	[gurultu'lʲu]
mager (bn)	arıq	[a'rıh]
mat (bijv. ~ verf)	donuq	[do'nuh]
moe (bn)	yorğun	[jor'ɣun]

moeilijk (~ besluit)	çətin	[tʃæ'tin]
mogelijk (bn)	mümkün ola bilən	[mym'kyn o'la bi'læn]
mooi (bn)	gözəl	[gø'zæl]
mysterieus (bn)	müəmmalı	[myæmma'lı]

naburig (bn)	qonşu	[gon'ʃu]
nalatig (bn)	səliqəsiz	[sæligæ'siz]
nat (~te kleding)	islanmış	[islan'mıʃ]
nerveus (bn)	əsəbi	[æsæ'bi]
niet groot (bn)	balaca	[bala'ʤ'a]

niet moeilijk (bn)	çətin olmayan	[tʃæ'tin 'olmajan]
nieuw (bn)	yeni	[ɛ'ni]
nodig (bn)	lazımi	[lazı'mi]
normaal (bn)	normal	[nor'mal]

251. Beperkende bijwoorden. Bijvoeglijke naamwoorden. Deel 2

onbegrijpelijk (bn)	anlaşılmaz	[anlaʃıl'maz]
onbelangrijk (bn)	əhəmiyyətsiz	[æhæmiæ'tsiz]
onbeweeglijk (bn)	hərəkətsiz	[hærækæ'tsiz]
onbewolkt (bn)	buludsuz	[bulʲud'suz]

227

ondergronds (geheim)	xəlvət	[xæl'væt]
ondiep (bn)	dayaz	[da'jaz]
onduidelijk (bn)	qeyri-müəyyən	['gɛjri myæ'jæn]
onervaren (bn)	təcrübəsiz	[tædʒ'rybæ'siz]
onmogelijk (bn)	mümkünsüz	[mymkyn'syz]
onontbeerlijk (bn)	zəruri	[zæru'ri]

onophoudelijk (bn)	aramsız	[aram'sız]
ontkennend (bn)	mənfi	[mæn'fi]
open (bn)	açıq	[a'tʃıh]
openbaar (bn)	ictimai	[idʒ'tima'i]
origineel (ongewoon)	orijinal	[oriʒi'nal]

oud (~ huis)	qoca	[go'dʒa]
overdreven (bn)	həddindən artıq	[hæddin'dæn ar'tıh]
passend (bn)	yararlı	[jarar'lı]
permanent (bn)	daimi	[dai'mi]
persoonlijk (bn)	şəxsi	[ʃæx'si]

plat (bijv. ~ scherm)	yastı	[jas'tı]
prachtig (~ paleis, enz.)	gözəl	[gø'zæl]
precies (bn)	dəqiq	[dæ'gih]
prettig (bn)	məlahətli	[mælahæt'li]
privé (bn)	xüsusi	[xysu'si]

punctueel (bn)	dəqiq	[dæ'gih]
rauw (niet gekookt)	çiy	['tʃij]
recht (weg, straat)	düz	['dyz]
rechter (bn)	sağ	['saɣ]
rijp (fruit)	dəymiş	[dæj'miʃ]

riskant (bn)	riskli	[risk'li]
ruim (een ~ huis)	geniş	[gɛ'niʃ]
rustig (bn)	sakit	[sa'kit]
scherp (bijv. ~ mes)	iti	[i'ti]
schoon (niet vies)	təmiz	[tæ'miz]

slecht (bn)	pis	['pis]
slim (verstandig)	ağıllı	[aɣıl'lı]
smal (~le weg)	dar	['dar]
snel (vlug)	cəld	['dʒæld]
somber (bn)	tutqun	[tut'gun]
speciaal (bn)	xüsusi	[xysu'si]

sterk (bn)	güclü	[gydʒ'ly]
stevig (bn)	möhkəm	[møh'kæm]
straatarm (bn)	dilənçi	[dilæn'tʃi]
teder (liefderijk)	zərif	[zæ'rif]

tegenovergesteld (bn)	müqabil	[myga'bil]
tevreden (bn)	məmnun	[mæm'nun]
tevreden (klant, enz.)	məmnun	[mæm'nun]
treurig (bn)	qəmgin	[gæm'gin]
tweedehands (bn)	istifadədə olmuş	[istifadæ'dæ ol'muʃ]
uitstekend (bn)	əla	[æ'la]
uitstekend (bn)	əla	[æ'la]

uniek (bn)	bənzərsiz	[bænzær'siz]
veilig (niet gevaarlijk)	təhlükəsiz	[tæhlykæ'siz]
ver (in de ruimte)	uzaq	[u'zah]
verenigbaar (bn)	bir birinə uyğun gələn	['bir biri'næ uj'ɣun gæ'læn]
vermoeiend (bn)	yorucu	[joru'dʒy]
verplicht (bn)	məcburi	[mædʒ'bu'ri]
vers (~ brood)	təzə	[tæ'zæ]
verschillende (bn)	müxtəlif	[myχtæ'lif]
verst (meest afgelegen)	uzaqda olan	[uzag'da o'lan]
vettig (voedsel)	yağlı	[ja'ɣlı]
vijandig (bn)	düşməncəsinə	[dyʃ'mændʒ'æsinæ]
vloeibaar (bn)	duru	[du'ru]
vochtig (bn)	rütubətli	[rytubæt'li]
vol (helemaal gevuld)	dolu	[do'lʲu]
volgend (~ jaar)	növbəti	[nøvbæ'ti]
voorbij (bn)	keçmiş	[kɛtʃ'miʃ]
voornaamste (bn)	əsas	[æ'sas]
vorig (~ jaar)	keçən	[kɛ'tʃæn]
vorig (bijv. ~e baas)	əvvəlki	[ævvæl'ki]
vriendelijk (aardig)	iltifatlı	[iltifat'lı]
vriendelijk (goedhartig)	xeyirxah	[χɛjır'χah]
vrij (bn)	azad	[a'zad]
vrolijk (bn)	şən	['ʃæn]
vruchtbaar (~ land)	münbit	[myn'bit]
vuil (niet schoon)	çirkli	[tʃirk'li]
waarschijnlijk (bn)	mümkün ola bilən	[mym'kyn o'la bi'læn]
warm (bn)	isti	[is'ti]
wettelijk (bn)	qanuni	[ganu'ni]
zacht (bijv. ~ kussen)	yumşaq	[jum'ʃah]
zacht (bn)	yavaş	[ja'vaʃ]
zeldzaam (bn)	nadir	[na'dir]
ziek (bn)	xəstə	[χæs'tæ]
zoet (~ water)	şirin	[ʃi'rin]
zoet (bn)	şirin	[ʃi'rin]
zonnig (~e dag)	günəşli	[gynæʃ'li]
zorgzaam (bn)	qayğıkeş	[gajɣı'kɛʃ]
zout (de soep is ~)	duzlu	[duz'lʲu]
zuur (smaak)	turş	['turʃ]
zwaar (~ voorwerp)	ağır	[a'ɣır]

DE 500 BELANGRIJKSTE WERKWOORDEN

252. Werkwoorden A-C

aaien (bijv. een konijn ~)	sığallamaq	[sıγalla'mah]
aanbevelen (ww)	məsləhət görmək	[mæslæ'hæt gør'mæk]
aandringen (ww)	təkid etmək	[tæ'kid ɛt'mæk]
aankomen (ov. de treinen)	gəlmək	[gæl'mæk]

aanleggen (bijv. bij de pier)	sahilə yaxınlaşmaq	[sahi'læ jaχınlaʃ'mah]
aanraken (met de hand)	toxunmaq	[toχun'mah]
aansteken (kampvuur, enz.)	yandırmaq	[jandır'mah]
aanstellen (in functie plaatsen)	təyin etmək	[tæ'jın ɛt'mæk]

aanvallen (mil.)	hücum etmək	[hy'dʒ¡um ɛt'mæk]
aanvoelen (gevaar ~)	hiss keçirmək	['his kɛtʃir'mæk]
aanvoeren (leiden)	başçılıq etmək	[baʃtʃı'lıh ɛt'mæk]
aanwijzen (de weg ~)	göstərmək	[gøstær'mæk]

aanzetten (computer, enz.)	qoşmaq	[goʃ'mah]
ademen (ww)	nəfəs almaq	[næ'fæs al'mah]
adverteren (ww)	reklam etmək	[rɛk'lam æt'mæk]
adviseren (ww)	məsləhət vermək	[mæslæ'hæt vɛr'mæk]

afdalen (on.ww.)	aşağı düşmək	[aʃa'γı dyʃ'mæk]
afgunstig zijn (ww)	paxıllıq etmək	[paχıl'lıh ɛt'mæk]
afhakken (ww)	kəsmək	[kæs'mæk]
afhangen van ...	asılı olmaq	[ası'lı ol'mah]

afluisteren (ww)	xəlvətçə qulaq asmaq	[χæl'vætʃæ gu'lah as'mah]
afnemen (verwijderen)	yığmaq	[jı'γmah]
afrukken (ww)	qopartmaq	[gopart'mah]
afslaan (naar rechts ~)	döndərmək	[døndær'mæk]

afsnijden (ww)	kəsmək	[kæs'mæk]
afzeggen (ww)	ləğv etmək	['læγv ɛt'mæk]
amputeren (ww)	amputasiya etmək	[ampu'tasija ɛt'mæk]
amuseren (ww)	əyləndirmək	[æjlændir'mæk]

antwoorden (ww)	cavab vermək	[dʒ¡a'vap vɛr'mæk]
applaudisseren (ww)	alqışlamaq	[algıʃla'mah]
aspireren (iets willen worden)	can atmaq	['dʒ¡an at'mah]
assisteren (ww)	kömək etmək	[kø'mæk ɛt'mæk]

bang zijn (ww)	qorxmaq	[gorχ'mah]
barsten (plafond, enz.)	çatlamaq	[tʃatla'mah]
bedienen (in restaurant)	xidmət göstərmək	[χid'mæt gøstær'mæk]
bedreigen (bijv. met een pistool)	hədələmək	[hædælæ'mæk]

bedriegen (ww)	aldatmaq	[aldat'mah]
beduiden (betekenen)	ifadə etmək	[ifa'dæ ɛt'mæk]
bedwingen (ww)	saxlamaq	[saχla'mah]
beëindigen (ww)	qurtarmaq	[gurtar'mah]

begeleiden (vergezellen)	müşaidə etmək	[myʃai'dæ ɛt'mæk]
begieten (water geven)	sulamaq	[sula'mah]
beginnen (ww)	başlamaq	[baʃla'mah]
begrijpen (ww)	başa düşmək	[ba'ʃa dyʃ'mæk]
behandelen (patiënt, ziekte)	müalicə etmək	[myali'ʤʲæ ɛt'mæk]

beheren (managen)	idarə etmək	[ida'ræ ɛt'mæk]
beïnvloeden (ww)	təsir göstərmək	[tæ'sir gøstær'mæk]
bekennen (misdadiger)	boynuna almaq	[bojnu'na al'mah]
beledigen	təhkir etmək	[tæh'kir ɛt'mæk]
(met scheldwoorden)		

beledigen (ww)	incitmək	[inʤʲit'mæk]
beloven (ww)	vəd etmək	['væd ɛt'mæk]
beperken (de uitgaven ~)	məhdudlaşdırmaq	[mæhdudlaʃdır'mah]
bereiken (doel ~, enz.)	əldə etmək	[æl'dæ ɛt'mæk]

bereiken	çatmaq	[ʧat'mah]
(plaats van bestemming ~)		
beschermen	mühafizə etmək	[myhafi'zæ ɛt'mæk]
(bijv. de natuur ~)		
beschuldigen (ww)	ittiham etmək	[itti'ham ɛt'mæk]
beslissen (~ iets te doen)	qərar vermək	[gæ'rar vɛr'mæk]

besmet worden (met …)	yoluxmaq	[joluʲχ'mah]
besmetten	yoluxdurmaq	[joluʲχdur'mah]
(ziekte overbrengen)		
bespreken (spreken over)	müzakirə etmək	[myzaki'ræ ɛt'mæk]
bestaan (een ~ voeren)	yaşamaq	[jaʃa'mah]

bestellen (eten ~)	sifariş etmək	[sifa'riʃ ɛt'mæk]
bestraffen (een stout kind ~)	cəzalandırmaq	[ʤæzalandır'mah]
betalen (ww)	pulunu ödəmək	[pulʲu'nu ødæ'mæk]
betekenen (beduiden)	əhəmiyyət kəsb etmək	[æhæmi'æt 'kæsp ɛt'mæk]

betreuren (ww)	heyfsilənmək	[hɛjfsilæn'mæk]
bevallen (prettig vinden)	xoşuna gəlmək	[χoʃu'na gæl'mæk]
bevelen (mil.)	əmr etmək	['æmr ɛt'mæk]
bevredigen (ww)	təmin etmək	[tæ'min ɛt'mæk]

bevrijden (stad, enz.)	azad etmək	[a'zad ɛt'mæk]
bewaren (oude brieven, enz.)	saxlamaq	[saχla'mah]
bewaren (vrede, leven)	saxlamaq	[saχla'mah]
bewijzen (ww)	sübut etmək	[sy'but ɛt'mæk]

bewonderen (ww)	heyran olmaq	[hɛj'ran ol'mah]
bezitten (ww)	sahib olmaq	[sa'hip ol'mah]
bezorgd zijn (ww)	narahat olmaq	[nara'hat ol'mah]
bezorgd zijn (ww)	həyacan keçirmək	[hæja'ʤʲan kɛʧir'mæk]
bidden (praten met God)	dua etmək	[du'a ɛt'mæk]
bijvoegen (ww)	əlavə etmək	[æla'væ ɛt'mæk]

| binden (ww) | bağlamaq | [baɣla'mah] |
| binnengaan (een kamer ~) | içəri daxil olmaq | [itʃæ'ri da'χil ol'mah] |

blazen (ww)	üfürmək	[yfyr'mæk]
blozen (zich schamen)	qızarmaq	[gızar'mah]
blussen (brand ~)	söndürmək	[søndyr'mæk]
boos maken (ww)	əsəbiləşdirmək	[æsæbilæʃdir'mæk]

boos zijn (ww)	əsəbiləşmək	[æsæbilæʃ'mæk]
breken	cırılmaq	[dʒ'ırıl'mah]
(on.ww., van een touw)		
breken (speelgoed, enz.)	qırmaq	[gır'mah]
brengen (iets ergens ~)	gətirmək	[gætir'mæk]

charmeren (ww)	məftun etmək	[mæf'tun ɛt'mæk]
citeren (ww)	sitat gətirmək	[si'tat gætir'mæk]
compenseren (ww)	kompensasiya etmək	[kompɛn'sasija æt'mæk]
compliceren (ww)	mürəkkəbləşdirmək	[myrækkæblæʃdir'mæk]

componeren (muziek ~)	bəstələmək	[bæstælæ'mæk]
compromitteren (ww)	nüfuzdan salmaq	[nyfuz'dan sal'mah]
concurreren (ww)	rəqabət aparmaq	[ræga'bæt apar'mah]
controleren (ww)	nəzarət etmək	[næza'ræt ɛt'mæk]

coöpereren (samenwerken)	əməkdaşlıq etmək	[æmækdaʃ'lıh ɛt'mæk]
coördineren (ww)	uzlaşdırmaq	[uzlaʃdır'mah]
corrigeren (fouten ~)	düzəltmək	[dyzælt'mæk]
creëren (ww)	yaratmaq	[jarat'mah]

253. Werkwoorden D-K

danken (ww)	təşəkkür etmək	[tæʃæk'kyr ɛt'mæk]
de was doen	yumaq	[ju'mah]
de weg wijzen	istiqamətləndirmək	[istigamætlændir'mæk]
deelnemen (ww)	iştirak etmək	[iʃti'rak ɛt'mæk]
delen (wisk.)	bölmək	[bøl'mæk]

denken (ww)	düşünmək	[dyʃyn'mæk]
doden (ww)	öldürmək	[øldyr'mæk]
doen (ww)	etmək	[ɛt'mæk]
dresseren (ww)	heyvanı təlim etmək	[hɛjva'nı tæ'lim æt'mæk]

drinken (ww)	içmək	[itʃ'mæk]
drogen (kleleren, haar)	qurutmaq	[gurut'mah]
dromen (in de slaap)	yuxu görmək	[ju'χu gør'mæk]
dromen (over vakantie ~)	xəyal etmək	[χæ'jal ɛt'mæk]
duiken (ww)	dalmaq	[dal'mah]

durven (ww)	cürət etmək	[dʒy'ræt ɛt'mæk]
duwen (ww)	itələmək	[itælæ'mæk]
een auto besturen	maşın sürmək	[ma'ʃın syr'mæk]
een bad geven	çimdirmək	[tʃimdir'mæk]
een bad nemen	yuyunmaq	[jujun'mah]
een conclusie trekken	nəticə çıxarmaq	[næti'dʒæ tʃıχar'mah]

een foto maken (ww)	fotoşəkil çəkmək	[fotoʃæ'kil ʧæk'mæk]
eisen (met klem vragen)	tələb etmək	[tæ'læp ɛt'mæk]
erkennen (schuld)	etiraf etmək	[ɛti'raf ɛt'mæk]
erven (ww)	varis olmaq	['varis ol'mah]
eten (ww)	yemək	[ɛ'mæk]
excuseren (vergeven)	bağışlamaq	[baɣıʃla'mah]
existeren (bestaan)	mövcud olmaq	[møv'ʤyd ol'mah]
feliciteren (ww)	təbrik etmək	[tæb'rik ɛt'mæk]
gaan (te voet)	getmək	[gɛt'mæk]
gaan slapen	yatağa girmək	[jata'ɣa gir'mæk]
gaan zitten (ww)	oturmaq	[otur'mah]
gaan zwemmen	çimmək	[ʧim'mæk]
garanderen (garantie geven)	təminat vermək	[tæmi'nat vɛr'mæk]
gebruiken (bijv. een potlood ~)	istifadə etmək	[istifa'dæ ɛt'mæk]
gebruiken (woord, uitdrukking)	istifadə etmək	[istifa'dæ ɛt'mæk]
geconserveerd zijn (ww)	qalmaq	[gal'mah]
gedateerd zijn (ww)	tarixi qoyulmaq	[tari'χi gojul'mah]
gehoorzamen (ww)	tabe olmaq	[ta'bɛ ol'mah]
gelijken (op elkaar lijken)	oxşamaq	[oχʃa'mah]
geloven (vinden)	inanmaq	[inan'mah]
genoeg zijn (ww)	yetərli olmaq	[ɛtær'li ol'mah]
gieten (in een beker ~)	tökmək	[tøk'mæk]
glimlachen (ww)	gülümsəmək	[gylymsæ'mæk]
glimmen (glanzen)	parıldamaq	[parılda'mah]
gluren (ww)	xəlvətçə baxmaq	[χæl'vætʧæ baχ'mah]
goed raden (ww)	tapmaq	[tap'mah]
gooien (een steen, enz.)	atmaq	[at'mah]
grappen maken (ww)	zarafat etmək	[zara'fat ɛt'mæk]
graven (tunnel, enz.)	qazmaq	[gaz'mah]
haasten (iemand ~)	tələsdirmək	[tælæsdir'mæk]
hebben (ww)	malik olmaq	['malik ol'mah]
helpen (hulp geven)	kömək etmək	[kø'mæk ɛt'mæk]
herhalen (opnieuw zeggen)	təkrar etmək	[tæk'rar ɛt'mæk]
herinneren (ww)	yadda saxlamaq	[jad'da saχla'mah]
herinneren aan ... (afspraak, opdracht)	xatırlatmaq	[χatırlat'mah]
herkennen (identificeren)	tanımaq	[tanı'mah]
herstellen (repareren)	təmir etmək	[tæ'mir ɛt'mæk]
het haar kammen	başını daramaq	[baʃı'nı dara'mah]
hopen (ww)	ümid etmək	[y'mid ɛt'mæk]
horen (waarnemen met het oor)	eşitmək	[ɛʃit'mæk]
houden van (muziek, enz.)	sevmək	[sɛv'mæk]
huilen (wenen)	ağlamaq	[aɣla'mah]
huiveren (ww)	diksinmək	[diksin'mæk]
huren (een boot ~)	kirayə etmək	[kira'jæ ɛt'mæk]

huren (huis, kamer)	kiraye etmek	[kira'jæ ɛt'mæk]
huren (personeel)	işe götürmek	[i'ʃæ gøtyr'mæk]
imiteren (ww)	teqlid etmek	[tæg'lid ɛt'mæk]
importeren (ww)	idxal etmek	[id'χal ɛt'mæk]
inenten (vaccineren)	peyvend etmek	[pɛj'vænd æt'mæk]
informeren (informatie geven)	melumat vermek	[mælʲu'mat vɛr'mæk]
informeren naar ... (navraag doen)	bilmek	[bil'mæk]
inlassen (invoegen)	salmaq	[sal'mah]
inpakken (in papier)	bükmek	[byk'mæk]
inspireren (ww)	ruhlandırmaq	[ruhlandır'mah]
instemmen (akkoord gaan)	razı olmaq	[ra'zı ol'mah]
interesseren (ww)	maraqlandırmaq	[maraglandır'mah]
irriteren (ww)	acıqlandırmaq	[adʒʲıglandır'mah]
isoleren (ww)	tecrid etmek	[tædʒʲ'rid ɛt'mæk]
jagen (ww)	ova çıxmaq	[o'va ʧıχ'mah]
kalmeren (kalm maken)	sakitleşdirmek	[sakitlæʃdir'mæk]
kennen (kennis hebben van iemand)	tanımaq	[tanı'mah]
kennismaken (met ...)	tanış olmaq	[ta'nıʃ ol'mah]
kiezen (ww)	seçmek	[sɛʧ'mæk]
kijken (ww)	baxmaq	[baχ'mah]
klaarmaken (een plan ~)	hazırlamaq	[hazırla'mah]
klaarmaken (het eten ~)	hazırlamaq	[hazırla'mah]
klagen (ww)	şikayet etmek	[ʃika'jæt ɛt'mæk]
kloppen (aan een deur)	taqqıldatmaq	[takkıldat'mah]
kopen (ww)	almaq	[al'mah]
kopieën maken	çoxaltmaq	[ʧoχalt'mah]
kosten (ww)	qiymeti olmaq	[gijmæ'ti ol'mah]
kunnen (ww)	bacarmaq	[badʒʲar'mah]
kweken (planten ~)	yetişdirmek	[ɛtiʃdir'mæk]

254. Werkwoorden L-R

lachen (ww)	gülmek	[gylʲ'mæk]
laden (geweer, kanon)	doldurmaq	[doldur'mah]
laden (vrachtwagen)	yüklemek	[jyklæ'mæk]
laten vallen (ww)	yere salmaq	[ɛ'ræ sal'mah]
lenen (geld ~)	borc pul almaq	['bordʒʲ 'pul al'mah]
leren (lesgeven)	öyretmek	[øjræt'mæk]
leven (bijv. in Frankrijk ~)	yaşamaq	[jaʃa'mah]
lezen (een boek ~)	oxumaq	[oχu'mah]
lid worden (ww)	qoşulmaq	[goʃul'mah]
liefhebben (ww)	sevmek	[sɛv'mæk]
liegen (ww)	aldatmaq	[aldat'mah]
liggen (op de tafel ~)	olmaq	[ol'mah]

liggen (persoon)	uzanmaq	[uzan'mah]
lijden (pijn voelen)	əzab çəkmək	[æ'zap ʧæk'mæk]
losbinden (ww)	açmaq	[aʧ'mah]
luisteren (ww)	qulaq asmaq	[gu'lah as'mah]

lunchen (ww)	nahar etmək	[na'har ɛt'mæk]
markeren (op de kaart, enz.)	işarələmək	[iʃarælæ'mæk]
melden (nieuws ~)	xəbər vermək	[χæ'bær vɛr'mæk]
memoriseren (ww)	yadda saxlamaq	[jad'da saχla'mah]

mengen (ww)	qarışdırmaq	[garıʃdır'mah]
mikken op (ww)	nişan almaq	[ni'ʃan al'mah]
minachten (ww)	xor baxmaq	['χor baχ'mah]
moeten (ww)	borclu olmaq	[bordʒ'lʲu ol'mah]

morsen (koffie, enz.)	tökmək	[tøk'mæk]
naderen (dichterbij komen)	yaxınlaşmaq	[jaχınlaʃ'mah]
neerlaten (ww)	aşağı salmaq	[aʃa'ɣı sal'mah]
nemen (ww)	almaq	[al'mah]

nodig zijn (ww)	tələb olunmaq	[tæ'læp olʲun'mah]
noemen (ww)	adlandırmaq	[adlandır'mah]
noteren (opschrijven)	qeyd etmək	['gɛjd æt'mæk]
omhelzen (ww)	qucaqlamaq	[gudʒ'agla'mah]

omkeren (steen, voorwerp)	çevirmək	[ʧɛvir'mæk]
onderhandelen (ww)	danışıqlar aparmaq	[danıʃıg'lar apar'mah]
ondernemen (ww)	başlamaq	[baʃla'mah]
onderschatten (ww)	lazımi qədər qiymətləndirməmək	[lazı'mi gæ'dær gijmætlæn'dirmæmæk]

onderscheiden (een ereteken geven)	təltif etmək	[tæl'tif ɛt'mæk]
onderstrepen (ww)	altından xətt çəkmək	[altın'dan 'χætt ʧæk'mæk]
ondertekenen (ww)	imzalamaq	[imzala'mah]
onderwijzen (ww)	təlimat vermək	[tæli'mat vɛr'mæk]

onderzoeken (alle feiten, enz.)	baxmaq	[baχ'mah]
ongerust maken (ww)	narahat etmək	[nara'hat ɛt'mæk]
onmisbaar zijn (ww)	zəruri olmaq	[zæru'ri ol'mah]
ontbijten (ww)	səhər yeməyi yemək	[sæ'hær ɛmæ'jı ɛ'mæk]

ontdekken (bijv. nieuw land)	kəşf etmək	['kæʃf ɛt'mæk]
ontkennen (ww)	inkar etmək	[in'kar ɛt'mæk]
ontlopen (gevaar, taak)	qaçmaq	[gaʧ'mah]
ontnemen (ww)	məhrum etmək	[mæh'rum ɛt'mæk]

ontwerpen (machine, enz.)	layihələşdirmək	[lajıhælæʃdir'mæk]
oorlog voeren (ww)	müharibə etmək	[myhari'bæ ɛt'mæk]
op orde brengen	qaydaya salmaq	[gajda'ja sal'mah]
opbergen (in de kast, enz.)	gizlətmək	[gizlæt'mæk]
opduiken (ov. een duikboot)	üzə çıxmaq	[y'zæ ʧıχ'mah]

| openen (ww) | açmaq | [aʧ'mah] |
| ophangen (bijv. gordijnen ~) | asmaq | [as'mah] |

ophouden (ww)	kəsmək	[kæs'mæk]
oplossen (een probleem ~)	həll etmək	['hæll ɛt'mæk]
opmerken (zien)	görmək	[gør'mæk]
opmerken (zien)	görmək	[gør'mæk]
opscheppen (ww)	lovğalanmaq	[lovɣalan'mah]
opschrijven (op een lijst)	yazmaq	[jaz'mah]
opschrijven (ww)	yazmaq	[jaz'mah]
opstaan (uit je bed)	qalxmaq	[galχ'mah]
opstarten (project, enz.)	işə salmaq	[i'ʃæ sal'mah]
opstijgen (vliegtuig)	havaya qalxmaq	[hava'ja galχ'mah]
optreden (resoluut ~)	hərəkət etmək	[hæræ'kæt ɛt'mæk]
organiseren (concert, feest)	təşkil etmək	[tæʃ'kil ɛt'mæk]
overdoen (ww)	yenidən düzəltmək	[ɛni'dæn dyzælt'mæk]
overheersen (dominant zijn)	çoxluq təşkil etmək	[ʧoχ'lʲuh tæʃ'kil ɛt'mæk]
overschatten (ww)	yenidən qiymətləndirmək	[ɛni'dæn gijmætlændir'mæk]
overtuigd worden (ww)	inanmaq	[inan'mah]
overtuigen (ww)	inandırmaq	[inandır'mah]
passen (jurk, broek)	münasib olmaq	[myna'sip ol'mah]
passeren (~ mooie dorpjes, enz.)	keçmək	[kɛʧ'mæk]
peinzen (lang nadenken)	fikrə dalmaq	[fik'ræ dal'mah]
penetreren (ww)	içəri daxil olmaq	[iʧæ'ri da'χil ol'mah]
plaatsen (ww)	qoymaq	[goj'mah]
plaatsen (zetten)	yerləşdirmək	[ɛrlæʃdir'mæk]
plannen (ww)	planlaşdırmaq	[planlaʃdır'mah]
plezier hebben (ww)	şənlənmək	[ʃænlæn'mæk]
plukken (bloemen ~)	dərmək	[dær'mæk]
prefereren (verkiezen)	üstünlük vermək	[ystyn'lyk vɛr'mæk]
proberen (trachten)	cəhd göstərmək	['dʒʲæhd gøstær'mæk]
proberen (trachten)	cəhd etmək	['dʒʲæhd ɛt'mæk]
protesteren (ww)	etiraz etmək	[ɛti'raz ɛt'mæk]
provoceren (uitdagen)	təhrik etmək	[tæh'rik ɛt'mæk]
raadplegen (dokter, enz.)	... məsləhət almaq	[... mæslæ'hæt al'mah]
rapporteren (ww)	məlumat vermək	[mælʲu'mat vɛr'mæk]
redden (ww)	xilas etmək	[χi'las ɛt'mæk]
regelen (conflict)	düzəltmək	[dyzælt'mæk]
reinigen (schoonmaken)	təmizləmək	[tæmizlæ'mæk]
rekenen op ...	bel bağlamaq	['bɛl baɣla'mah]
rennen (ww)	qaçmaq	[gaʧ'mah]
reserveren (een hotelkamer ~)	təxsis etmək	[tæχ'sis ɛt'mæk]
rijden (per auto, enz.)	getmək	[gɛt'mæk]
rillen (ov. de kou)	titrəmək	[titræ'mæk]
riskeren (ww)	risk etmək	['risk ɛt'mæk]
roepen (om hulp)	çağırmaq	[ʧaɣır'mah]
ruiken (bepaalde geur verspreiden)	ətir saçmaq	[æ'tir saʧ'mah]

ruiken (rozen)	iyləmək	[ijlæ'mæk]
rusten (verpozen)	dincəlmək	[dindʒʲæl'mæk]

255. Verbs S-V

samenstellen, maken (een lijst ~)	tərtib etmək	[tær'tip ɛt'mæk]
schieten (ww)	atəş açmaq	[a'tæʃ atʃ'mah]
schoonmaken (bijv. schoenen ~)	təmizləmək	[tæmizlæ'mæk]
schoonmaken (ww)	yığışdırmaq	[jɪɣɪʃdɪr'mah]
schrammen (ww)	cızmaq	[dʒʲɪz'mah]
schreeuwen (ww)	çığırmaq	[tʃɪɣɪr'mah]
schrijven (ww)	yazmaq	[jaz'mah]
schudden (ww)	silkələmək	[silkælæ'mæk]
selecteren (ww)	seçmək	[sɛtʃ'mæk]
simplificeren (ww)	sadələşdirmək	[sadælæʃdir'mæk]
slaan (een hond ~)	vurmaq	[vur'mah]
sluiten (ww)	bağlamaq	[baɣla'mah]
smeken (bijv. om hulp ~)	yalvarmaq	[jalvar'mah]
souperen (ww)	axşam yeməyi yemək	[aɣ'ʃam ɛmæ'jɪ ɛ'mæk]
spelen (bijv. filmacteur)	oynamaq	[ojna'mah]
spelen (kinderen, enz.)	oynamaq	[ojna'mah]
spreken met ...	... danışmaq	[... danɪʃ'mah]
spuwen (ww)	tüpürmək	[typyr'mæk]
stelen (ww)	oğurlamaq	[oɣurla'mah]
stemmen (verkiezing)	səs vermək	['sæs vɛr'mæk]
steunen (een goed doel, enz.)	dəstəkləmək	[dæstæklæ'mæk]
stoppen (pauzeren)	dayanmaq	[dajan'mah]
storen (lastigvallen)	mane olmaq	[ma'nɛ ol'mah]
strijden (tegen een vijand)	vuruşmaq	[vuruʃ'mah]
strijden (ww)	vuruşmaq	[vuruʃ'mah]
strijken (met een strijkbout)	ütüləmək	[ytylæ'mæk]
studeren (bijv. wiskunde ~)	öyrənmək	[øjræn'mæk]
sturen (zenden)	göndərmək	[gøndær'mæk]
tellen (bijv. geld ~)	hesab aparmaq	[hɛ'sab apar'mah]
terugkeren (ww)	qayıtmaq	[gajɪt'mah]
terugsturen (ww)	geri göndərmək	[gɛ'ri gøndær'mæk]
toebehoren aan ...	mənsub olmaq	[mæn'sup ol'mah]
toegeven (zwichten)	güzəştə getmək	[gyzæʃ'tæ gɛt'mæk]
toenemen (on. ww)	artmaq	[art'mah]
toespreken (zich tot iemand richten)	müraciət etmək	[myradʒʲi'æt ɛt'mæk]
toestaan (goedkeuren)	icazə vermək	[idʒʲa'zæ vɛr'mæk]
toestaan (ww)	icazə vermək	[idʒʲa'zæ vɛr'mæk]

toewijden (boek, enz.)	həsr etmək	['hæsr ɛt'mæk]
tonen (uitstallen, laten zien)	göstərmək	[gøstær'mæk]
trainen (ww)	məşq keçmək	['mæʃh kɛtʃ'mæk]
transformeren (ww)	transformasiya etmək	[transfor'masija ɛt'mæk]
trekken (touw)	çəkmək	[tʃæk'mæk]
trouwen (ww)	evlənmək	[ɛvlæn'mæk]
tussenbeide komen (ww)	müdaxilə etmək	[mydaχi'læ ɛt'mæk]
twijfelen (onzeker zijn)	şübhələnmək	[ʃybhælæn'mæk]
uitdelen (pamfletten ~)	paylamaq	[pajla'mah]
uitdoen (licht)	söndürmək	[søndyr'mæk]
uitdrukken (opinie, gevoel)	ifadə etmək	[ifa'dæ ɛt'mæk]
uitgaan (om te dineren, enz.)	çıxmaq	[tʃɪχ'mah]
uitlachen (bespotten)	rişxənd etmək	[riʃ'χænd ɛt'mæk]
uitnodigen (ww)	dəvət etmək	[dæ'væt ɛt'mæk]
uitrusten (ww)	təchiz etmək	[tædʒⁱ'hiz ɛt'mæk]
uitsluiten (wegsturen)	xaric etmək	[χa'ridʒⁱ ɛt'mæk]
uitspreken (ww)	tələffüz etmək	[tælæf'fyz ɛt'mæk]
uittorenen (boven ...)	yüksəlmək	[jyksæl'mæk]
uitvaren tegen (ww)	danlamaq	[danla'mah]
uitvinden (machine, enz.)	ixtira etmək	[iχti'ra ɛt'mæk]
uitwissen (ww)	silmək	[sil'mæk]
vangen (ww)	tutmaq	[tut'mah]
vastbinden aan ...	bağlamaq	[baɣla'mah]
vechten (ww)	dalaşmaq	[dalaʃ'mah]
veranderen (bijv. mening ~)	dəyişmək	[dæiʃ'mæk]
verbaasd zijn (ww)	təəccüblənmək	[taædʒyblæn'mæk]
verbazen (verwonderen)	təəccübləndirmək	[taædʒyblændir'mæk]
verbergen (ww)	gizlətmək	[gizlæt'mæk]
verbieden (ww)	qadağan etmək	[gada'ɣan ɛt'mæk]
verblinden (andere chauffeurs)	göz qamaşdırmaq	[gøz gamaʃdɪr'mah]
verbouwereerd zijn (ww)	heyrətlənmək	[hɛjrætlæn'mæk]
verbranden (bijv. papieren ~)	yandırmaq	[jandɪr'mah]
verdedigen (je land ~)	müdafiyə etmək	[mydafi'jæ ɛt'mæk]
verdenken (ww)	şübhələnmək	[ʃybhælæn'mæk]
verdienen (een complimentje, enz.)	layiq olmaq	[la'jıh ol'mah]
verdragen (tandpijn, enz.)	dözmək	[døz'mæk]
verdrinken (in het water omkomen)	suda boğulmaq	[su'da boɣul'mah]
verdubbelen (ww)	ikiqat artırmaq	[iki'gat artɪr'mah]
verdwijnen (ww)	yox olmaq	['joχ ol'mah]
verenigen (ww)	birləşdirmək	[birlæʃdir'mæk]
vergelijken (ww)	müqayisə etmək	[mygajı'sæ ɛt'mæk]
vergeten (achterlaten)	yaddan çıxartmaq	[jad'dan tʃɪχart'mah]
vergeten (ww)	unutmaq	[unut'mah]
vergeven (ww)	bağışlamaq	[baɣɪʃla'mah]

| vergroten (groter maken) | artırmaq | [artır'mah] |
| verklaren (uitleggen) | izah etmək | [i'zah ɛt'mæk] |

verklaren (volhouden)	iddia etmək	[iddi'a ɛt'mæk]
verklikken (ww)	xəbərçilik etmək	[xæbærtʃi'lik ɛt'mæk]
verkopen (per stuk ~)	satmaq	[sat'mah]
verlaten (echtgenoot, enz.)	tərk etmək	['tærk ɛt'mæk]
verlichten (gebouw, straat)	işıqlandırmaq	[iʃıglandır'mah]

verlichten (gemakkelijker maken)	yüngülləşdirmək	[jyngyllæʃdir'mæk]
verliefd worden (ww)	aşiq olmaq	[a'ʃih ol'mah]
verliezen (bagage, enz.)	itirmək	[itir'mæk]
vermelden (praten over)	adını çəkmək	[adı'nı tʃæk'mæk]

vermenigvuldigen (wisk.)	vurmaq	[vur'mah]
verminderen (ww)	azaltmaq	[azalt'mah]
vermoeid raken (ww)	yorulmaq	[jorul'mah]
vermoeien (ww)	yormaq	[jor'mah]

256. Verbs V-Z

vernietigen (documenten, enz.)	məhv etmək	['mæhv ɛt'mæk]
veronderstellen (ww)	fərz etmək	['færz ɛt'mæk]
verontwaardigd zijn (ww)	hiddətlənmək	[hiddætlæn'mæk]
veroordelen (in een rechtszaak)	məhkum etmək	[mæh'kum ɛt'mæk]

veroorzaken ... (oorzaak zijn van ...)	səbəb olmaq	[sæ'bæp ol'mah]
verplaatsen (ww)	keçirmək	[kɛtʃir'mæk]
verpletteren (een insect, enz.)	əzmək	[æz'mæk]
verplichten (ww)	məcbur etmək	[mædʒ'bur ɛt'mæk]
verschijnen (bijv. boek)	çıxmaq	[tʃıχ'mah]

verschijnen (in zicht komen)	görünmək	[gøryn'mæk]
verschillen (~ van iets anders)	fərqlənmək	[færglæn'mæk]
versieren (decoreren)	bəzəmək	[bæzæ'mæk]
verspreiden (pamfletten, enz.)	yaymaq	[jaj'mah]

verspreiden (reuk, enz.)	saçmaq	[satʃ'mah]
versterken (positie ~)	möhkəmləndirmək	[møhkæmlændir'mæk]
verstommen (ww)	susmaq	[sus'mah]
vertalen (ww)	tərcümə etmək	[tærdʒy'mæ ɛt'mæk]

vertellen (verhaal ~)	söyləmək	[søjlæ'mæk]
vertrekken (bijv. naar Mexico ~)	getmək	[gɛt'mæk]
vertrouwen (ww)	etibar etmək	[ɛti'bar ɛt'mæk]
vervolgen (ww)	davam etdirmək	[da'vam ɛtdir'mæk]

verwachten (ww)	gözləmək	[gøzlæ'mæk]
verwarmen (ww)	qızdırmaq	[gızdır'mah]
verwarren (met elkaar ~)	dolaşıq salmaq	[dola'ʃıh sal'mah]
verwelkomen (ww)	salamlamaq	[salamla'mah]
verwezenlijken (ww)	həyata keçirmək	[hæja'ta kɛtʃir'mæk]

verwijderen (een obstakel)	aradan qaldırmaq	[ara'dan galdır'mah]
verwijderen (een vlek ~)	aparmaq	[apar'mah]
verwijten (ww)	üz vurmaq	['juz vur'mah]
verwisselen (ww)	dəyişmək	[dæiʃ'mæk]
verzoeken (ww)	xahiş etmək	[χa'hiʃ ɛt'mæk]

verzuimen (school, enz.)	buraxmaq	[buraχ'mah]
vies worden (ww)	çirklənmək	[tʃirklæn'mæk]
vinden (denken)	hesablamaq	[hɛsabla'mah]
vinden (ww)	tapmaq	[tap'mah]

vissen (ww)	balıq tutmaq	[ba'lıh tut'mah]
vleien (ww)	yaltaqlıq etmək	[jaltag'lıh ɛt'mæk]
vliegen (vogel, vliegtuig)	uçmaq	[utʃ'mah]
voederen	yedirmək	[ɛdir'mæk]
(een dier voer geven)		

volgen (ww)	ardınca getmək	[ar'dındʒa gɛt'mæk]
voorstellen (introduceren)	təmsil etmək	[tæm'sil ɛt'mæk]
voorstellen (Mag ik jullie ~)	tanış etmək	[ta'nıʃ ɛt'mæk]
voorstellen (ww)	təklif etmək	[tæk'lif ɛt'mæk]

voorzien (verwachten)	qabaqcadan görmək	[ga'bagdʒadan gør'mæk]
vorderen (vooruitgaan)	irəli getmək	[iræ'li gɛt'mæk]
vormen (samenstellen)	əmələ gətirmək	[æmæ'læ gætir'mæk]
vullen (glas, fles)	doldurmaq	[doldur'mah]

waarnemen (ww)	müşaidə etmək	[myʃai'dæ ɛt'mæk]
waarschuwen (ww)	xəbərdarlıq etmək	[χæbærdar'lıh ɛt'mæk]
wachten (ww)	gözləmək	[gøzlæ'mæk]
wassen (ww)	yumaq	[ju'mah]

weerspreken (ww)	etiraz etmək	[ɛti'raz ɛt'mæk]
wegdraaien (ww)	üz döndərmək	['juz døndær'mæk]
wegdragen (ww)	aparmaq	[apar'mah]
wegen (gewicht hebben)	çəkisi olmaq	[tʃæki'si ol'mah]

wegjagen (ww)	qovmaq	[gov'mah]
weglaten (woord, zin)	buraxmaq	[buraχ'mah]
wegvaren	sahildən ayrılmaq	[sahil'dæn ajrıl'mah]
(uit de haven vertrekken)		
weigeren (iemand ~)	rədd cavabı vermək	['rædd dʒava'bı vɛr'mæk]

wekken (ww)	oyatmaq	[ojat'mah]
wensen (ww)	istəmək	[istæ'mæk]
werken (ww)	işləmək	[iʃlæ'mæk]
weten (ww)	bilmək	[bil'mæk]
willen (verlangen)	istəmək	[istæ'mæk]
wisselen (omruilen, iets ~)	mübadilə etmək	[mybadi'læ ɛt'mæk]
worden (bijv. oud ~)	olmaq	[ol'mah]

| worstelen (sport) | mübarizə etmək | [mybari'zæ ɛt'mæk] |
| wreken (ww) | intiqam almaq | [inti'gam al'mah] |

zaaien (zaad strooien)	əkmək	[æk'mæk]
zeggen (ww)	demək	[dɛ'mæk]
zich baseerd op	əsaslanmaq	[æsaslan'mah]
zich bevrijden van ... (afhelpen)	yaxa qurtarmaq	[ja'χa gurtar'mah]

zich concentreren (ww)	fikrini cəmləşdirmək	[fikri'ni dʒ'æmlæʃdir'mæk]
zich ergeren (ww)	acıqlanmaq	[adʒ'ıglan'mah]
zich gedragen (ww)	özünü aparmaq	[øzy'ny apar'mah]
zich haasten (ww)	teləsmək	[tælæs'mæk]
zich herinneren (ww)	xatırlamaq	[χatırla'mah]

zich herstellen (ww)	sağalmaq	[saɣal'mah]
zich indenken (ww)	təsəvvür etmək	[tæsæv'vyr ɛt'mæk]
zich interesseren voor ...	maraqlanmaq	[maraglan'mah]
zich scheren (ww)	üzünü qırxmaq	[yzy'ny gırχ'mah]

zich trainen (ww)	məşq etmək	['mæʃh ɛt'mæk]
zich verdedigen (ww)	müdafiyə olunmaq	[mydafi'jæ olʲun'mah]
zich vergissen (ww)	səhv etmək	['sæhv ɛt'mæk]
zich verontschuldigen	üzr istəmək	['juzr istæ'mæk]

| zich vervelen (ww) | darıxmaq | [darıχ'mah] |
| zijn (ww) | olmaq | [ol'mah] |

zinspelen (ww)	eyham vurmaq	[ɛj'ham vur'mah]
zitten (ww)	oturmaq	[otur'mah]
zoeken (ww)	axtarmaq	[aχtar'mah]
zondigen (ww)	günaha batmaq	[gyna'ha bat'mah]

zuchten (ww)	nəfəs almaq	[næ'fæs al'mah]
zwaaien (met de hand)	yelləmək	[ɛllæ'mæk]
zwemmen (ww)	üzmək	[yz'mæk]
zwijgen (ww)	susmaq	[sus'mah]